創刊の言葉

『新社会学研究』は、今から遡ること百七十年前に「市民社会における不幸に係わる自己認識の科学」として出発した思想としての社会学本来の姿に立ち戻り、通時的には現代日本の文化、ジェンダー、親密圏、教育、エスニシティ、宗教、法律、政治、経済、産業の各所に遍く澱のように潜む矛盾や桎梏の揚棄、共時的には原発震災以降、顕著となった歪められたコミュニケーションによる市民社会分断からの防護等の諸課題に向けて、透徹なる分析に裏打ちされた有意味な批判ならびに、より良き未来を導く豊かな提言を投げかけることを可能とする、社会学の技術と精神の、普及、告知、称揚、涵養、発展、革新を図る学術誌たることを、その使命とする。

好井裕明・三浦耕吉郎・小川博司・樫田美雄・栗田宣義

目次

公募特集

今、地域を考える

連載

装幀＝新曜社デザイン室

巻頭エッセイ

社会学的に考えることの実践としての『新社会学研究』

――社会学的思考を促す仕組みとしての公募特集とその査読

樫田美雄（神戸市看護大学）

1 経済学 vs. 社会学――NHK『出社が楽しい経済学』をネタにして考える

『出社が楽しい経済学』（の一部）を、「社会学（共通教育）」の授業で使っている。この番組は、二〇〇九年にNHK教育テレビジョンで放映されたものだが、二十八分の番組のなかに、その日のテーマを題材にした「夜の本格経済学ドラマ」が前後編合わせて二篇含まれており、これが喜劇仕立てでなかなか楽しい（劇団スーパーエキセントリックシアターの役者たちが出演している）。授業では学生と一緒に笑いながらその部分を見て、補足事項を解説しながら八十分ほど過ごすが、番組のさいごに、「本日の復習」という三択の「クイズ」部分があって、そこで「おさらい」ができる構成になっている。

この「おさらいクイズ部分」の答えは、NHKのホームページに載っているのだが、解答に違和感を持つこと、納得できないことがときどきある。たとえば、第九回の「共有地の悲劇」では、登山客が増えたことによる「富士山の環境破壊」を「共有地の悲劇」の事例として紹介したうえで、「共有地の悲劇の解決策ではないものは次のどれか？」と問いかけている。しかし、提示されている三つの選択肢（①入山規制、②登山税、③有料公衆トイレの整備）を、十分な猜疑心を持って考えると、社会学的には「どれでも選べる」ともいえるし、あるいは、「選べる選択肢はない」ともいえるように思われるのである。

一つずつ考えていってみよう。①や②の解決策は、それが十分効果を持つかどうかに関して、まず疑義がありうるだろう。一〇〇円程度の登山税には、たぶん、効果はない。また、同じく登山税に関しては、高くしたら高くしたで、「金を払っているのだから、これぐらいのことはしてもよいだろう」という形の、環境保全に逆行する方向での行動変容が促されてしまう可能性も無視できないように思われる。各政策は意図を持って行われるのだろうが、その意図どおりの行動が実際になされるかどうかは、また別問題なのである。このクイズはその政策意図と実際の状況変化との異同について、どのように考えているのだろうか、いぶかしく思われた。さらに、③に関していえば、十分な額のトイレ料金を設定すれば、ヘリコプターで屎尿処理をすることも可能になり、山肌の紙流れを無くすこともできるだろう。それなら、環境破壊を減らすことに成功したという意味で、共有地の悲劇の解決策になるようにも思われた。

にもかかわらず、NHK側が提示している答えは、③のみであった。理由は、「過剰利用の抑制ではないから」であった。つまり、いろいろ疑義はあるかも知れないが、①や②が「利用者数の減少が期待できる施策」であるのに対し、③が「利用者数の減少を志向していない施策」であるがために、③のみが解答である、というのである。社会学者には納得しがたい理路であるといえよう。

この「クイズ」に対する樫田の違和感は、「過剰利用の抑制のみを問題の解決とする近視眼的な問題理解」になっていることへの違和感であった。おそらく社会学的には、「過剰利用が問題なのではなく、供給不足が問題だ」ということも可能なのである。これを「前提を疑う志向性が強い社会学」対「前提を置いた上で計算で問題解決する志向性が強い経済学」と対比することもできよう。すなわち、『出社が楽しい経済学』という番組名の下では、③のみが「共有地の悲劇の解決策ではないもの」とされるのは、ある意味で当然なのである。そこには「前提をどこまで疑うかどうか」ということに関する「態度の違い」があるのである。つまり、経済学的思考と社会学的思考の間には「遡及的に問題把握する際の深度の違い」がある。「あー、こんなところに違いがあるんだ」と感じた事例であった。

2　別様の思考法に開かれている学問としての社会学

ときどき、法政大学の中筋直哉氏のブログ『群衆の居場所』を見ている。じっくり読むと影響されすぎてしまうので、タッチ＆ゴーで、ちょっとだけ見て、刺激だけ受けて、あとは見ないようにしているのだが、いつも感心するのは、書かれている文面の質感がとっても「社会学的であること」だ。微妙なあわいで、社会学と社会学でないものをより分けている感じがいい。社会学的に書くということを、内容に依存させてではなく、文章の質感に根拠を持たせる形で、しっかりと実践しているのである。だから、気にいった回のブログは、コピペして、書きかけの論文用の「素材保管フォルダ」に保存しておく。そうして、自分の原稿を書く際に、ちょっと飽きたら見たり、考えたりするようにしている。そのようにすると、自分の原稿に、ほんのりと社会学色がつくように思われるのである。

それで、今日も、中筋氏のブログ中の「社会科学の一平民：社会学的思考の基礎3」(二〇一七年十一月一日投稿）を見て、この原稿を書いているのだが、今日は、ちゃんと引用することにしよう。上述の「共有地の悲劇」からの感慨に、内容的に関係しているブログ内記事だからだ。

まず、中筋（以下敬称略）は、敬愛する年長の同僚（たぶん、社会学以外の社会科学者）から「社会学は問題の発見に優れ、経済学は問題の分析に優れ、法学は問題の解決に優れているのだから、そのシリーズで連携できるといいね」と言われたという。そして、「その通りだと思いながら、一方でそれはきわめて（近代）経済学的な思考法だな、と」その先輩の「諸社会科学は役割を分担したらいいんだよ説」に対して批判的な眼を向ける。そして、「現実的な要素を組み合わせて（加重平均的に足し上げて、あるいは分業して）最適解を出す、出せるはずだというのが、私の見るところ経済学的思考なの」だと、つまりは、同僚の思考の全体を「経済学的思考」であって、社会学には別の思考があるのだと、対比的に、類型化していくのである。

さて、ここからは、私の思考である。上述の『出社が楽しい経済学』では、番組内での「共有地の悲劇」の認定においては、「過剰利用」が原因で、「経済的損失」が結果であった（「社会的ジレンマ」の形で記述するなら、各自が自分の利益を最大化しようとすると、少なくとも、全体の利益は損なわれる、という形のメカニズムがあるというような感じになっていた）。たとえば、牧草地の疲弊は牛が多すぎることが原因とされていたし、道路の渋滞は、自動車が多すぎることが原因とされていた。けれども、社会学なら、別様に考えることができるのではないか、と思われた。牧草地が不足したのなら、新規に開拓すればよいではないか。道路の渋滞は、道路を増やしてもよいし、あるいは、渋滞するに任せて置く手もあるだろう。渋滞は、一種のビルト・イン・スタビライザーとして自動車の数が増えすぎないようにする自然発生的機能をもっているともいえるのではないだろうか。

つまり、「共有地の悲劇」的な「原因－結果」理解は、この世に存在している社会問題に関して、当該の社会問題の解決策をあらかじめ「過剰利用の抑制」に限った形で理解した場合にのみ適切となる理解の形（言明）といえるのではないだろうか。

たしかに、そこから始めることができる「社会学」というものもあるだろう。社会的合意の取りやすい「規制の仕方」を検討したり、入会地同様の利害共有集団作りをしていくのに貢献する社会学というものもあるだろう。けれども、「社会学の可能性」の中には、「過剰利用の抑制」という「前提」を採用しない立場からの社会学というものもあるように思われるのである。

つまり、近代的な「計算可能性」の外側に問題を開いていく潜在的能力が、社会学にはあるはずなのだ。社会の多側面性の把握をした社会学には、経済学や政治学の前提を超えて考える資質があるはずなのだ。

しかし、この「社会学の思考的可能性」を、「前提を疑い続ける力」とか、「機能不全になったシステムに関して、より広域的な思考をすることで、機能的な再統合を図る力」というようなポジティブな形で、定式化してよいのか、という問題がここに生ずる。別様に考えることができたとしても、その別様の考え方が、「誰かの利益になる」とは限らないし、そもそも別様に考えた方が「再統合に有用」なのかどうかすら、分からない、のだから。

3　前提遡及的に問題把握する深度の違いで、社会学を特徴づけることは可能か

つまりは、社会学帝国主義の立場をとるかどうか、が問われているのである。たしかに、政治学や経済学のような、探究する対象をもった社会科学に対して、社会学は研究対象を持たないメタ的な社会科学である。この個別の研究対象を持たない「社会学」には、そういう学問にしかできない活動が可能ではあるだろう。たとえば、ここまで論じてきたように、他の学問分野が、議論の前提として組み込んでいる「前提」を疑う思考こそは、「社会学」が得意とするものである。経済学が、結局のところ「ホモ・エコノミクス」的人間観から離脱できないのならば、社会学は、その前提の外側で議論を立てることができるのである。

けれども、この「社会学の特権性」に「実」はあるのだろうか。「可能性」に固執したところで、「可能性はついに可能性に過ぎなかった」といわれてしまいかねないのである。社会学者の現場志向や生活者志向は、この「社会学の特権性」にあぐらをかいて現実から遊離してしまうことへの「不安」から来ているもののようにも思われるのである。

つまりは、「前提遡及的に問題把握する深度の違いで、社会学を特徴づけること」は、それだけで、社会学をしていると主張することは、とても怖くてできないことなのである。

結局、社会学の自由さは、社会学の不自由さでもあるのだろう。いかようにも考えていける、という社会学の可能性の広さこそが、経験的に考えるべきだという枠組から我々が離脱することを（理不尽にも）困難にしているのである。警句的にいえば、社会学は自由すぎるから不自由になってしまっているのである。

上記の状況を与件とするならば、この不自由さを巧みに生きることこそが、社会学をすること、といえるのではないだろうか。そうでなければならないわけではないが、微妙なところで、実践性や経験性を確保しながら、その一方で、いろいろと自由に考えていく、そういう研究への態度を工夫して維持していくことこそは、社会学を実践的に生きていくという言葉に価することなのではないだろうか。

4　『新社会学研究』を刊行することで、我々は何をしているのだろうか

論題に向かって、議論を先に進めよう。じつは、ここまでの議論は、我々同人の「自己省察」の一部としてなされている。つまりは、ここまでの議論は「社会学とはなにか」「社会学をするとはいかなることなのか」「社会学を実際におこなっていく現場では、どんなことが起きてしまうのか」という三つの問いに答えようとするものであったのだが、この検討は、『新社会学研究』のための検討であるとどうじに、我々が開催した「『新社会学研究』合評会」の中で議論された内容でもあるのである。

我々五名の同人は、この半年の間に『新社会学研究』の合評会を、大阪（二〇一七年十二月一日）と東京（二〇一八年六月九日）で一回ずつ開催した[1]。これらの合評会は、それぞれ三人ずつの登壇者に、本誌に関わる評価を述べてもらい、あとは、報告への質疑応答とフリーディスカッションで、『新社会学研究』が達成できたことと、達成できていないことの両方を確認していく、というものだった。

いずれの会においても、登壇者の力のこもった報告で会は盛り上がったが、その一方でいくつもの疑問が、本誌に向かって語られた。すなわち、「『新社会学研究』といっているが、伴走誌であると主張している『社会学評論』とどのように違うのか」「『新社会学研究』の方向性には、ノスタルジックなものがあり、〝新〟ではなく〝旧〟なのではないか」「公募論文の査読は、結局、水準確保型であって、北条かや氏の著作を先行研究ではなく、資料として扱うように、と指導している部分などは、従来の学問観のまま、その押しつけをしているのではないか」等々の疑問が語られた。

質疑応答のなかで、その質問は予想していました、という質問もあったが、むしろ、初めて考えさせられるテーマや、初めて気づかされる内容も多々あった。

回答においては、まず、『社会学評論』との質的違いに関して答えた。本誌は、学会誌ではないので、連字符社会学別の棲み分け構造（縦割り構造）からは自由であること。『評論』ほどの歴史と伝統はないので、思い切った試みを多く実施することができること等を述べた。また、上述の「思い切った試み」の例として、一号巻頭の特集を挙げることができるだろう。そこでは、表現形式の冒険が多く試みられており、チャレンジングだった。また、公募特集の方では、領域横断的なテーマ（生きづらさ、生活者）を掲げることで、縦割り的ではない論考を積極的に発掘できており、こちらも『社会学評論』との差異化という観点からみた場合、成功部分であったといえるように思われた。

ついで、「懐旧趣味なのではないか」という問いかけに関しては、「そのような回路を経由するしか、目標に近づくや

り方を思いつかなかった」（大意）と回答をした。たしかに、『現代社会学』誌を強く意識し、同誌での社会学の論じ方、すなわち、社会学全般に関係するものとして個別のテーマを論じていく姿勢をまねてはいるが、そういうやり方しか、思いついていないのである。二回目合評会の天田城介氏からは、WEB上での工夫の可能性に関しての示唆も受けたが、社会学的総合性を目に見えるものにするのには、まだまだ紙媒体の方がインパクトがあるのではないだろうか。そのように回答をおこなった。

　ここまでの部分は、なかば想定していた問いかけだったが、最後の（『合評会in東京』の第三報告者である中村香住氏宛の）「査読の進め方」に関しての質問は、想定外であった。すなわち、2号所収の中村論文（「フェミニズムを生活者の手に取り戻すために」）の査読プロセスにおいて、「もし北条かや氏の諸著作が学術的著作の水準に達していないのならば、それら諸著作を先行研究として取り扱うことはやめた方がよいのではないか」（大意）という示旨が主任査読者からあり、その示旨に中村（以下敬称略）がしたがった、という報告に対し、「そのような、査読側からの判断基準の強制は〝新しい雑誌〟という『新社会学研究』のコンセプトに反するのではないか、という指摘がフロアからあったのである。この質問のインパクトは大きかった。そして、結局、社会学とはなにか、社会学的に考えるとはどういうことか、という問題について、考えながら書き、かつ、答えるべき問題であるように思われたのである。

5　『新社会学研究』の「査読」と「査読ア太郎論文」との重ね合わせ的説明

　査読に関しては、雑誌としての公式見解ではないものの、『新社会学研究』誌には査読ア太郎による「論文投稿と査読のホントのところ」という連載があって、この連載の記事内容と、雑誌の査読の実際がどの程度、どのように関連していているのか、という点は、当然に本誌についての検討課題となるだろう。そのように考えた時、この検討に役に立つ記述が、『現象と秩序』八号掲載の松浦智恵美論文中にある（松浦氏は、大阪での一回目の『合評会』の登壇者のうちの一人であり、このハイブリッド誌に掲載された論文は、『合評会』原稿の改訂版である）。

　松浦は、以下のように述べている。松浦が主として言及しているのは、ア太郎の連載の一回目であるが、そこでの問題は、「査読者が投稿者からの刺激を受けた結果として出してしまう成果の方が、元の査読論文が公表されるよりも前になってしまうような微妙な問題」であった。けれども、松浦のまとめによれば、この一見して典型的な「利益相反問題」は、「監視」と「規制強化」という通常の解法とはまったく異なる、別種の解法によって処理されている可能性がある、

［文献］

松浦智恵美、二〇一八、「雑誌評：『新社会学研究』」、『現象と秩序』八：六七―七八。（雑誌サイト上にて、PDFファイルを公開中）
宮本孝二、二〇一八、「『現代社会学』等と『新社会学研究』」『新社会学研究』三：六九―七四。
中村香住、二〇一八、「公募特集執筆当事者からみた『新社会学研究』」（『新社会学研究』合評会。in東京、二〇一八年六月九日、ミメオ、武蔵大学）
中筋直哉、二〇一七、「社会科学の一平民：社会学的思考の基礎3」『群衆の居場所』（ブログ）（http://nnakasuji.ws.hosei.ac.jp/wp/?p=1116）
NHK、二〇〇九、「共有地の悲劇」（『出社が楽しい経済学』第九回）（二〇〇九年三月十四日二三時〇〇分～二三時二九分放映、NHK教育テレビジョン）
小川博司、二〇一六、「巻頭エッセイ　社会学と芸術」『新社会学研究』一：七―一四。
奥村隆、二〇一八、「誰のための社会学か――生の現場と不幸の理論」（『新社会学研究』合評会 in 東京、二〇一八年六月九日、ミメオ、武蔵大学）
査読ア太郎、二〇一六、「論文投稿と査読のホントのところ①」『新社会学研究』一：八〇―八九。
好井裕明・栗田宣義、二〇一七、「『新社会学研究』がめざすこと」『週刊読書人WEB』（二〇一七年二月三日）（https://dokushojin.com/article.html?i=801）

特集 ファン文化の社会学によせて

小川博司（関西大学）

ポピュラー文化研究は長らく人気の説明に勤しんできた。なぜあるコンテンツがポピュラーであるのか（人気があるのか）、オーディエンスの意識と結び付けて考察されてきた。そこではオーディエンスはあくまでも与えられるコンテンツを受容する存在と見なされていた。だが、ここ十年ばかりの間に、アクティブなオーディエンス、すなわちファン・コミュニティ、ファンの能動的な読み、ファンの積極的な行動（ライブにおける参加、ＳＮＳを利用した情報発信など）が注目されるようになってきた。そして、作り手側もこうしたファンの動向に対応する形でコンテンツを送り出すようになった。実際、ファン文化は作り手側とファンとの相互作用の中で作られている。

日本のおける本格的なファン研究の成果としては、二〇〇七年に出た『それぞれのファン研究――I am a fan』『応援・サポート・人助けの風俗』がある。前者は、コミックマーケット、「二次創作」、ゲーム、総合格闘技、宝塚、ジャニーズ系アイドルと、さまざまな領域におけるファン文化のあり方を論じている。後者は応援・サポート・人助けという括りでファン文化の隣接領域を扱い、ファン文化研究への別な角度からの視点を提示している。その後、個別のファン文化に絞った研究が続々と発表されてきている。二〇〇七年から十余年が経過し、「それぞれのファン」文化の最前線を確認するとともに、「それぞれ」を越えたファン文化研究へのステップを踏み出す時期が来ているように思われる。

本特集では、このような認識のもと、まず、今日のファン文化のいくつかの新たな局面に着目し、それを踏まえた上でファン文化研究の理論的フレーム構築を試みる。ファン文化の新たな局面とは以下の三点である。

①ファン文化がコンテンツの提供側とファンとの間の相互作用により作られるのだとすれば、それはどのように作られているのか。

②ファンによる対象の「愛で方」はどのように多様化しているのか（例えば、アイドルを疑似的な恋愛対象として位置づける場合だけでなく、複数のアイドルの関係性を楽しむ場合もあるし、ファン同士の人間関係を楽しむ場合もある）。

③コミック・アニメなど2次元から派生したコスプレ、声

優、声優歌手、舞台上演など「2・5次元」におけるファン文化をどのように考えるか。

具体的には、①については、吉光正絵氏が主にKポップファンの最新動向を中心に、Kポップの制作サイドとファンとの相互作用を中心に考察する。Kポップの場合、韓国内のマーケットが日本に比べて小さいため、国を挙げてグローバルに通用するコンテンツを送り出そうとしてきた。韓国のKポップファンはアイドルを送り出す事務所に対して強い意思表示をし、事務所側もこれに対応するという相互作用の中で、独特のKポップ文化が形成されてきた。韓国のKポップのファンは、ファンの能動性という点において、先駆的な存在とみることができる。

②については、辻泉氏が主に日本の男性アイドルグループのファン・コミュニティの人間関係について考察する。辻氏は日本のジャニーズファンのコミュニティにおいては、同じアイドルのファン（担当）は同じファングループに入れないという「同担拒否」という現象があることをアカデミックな論文で最初に指摘した研究者である。本号特集では、「同担拒否」研究の経緯とともにその後の研究の展開について論述する。

③については、田中東子氏が2・5次元アイドルのファンについて考察する。2・5次元アイドルとは、もともとアニメファンがアニメの声優のことを指す言葉だった。現在ではアニメに出演はしていないが2・5次元ミュージカルの出演者にまで拡大されている。2・5次元ミュージカルとは「2次元の漫画・アニメ・ゲームを原作とする3次元の舞台コンテンツの総称。」（一般社団法人 日本2・5次元ミュージカル協会ホームページ）とされている。漫画やアニメのファンと舞台のファンとの境界に位置する新たなファンの実態が明らかにされる。

以上の寄稿論文から今日のファン文化の特徴として三点あげることができる。

第一に、今回の三本の論文では、ファンが享受する対象はKポップのアイドル、日本の男性グループアイドル、2・5次元アイドルと、パフォーミング・アート分野のアイドルたちである。第二に、これらのファンは共通しておおむね女性である。第三に、これらファン文化はSNSなどインターネットを利用したコミュニケーションにより支えられている部分が大きい。

ここから、今後の研究課題として以下のような論点をあげることができる。

第一に、ここで取り上げられた対象は広い意味でのファン文化研究の一部にしかすぎない。広義のファン文化研究の射程と課題を整理しておく必要がある。本特集では、パフォーミング・アートのファンの考察が主となったが、一口にパフォーミング・アートといっても、クラシック音楽、ロック、演劇、ミュージカル、お笑いと、幅広い。これらの領域にもファンがいる。隣接領域としてスポーツもある。スポーツの場合は、ファンは応援団、サポーターと呼ばれることもある。また、アニメ・マンガ・ゲーム・映画・テレビ・音楽・ネットといったコンテンツ文化[1]にもファンはついている。パフォーミング・アートとコンテンツ文化とでは、おのずからビジネスモデルが異なってくるし、ファンの行動様式も異なってくる。近年、アニメの声優がライブをするなど、コンテンツ文化がパフォーミング・アートと融合する動きも見られる。

これらのファンの多くはモノのコレクターでもある。コンテンツ文化のファンだけでなく、パフォーミング・アートのファンも、パフォーマンスに関連するモノのコレクターでもある。カメラ、切手、昆虫などを熱心に収集しているコレクターは以前から存在している。缶コーヒーの缶、牛乳瓶のふた、鉄道の発車メロディーなど、マニアックなモノのコレクターもいる。ファンとしての活動におけるモノの収集のあり方・意味についても着目していく必要があるだろう。

第二に、ファンとその対象との関係について、経済的な支援という視点から整理する枠組みを検討していく必要がある。ファンとその対象との関係について経済的な支援の度合いから整理すれば、（a）パトロンのように対象に経済的に直接支援をする場合、（b）チケットや関連する商品を購入することにより対象を経済的に支援する場合、（c）対象の存在を自発的に宣伝することにより（めぐりめぐって）対象を経済的に支援する場合、（d）公演や試合に出向き声援を送り対象を鼓舞する場合、（e）対象への影響を考慮せず自らの満足を重視する場合などの段階が考えられる。これらは必ずしも一元的な尺度ではなく、これらのいくつかが複合する場合もあるだろう。ファンの隣接概念、パトロン、タニマチ、サポーター、応援団、ヲタク（オタク）、コレクター、マニアなどは、このような枠組みにより、整理できるのではないか。

第三に、ファンとファンが愛でる対象との関係について、ジェンダー、セクシュアリティの視点から整理しておくことも課題となる。これまでファン文化研究の多くは、漠然と異性愛（ファンと愛でる対象との「疑似的」異性愛）を前提に行われてきたように見える。もちろん、マッチョなロックミュージシャン（cock rock）を支持する男性ファン（Frith 1981=1991）、マドンナのようになりたいという少女ファン（wannabes）という異性愛を前提としないアーティストとファンとの関係があることについても指摘されてきた。マドンナや宝塚歌劇のファン研究のように、異性愛だけではない多様な読みをするファン文化研究も行われてきている。今後はLGBTを射程に入れたファン文化研究が望まれる。

最後に、ファン文化とその外側の社会との関係について熱心なファンにとっては、意識の面でも費やす時間の面でもファン活動が生活の多くの部分を占めている。しかしそうだとしても、どんなファンでもファン文化の外側の社会にかかわっている。ファン活動以外の時間に、どのような社会生活を送っている人がどのようなファン活動を実践し、ファン文化を作り上げているのか、これを明らかにすることこそファン文化の社会学の課題だろう。

本特集では、現在もっともアクティブなファン文化が考察されている。本特集が「それぞれのファン」文化研究をより推し進めるとともに、ファン文化が「それぞれ」を越えて、今日の社会においてどのような意味をもっているのか理解するきっかけになることを期待したい。

【注】

[1] コンテンツ文化史学会のホームページには、コンテンツ文化としてこれらの項目が例示されている（http://www.contentshistory.org/about/ 二〇一八年六月二十六日）。また、通商産業省のホームページで公開されている「コンテンツ産業政策について」では、コンテンツの例として、「映画・アニメ・TV番組・音楽・ゲーム等」が挙げられている。（http://www.meti.go.jp/policy/mono_info_service/contents/downloadfiles/180514syokanzikou.pdf 二〇一八年六月二十六日）

【文献】

東園子、二〇一五、『宝塚・やおい、愛の読み替え――女性とポピュラーカルチャーの社会学』新曜社。

Frith, Simon, 1981, *Sound Effects: Youth, Leisure, and the Politics of Rock n' Roll*, Pantheon.（＝一九九一、細川周平・竹田賢一訳、『サウンドの力――若者・余暇・ロックの政治学』晶文社）

現代風俗研究会編、二〇〇七、『応援・サポート・人助けの風俗』（現代風俗研究会年報）新宿書房。

宮本直美、二〇一一、『宝塚ファンの社会学――スターは劇場の外で作られる』青弓社。

Schwichtenberg, Cathy, 1992, *The Madonna Connection: Representational Politics, Subcultural Identities, And Cultural Theory*, Routledge.（＝部分訳一九九四、久木葉一訳『マドンナ・コネクション――誘惑・倒錯・破壊・イメージ操作』ディーエイチシー）

玉川博章・名藤多香子他、二〇〇七、『それぞれのファン研究――I am a fan』風塵社。

特集　ファン文化の社会学

送り手とファンの相互作用
——K-POPの女性ファン文化

吉光正絵（長崎県立大学）

1　女性ファン文化への視点

1-1　メディア生態系の変化によるファンの見直し

女性ファンに対しては批判的な視線が注がれてきた。コンサートで金切り声を上げるのは、社会的な孤立に由来するヒステリーや若気の至り、群衆行動への感染のためであると考えられてきた（Ross & Nightingale 2003=2007: 123）。しかし、時代が下がるにつれて肯定的な視点が、男性アイドル・グループの欧米版であるボーイバンドのファンたちに関する研究成果等で発表されてきた。Brabazon によれば、ボーイバンドは、ポピュラー音楽産業を支え続けてきた女性たちにとっての福音であり、新世代のジェンダー規範や社会性の見取り図を提供する存在である。女性たちはファン活動を通して人生の統御感を手に入れ自分たちの人生を力づけている（Brabazon 2012: 5）。こうした見方は、メディア生態系の変化によるポピュラー音楽を巡る生産と消費、コミュニケーション過程の変化と深い影響関係にある。Hodkinson によれば、かつては送り手から受け手まで直線的かつ一方向的だったメディア・コミュニケーション過程は、現在では、双方向的かつ広大な社会的・文化的コンテクストの中で双方向的になった（Hodkinson 2011:11-12）。Duffett によれば、インターネットの普及によって、ポピュラー音楽は無料の環境資源になり、受け手の選択肢は増大した。そして、自らを海賊、パトロン、プロモーターとみなすファンたちは、ソーシャルメディア上で他のファンたちとの情報合戦に熱狂し膨大な情報の流れによって自分たちの存在を誇示している（Duffett ed. 2012: 3）。送り手は、利益を得るためにファンたちの声を必死にかき集めて応答し、ファンたちと送り手の相互作用によってメディア生態系自体が進化していく。注目度が高いコンテンツを検索上位に表示するインターネットの検索サイトの特性によって注目度の高いものの一人勝ちの様相も強まる。そのため、人数の多いアジア系の女性ファンたちがメディア生態系の進化に与える影響力が大きくなっている現状がある。

1-2　草の根の媒介性への注目

現代社会では、国境を越えた巨大なブームを引き起こすメディア作品の多くは、トップダウン的なグローバル化されたメディア産業の営為とミクロで草の根のファンたちの日常的な活動の融合によって拡散がとまらなくなった場合に生じる。Jenkinsによれば、この「草の根の媒介性」は、現在では市場論理の一部になっている。企業利益と一致している場合もあるが、あくまでファンたちの自発的な動きなので、企業と対抗する場合もあり懐柔されているわけではない(Jenkins 2006: 91–93)。

本論では、K-POPを具体的な事例として、送り手と受け手であるファンの女性たちの相互作用に焦点を当てて論じる。二〇一〇年前後のK-POPブームは、韓国政府の支援政策に裏打ちされた企業努力の成果として語られることが多い(高橋 2014: 127)。その一方で、ファンたちの自発的で草の根的なファン活動の帰結であるとも考えられてきた。特に女性ファンたちは、自分たちが応援するアイドルの自主的な支援活動に熱心で、地下鉄駅の電光掲示板(図1参照)やラッピングバスに応援広告を出すことが一般化している。近年ではこうした広告目当てに渡韓する海外ファンたちも多く、人気アイドルの誕生日が近づくと詳細な地図が拡散される。一方で、ファンの女性たちはアイドルに献身的に尽くす一方で、時には送り手やアイドルを対象とした集団抗議運動を行う。こうした女性ファンたちと、送り手との相互依存的な関係が現在のK-POPの興隆と限界を作り出してきたと考えられる。

図1　BTS(防弾少年団)メンバーの誕生日を祝う地下鉄電光掲示板広告(撮影：Miya　2017年8月12日オリンピック公園駅[ソウル特別市松坡区])

2　文化産業と闘争する少女たち

2-1　サブカルチャーに根ざした抵抗性

まず、K-POPの女性ファン文化の発達過程を振り返りたい。源流は一九九二年にデビューしたソ・テジ・ワ・アイドゥルのファンたちにある。ソ・テジ・ワ・アイドゥル

は、ダンスミュージックの合間にラップを挟むK－POPに特殊な曲調や、専属スタイリスト制度などK－POPのパフォーマンスの定型を築いた。そして、社会問題をテーマにした曲をパフォーマンスすることで社会的な波紋を起こし、若者に絶大な影響を与え「十代の大統領」と呼ばれた（古谷 2010: 35）。彼らは公式ファンクラブをあえて作らなかったが、ファンたちは報道の不当性や歌番組のランキング制度などのポピュラー音楽の慣行を集団で批判し、文化運動の実践主体として政治性を発揮した。こうしたファンたちの文化は「抵抗する少女たちのサブカルチャー」の文脈に位置付けられている（정&이 2009: 201–202）。

ここに見られるファンたちの抵抗性は、ソ・テジ・ワ・アイドゥルが、梨泰院洞のクラブ・シーンの盛り上がりから生まれたことにも起因している。梨泰院洞のクラブは、米軍を対象に営業を開始したが、当時はダンサーたちがダンスバトルで顔を売る社交場となっていた。二〇一一年に放送されたMnetのドキュメンタリー形式のドラマ『ムーンナイト90』では、実在した伝説のクラブ「ムーンナイト」に出入りしていた人々によってK－POPの基礎が作られていく様子を描いている。[1] このドラマに、ソ・テジ・ワ・アイドゥルやJYPエンターテインメント（以下JYP）創業者のパク・ジニョン、SMエンターテインメント（以下SM）創業者のイ・スマンが最初に送り出したヒョン・ジニョンらのエピソードも出てくる。

一九九六年にソ・テジ・ワ・アイドゥルが解散した後に、ダンサーだったヤン・ヒョンソクがヒョン企画を創業する。後のYGエンターテインメント（以下YG）である。YGは、PSYやBIGBANG、2NE1らを送り出してきた。いずれもHIPHOP色が強くファッショナブルな反面、麻薬疑惑で追い込まれてきたのも、クラブ・カルチャーが現在も社内に深く根付いていることの証であるとも考えられる。

2－2　アイドルの育成と管理

YG、JYPにSMらを加えた三社を、日本では「三大プロダクション」と呼んでいる。君塚は、日本のプロダクションとの違いとして、マネジメント業務だけではなく、日本におけるレコード会社や音楽出版社の機能（CD、音楽配信の販売・宣伝、音楽制作、著作権管理）をもつ点をあげている（君塚 2012: 39–41）。韓国ではこれらの業務を行う会社を企画会社と呼んでいるが、本稿でもプロダクションと呼ぶ。シンによれば、韓国にも外資系レコード会社はあるが海外音楽のリリースが中心であり三大プロダクションが中心になってK－POP産業を創ってきた（シン 2010: 39–41）。

韓国で初めてプロデュース業を開始したのはSMのイ・スマンで、韓国では「文化大統領」と呼ばれている。ソウル大学在学中から歌手活動を始め、ラジオDJや司会者として成功した。国内情勢の悪化によって渡米し、ロボット工学を研究していたが、音楽専門チャンネルMTVから刺激を受けて帰国し、一九八九年にSM企画を創業する。イ・スマンの考えるプロデュースとは、「誰かをピックアップして、トレーニングさせて、そして意図的に音楽を作る。どういうかたちで作るか全部プロデュースして、踊りをどう踊らせるかをまず頭においてそれに合わせて動かしていく」である。人選は「タレント性」より「人格」が重視される。これは、最初に手がけたヒョン・ジニョンが麻薬疑惑で失敗したことの反省による（田代 2000: 50）。こうした初期の試行錯誤がSMの「CT（＝カルチャーテクノロジー）」として理論化されていく。SM代表のキム・ヨンミンによれば、CTとは「情報技術（IT＝インフォメーションテクノロジー）があるなら、文化を作り出す方法論にもテクノロジーはあるだろう」といったイ・スマンの考えに基づいている（日経エンタテインメント 2011: 34-35）。SMは、新人開発と音楽生産過程の分業化と効率化を進めることで、産業としてのK-POPの発展を先導してきた。しかしその一方で所属歌手との契約トラブルに悩まされていく。

2-3　少女ファンたちの排他的献身

SMから一九九五年にデビューしたH.O.T.が十代をターゲットにした企画型アイドルの第一号である。H.O.T.は、メッセージの強いSMPと呼ばれるスタイルの曲を歌い、自作曲でも活動していた。同時期にデビューしたアイドル・グループを韓国では第一世代と呼んでいる。男性アイドル・グループには、JYPのg.o.d、DSPメディア（以下DSP）のSechs Kies等がいる。当時のファンの様子は、H.O.T.のファンが主人公のドラマ『応答せよ1997』からうかがえる。[2]少女たちは、学校に通う傍らで特定のアイドルを「オッパ」（お兄さんの意味）と呼んで愛慕する。アイドルが複数出演する合同コンサートでは、ファンクラブごとに同色のレインコートを着て風船を振ってマスゲームのように応援する。アイドルへの排他的愛情を表現するために、自分が応援するアイドル以外がステージに立つ時は顔をふせて視界に入らないようにする。H.O.T.の公式ファンクラブは、シンボルカラーで統一した風船やペンライト、垂れ幕、スローガン（アイドルの名前と応援メッセージを書いた紙）などを初めて組織的に運用した。ファンたちは、日本から白色のサイリウムをとりよせて配布し、スローガンを電柱に張り、歌詞検閲で音を消された歌詞をファンが代わりに歌った。[3]このようにして、現在でも見られるK-POPファンの組織的な集団行動の土台が少女ファンたちによって生みだされた。

2―4　韓流の誕生

二〇〇〇年のSMのKOSDAQ上場を契機に三大プロダクションは株式を上場し、経営専門職を雇ってメディア複合企業としての道を歩んでいく。背景には韓流ブームによる海外市場の成長がある。一九九九年十一月に両国の国営放送局であるCCTVとKBSの共催で「韓中歌謡祭」が開催され、二〇〇〇年二月にH.O.T. の北京公演が大成功した（シン 2010: 56）。中国のファンたちがH.O.T. のヒップホップの雰囲気を出すために韓国製の服を買っていると聞いたイ・スマンは「H.O.T. を全面に出したスターマーケティングというプロジェクトを韓国を知らせるという意味」で準備する。これは、韓国政府が上海で行う「電化製品と、アパレルなどの韓国の商品を知らせる大きなエキジビション」のためである。イ・スマンは、ハリウッドのスターマーケティングや香港映画による観光客の増加、国や地域のブランド力の向上から考えついたとのことである（田代 2000: 52–53）。こうした官民共催の海外プロジェクトは「韓流マーケティング」と呼ばれ、イベントの出演料や関連企業の広告費がプロダクションの収入源として大部分をしめていく（朴 2007: 113–116）。

こうしてファンクラブ文化の土台や韓流を生み出したH.O.T. だが、二〇〇一年五月十三日に解体報道がでる。その際にファンたちはSMを相手に「歌手を商業的に利用しそれらを犠牲にする」という内容の抗議文を書き、集会、署名運動、新聞広告などの集合的実践を始めた。「奴隷契約」でアイドルを脅かすプロダクションは、少女ファンたちにとって「倒すことのできない闘争相手」であり、アイドルの利益を守るための集合的闘争に参加した（정&이 2009: 204）。現在の女性ファンたちも、アイドルの扱いが悪いと感じた場合には、プロダクションを相手に集団で抗議活動をする。これは、初期のファンたちの行動規範を継承していることによると考えられる。

3　海外市場の拡大とファンたちの支援

3―1　海外市場の開拓

二〇〇〇年に韓国でデビューしたSMのBoAが二〇〇一年に日本でデビューした。BoAは、日本では日本語でJ－POPアーティストとして、韓国では韓国語で歌謡の歌手として活動する「ダブル・スタンダード」と呼ばれる手法をとった（古谷 2010: 38）。BoAはダンスと歌の完璧さによっても注目されたため、日本での成功には徹底した現地化とパフォーマンスの完璧さが不可欠だと考えられてきた（西森 2011:

101–106）。一方で、二〇〇二年に韓国でデビューしたピ（RAIN）は、アジアだけではなくアメリカにも進出する。ピ（RAIN）は、二〇〇三年に中国、二〇〇四年に日本でデビューした後に、二〇〇六年にニューヨークのマディソン・スクエア・ガーデンでコンサートを開催し、大規模なワールドツアーを行った。ピ（RAIN）の成功は、俳優活動による韓流スターとしての信頼と知名度にもよる。送り出したのはJYPのパク・ジニョンだ。パク・ジニョンは、幼少期をアメリカで過ごした。延世大学卒業後にダンサーや歌手として活動した後、一九九七年に「テホン企画」（現JYPエンターテインメント）を創業する。韓国で最もヒット曲が多い作曲家の一人で、SMAPら日本のアーティストにも曲提供をしてきた。小室哲哉との対談で「電子音楽とバラードの両方を行き来できる強み」を小室から学んだと言っている。そして、ダンス曲では「体が自然に動き出せる」こと、バラードでは「胸が締め付けられるような、キュンとなる感情」を大事に作曲しており、ヒット曲を生み出すには「純粋に音楽を楽しめる」ことが重要であると語る。こうした感覚は、単身で渡米してデモテープで売り込みを開始した後に、三年連続でビルボードのトップ10に入るアルバムに曲を提供できた経験によって手にしたとのことである（『日経エンタテインメント』2011: 44–45）。

以上から、ヒット曲を生み出し続ける秘訣として、音楽を純粋に楽しみ、聞いた人の身体や心が自然に動きだす曲づくりが心がけられていることがわかる。また、アメリカや日本のヒットメーカーらの懐に飛び込み学ぶことで自ら海外市場を開拓してきた。こうした経験が、日本出身メンバー三人と台湾出身メンバー一人を含むTWICEなど、多国籍編成のグループの成功に活かされてきたと考えられる。

3-2 「リアリティ」を追求するファンたち

グローバル市場が開拓される中で、第一世代アイドル・グループは、二〇〇〇年から二〇〇三年の間にほぼ解体され、第二世代が送り出された。ここには、K-POPブームを牽引したSMの東方神起やSUPER JUNIOR、SHINeeら、DSPのSS501、YGのBIGBANG、JYPの2PM、2AMらが含まれる。第二世代アイドルの収入の大部分は、政府や自治体、企業が主催するイベントの出演料や広告費である。特に中国での出演料は桁違いに高い。そのため、海外でも通用する「万能エンターテイナー」としての競争力」を持つ人材が選別された（김&윤 2011: 64）。

こうした競争力は、デビュー前の練習生たちが出演するリアリティ番組の視聴者の反応によって判断される。BIGBANGを選出した『BIGBANG The Beginning』（二〇〇六）や

JYPの2AM、2PMを選出した『熱血男児』(二〇〇八)などが初期の成功例である。これらの番組では、歌やダンスをステージ上で競い合う場面だけではなく、宿舎や練習室の姿も放送される。リアリティ番組によって、ファンたちは歌やダンスだけではなく、アイドルやグループの存在それ自体に愛着を持ち、生活用品を含めた関連商品の全てに購買欲求を向けるようになる。また、ファンたちは、デビュー・メンバーを決断するプロデューサーに同一化してアイドル・グループやプロダクションの運営方法を議論するようになった。

こうした第二世代アイドル・グループのうち「万能エンターテイナーとしての競争力」を持つ人材としての代表は、BIGBANGのG-DRAGONだ。ソーシャルメディアの個人アカウントで公開される私生活がリアリティ番組で見せる姿以上に若者たちの羨望をかきたてアジアを代表するセレブとしての地位を確立した。彼の人気は、BIGBANGの作詞作曲を手がけていることにもよる。毎年発表されるアイドルの著作権料ランキングをファンたちは非常に気にしており、アイドルの「リアルさ」やセルフ・プロデュース力もファンたちを惹きつける誘引の一つとなった。

3-3 ファンサイトによる支援活動の大規模化

少女時代を過ぎてもファンを継続する女性たちが増え、アイドルよりも年齢が上の「お姉さんファン」が生まれた。SMから二〇〇八年にSHINeeが『お姉さんはとても綺麗』という曲でデビューし、「お姉さんたちのロマン」と呼ばれた。JYPの2PMはステージでの腹筋公開パフォーマンスから「野獣アイドル」と呼ばれ「お姉さんたちの欲望」と呼ばれた。お姉さんファン達は、現実では不可能な多様なキャラクターとの架空の関係性をお金によって安全にかなえることを希望した(김 2011: 27-33)。そして、財力や権威を発揮するために支援活動を熱心に行うようになった(정&이 2009: 218)。広告や、番組への差し入れ、アイドル名義のチャリティ、高価なプレゼント等である。活動資金は会員制のファンサイトを母体に集められる。お礼としてサイト管理者らが撮影したコンサートや番組収録、空港等で撮影した動画や写真を編集した作品集が配布される[4]。

こうした支援活動の背景には、韓国特有のインターネット文化の影響がある。韓国のファンサイトの多くは、一九九九年に開設されたポータルサイトDAUM上に設置されたカフェと呼ばれる掲示板で運営されてきた。初期の有名な存在に二〇〇二年に女子高生が開設した「五大オルチャン」がある。ここでは、女子高生たちが自分で見つけた芸能人ではな

い同年代の綺麗な子たちの写真を共有して遊んでいた。地域や高校を代表する顔の良い学生をトーナメント方式で対戦させて一番顔の綺麗な学生を決めるゲームも行われた。このサイトから俳優やアイドル、ECサイトの専属モデルなども生まれ、自撮りや外見至上主義の意識の土台となった（박 2005: 39-48）。韓国では、自分たちが「良い」と思う若者をインターネット上で推薦し支援することや、自分の顔や私生活をインターネット上にあげること、それによって知名度を獲得し社会的地位の上昇につなげるといった行動が若者たちの間で根付いていた。これらがK-POPファン特有の支援文化を生み出したと考えられる。

4　グローバル化と多様化の試み

4-1　ファンのグローバル化と群集行動の激化

二〇〇七年にJYPのWonder girlsが歌った「Tell Me」を学生、警察、軍人などが次々とコピーして動画配信サイトにアップし、「Tell Meシンドローム」と呼ばれた。これを機にWonder girlsはアメリカに進出する。二〇〇九年には同様にSUPER JUNIORの「SORRY SORRY」が中国語圏を中心にブームとなった。二〇一〇年の上海万博会場で行われたコンサートに入れなかったファンらが暴動事件を起こしたことに驚いたCNNが韓国を「東のハリウッド」と呼んだ[5]。中国での人気は、中国語曲で活動するユニットがあったことや、ファンの支援が過激化していたことがある。二〇〇八年には「スーパージュニアファンSM少額株主会、1ファン1株」というサイトが開設された。グループの活動方針がファンの総意と異なると考えたファンたちは、本社前でのデモ、不買運動、署名運動にも動じないSMに業を煮やして株主として圧力をかけた。アメリカ、フィリピン、コロンビア、タイ、中国など海外ファンサイトと連名の声明文をマスコミ各社に送ったため注目を集めた[6]。

第二世代のファンたちは、大規模な支援活動をするようになった反面で、その見返りとして「絶え間ない自己啓発」と「努力」をアイドルに強いるようになっていた（정&이 2009: 220）。二〇一〇年に足のケガによる活動休止期間に熱愛報道が出たSHINeeのジョンヒョンのファンたちは、相手の女優のホームページに悪質な書き込みをして閉鎖に追い込んだ。同じく二〇一〇年に2PMのリーダーだったパク・ジェボムが解雇された際には、ファンたちの怒りが残ったメンバーに向かい、住民番号やプライベート写真を流失させ甚大な被害を与えた。ファンたちは、支援活動に熱心になる一方で、アイドル自身に対しても抗議運動や熾烈な集団攻撃をするようになった。

第二世代のアイドル・グループは、海外市場でも成功したが、成功の頂点で主要メンバーが脱退するといったことが相次いでいた。二〇〇九年にはSUPER　JUNIOR中国向けユニットのリーダーだったハンギョンが「専属契約無効」を訴えて中国に帰国した。同時期に東方神起からもジェジュン、ジュンス、ユチョンといったボーカル・メンバーらが同様にSMを訴えて離脱した。

4-2　政府の支援と海外企業との提携

K-POPが注目されるに従って、政府の支援政策も大規模になる。二〇一一年五月に韓国政府が出した「コンテンツ産業振興基本計画」では、ソウル郊外にアジア最大のコンテンツシティを建設し、「アジアのハリウッド」とすると発表した。そして、二〇一一年十一月に訪韓したグーグルのエリック・シュミット会長は、イ・ミョンバク大統領と会談し、YouTubeにK-POP専用チャンネルを作ることを約束すると大統領府が発表した（三浦 2012: 157）。

日本でも、二〇一一年のNHK紅白歌合戦には、韓国の芸能事務所に所属するKARA、少女時代、解散報道の渦中にいた東方神起が出演した。少女時代は、韓国政府が二〇一〇年から二〇一二年までに行ったVISIT　KOREA　YEARのイメージキャラクターとしても活躍した。日本では主にこの時期を、「K-POPブーム」や「第二次韓流ブーム」と呼んでいる。二〇一二年には、バークリー音楽大学を出たYG所属アーティストのPSYが歌う『江南スタイル』が世界中で流行した。『glee』の番組中に用いられたことや、アメリカのオバマ大統領を筆頭に世界中のセレブがTwitter上で言及したことによる。YouTubeのチーフ・ビジネス・オフィサーが出した本には「YouTubeが人生を変えた人」としてジャスティン・ビーバーと共にPSYが挙げられている。二人を発掘したのは同じ人物で、インターネットを介した偶然の出会いがもたらす幸運について語っている（Kyncl & Peyvan 2017=2018: 293–294）。

4-3　国内市場の多様化

K-POPは、三大プロダクションが作り出すエレクトロニックなダンス曲によって海外からの注目を集めたが、韓国国内ではこうした傾向とは逆方向の曲がヒットしていた。

二〇〇九年にケーブルテレビの音楽専門チャンネルのMnetの放送したオーディション番組『Superstar K――歌で世界をつかめ』がブームになり韓国の総人口の四%が番組のオーディションを受けるほど流行した。『偉大なる誕生』（MBCテレビ）など数多くの同じ形式の番組が制作された（佐藤 2011: 12–13）。視聴者投票によって地方選を勝ちぬいてき

た出演者らから優勝者を決定する方法や、苦しい事情を持つ「一般人」が番組で成長していく過程を放送したことで、視聴者からの強い感情移入が生じた（최&강 2014: 121）。Mnet では、二〇一二年からは『Show Me The Money』を開始した。普段はクラブで活動しているラッパー対象のオーディション番組で、韓国のＨＩＰ ＨＯＰシーンの有名人が多数出演した。番組内のラップ・バトルなどで頻繁に使われる放送禁止用語を消す消去音の多さが話題になり視聴率があがった。Mnet の親会社の CJ E&M は、こうしたオーディション番組で多くの歌手やアーティストを発掘し有名にした。そして、彼らのマネジメント業務やレコード会社業務を握って国際的な音楽イベントを大規模に開催するようになっていく。こうした動きは、放送局のプロダクション化と言われ批判されている。

また、二〇〇九年からＬＯＥＮエンターテインメント（以下ＬＯＥＮ）が韓国最大の携帯電話事業者ＳＫテレコムが采井していた音楽配信サイト MelOn の運営を開始する。ＳＫテレコムの携帯電話利用者は安価に利用できるため利用者は韓国最大となった。MelOn のトップページに表示されるリアルタイム・チャートがヒット曲を判定する指標として大きな影響力をもつようになる。ＬＯＥＮは、こうした機能によって、自社や傘下のプロダクション所属の曲を流行させていく。レコード・レーベルとしては一九七八年創業の老舗のソウルアルバムが土台となっている。代表的な存在に「国民の妹」と呼ばれたＩＵがおり、アコースティック色の強いシンガーソングライター系の若者向け音楽の流れを作った。ＬＯＥＮは、中小のプロダクションを次々に吸収合併し、プロダクション業務も拡張していく。これに対抗して、ＳＭ、ＹＧ、ＪＹＰの三大プロダクションが主軸となって、韓国通信が民営化した通信事業者のＫＴの出資で音楽配信サイト genie を二〇一一年に始めたが利用者数は MelOn の半数程度と伸び悩んできた。そのせいか、二〇一六年にアップルミュージックとＳＭ・ＹＧ・ＪＹＰが契約した[7]。ＬＯＥＮはアップルミュージックと契約しなかったが、二〇一六年にメッセンジャー・アプリのカカオトークで有名なＫＡＫＡＯによって買収され、KakaoM となった[8]。

5 ファンたちが拓く可能性

5-1 資源としてのアイドルとファンたち

Ｋ-ＰＯＰブーム後の韓国では、ポピュラー音楽多様化の試みが色々と行われていた。しかし、二〇一七年に開催された平昌オリンピックの閉会式ではパフォーマンスを行ったのは三大プロダクションのアイドルたちだった。ＹＧからは２

NE出身のCL、SMからはEXOが出てパフォーマンスを行った。EXOとCLは、閉会式後には、「うちの子どもたちが大ファン」と言うイヴァンカ・トランプ大統領補佐官、ムン・ジェイン大統領夫妻らと集合写真を撮影した。EXOが以前から大ファンであると公言してきた女子フィギュア優勝者のロシアのメドベージェワを囲んだ写真も公開された。

EXOは、「未知の世界から来た新たなスター」というコンセプトのもと二〇一二年にSMから韓国と中国で同時にデビューした。EXOの二〇一七年のアルバム『THE WAR』は、iTunes総合アルバムチャートで全世界四十二の国と地域で一位となった。Instagramのフォロワー数はメンバーのうち三人が一〇〇〇万を超えている。二〇一三年にH.O.T.以来十二年ぶりにCDアルバムの売り上げが一〇〇万枚を突破し、現在までに四枚全てのCDアルバムの販売量がそれぞれ一〇〇万枚を超えている。日本でもオリコンランキング初登場一位でデビューしており、安定した人気がある。

韓国では、日本のように単独コンサートが頻繁に開催されるわけではない。アイドルを直接目にできるのは、放送局の音楽番組やイベント、サイン会の時だ。サイン会は、新譜や契約企業の新商品発売時に開催され、CDや靴や化粧品等を購入して当たれば参加できる。ファンたちは自分だけの思い出を作るために必死だ。付箋にあらかじめ質問事項の選択肢を書いておいて、そこにチェックしてもらうといった方法や、猫耳や花冠などのヘッドアクセサリーを持って行って撮影してもらうといった、様々な手法を編み出してきた。商品PRが主な目的のため、撮影は許可されており、これらがTwitter上で出回り、ファたちのサイン会応募への熱意を煽っていく。

韓国では、二〇一一年から二〇一六年までにCD販売の売上が約四十%急増し、二〇一六年度は史上初、年間売上枚数が一〇〇〇万枚を超えた。しかしこのうちアイドル(ソロを含む)のシェアは九四・三%に達しており、「CDの価値が下がった」といわれている。[9]

5-2 韓国のファン文化の輸出

EXOのライバルにBTS(防弾少年団)がいる。二〇一三年に「十代、二十代に向けられる抑圧や偏見を止め、自身たちの音楽を守りぬく」をコンセプトにHIPHOPアイドルとしてデビューした。デビュー直後にはHIPHOP留学をテーマにLAで長期撮影したリアリティ番組をMnetで放送した。メッセージ性の強い自作曲で活動しており、海外アーティストとのコラボレーションや、ソロ名義でミックステープ公開などソロ活動にも力をいれている。BTS

は、二〇一八年五月に、世界三大チャートと言われているアメリカのビルボードのメイン・チャートであるＴＯＰ２００の一位を獲得した。韓国のムン・ジェイン大統領は、「歌を愛する七人の少年と少年たちの翼であるA.R.M.Yにお祝いのあいさつをお伝えします」とTwitter上に祝辞を出した。[10] A.R.M.YとはＢＴＳのファンクラブを指す。彼女たちは、協力してアメリカのタイムズ・スクエアの広告スペースに広告動画を出稿したこともある。[11]

ＢＴＳのアメリカでの成功について、ハンギョレは社会背景から分析している。[12] #Me Too運動の余波でフェミニズムやマイノリティ支援の気勢が高まっているアメリカのポピュラー音楽業界のムードに、ＢＴＳのステージ・パフォーマンスにあわせて、様々な肌の色の少女ファンたちが声をあげて歌う姿が適合した。女性たちのファン行動の対象として欧米で発達してきたボーイバンドには、One Direction以降目立った存在がいなかったこともある。

韓国の中央日報は「防弾少年団、韓国のファン文化を輸出」というコラムを掲載している。[13] ここで紹介されているのは、「韓国式の掛け声」と「総攻撃」である。「韓国式の掛け声」とは先の、ステージ・パフォーマンスの際のファンたちのコールを指す。また、「総攻撃」とは、音楽チャートや賞レースで一位を獲るためにファンたちが行う組織的な集団行動を指す。ファンたちはアルバムの発売時に一位を獲るためにＣＤを予約注文し、発売時にタイミングを合わせてストリーミングを行う。ビルボードのチャートでは、ＣＤ、音楽配信、ストリーミング、YouTubeの動画再生回数や、Tweet数が加味されている（山口 2015: 42）。ビルボードで一位をとるには、プラットフォームごとのタイミングをあわせたファンたちの集団行動が不可欠となっている。ＢＴＳの海外ファンの熱は、ワールドツアーや海外でのテレビ番組出演、フリーラジオに開設したチャンネル、ソーシャルメディアによって構築されてきた。中でも、フォロワー数が一五〇〇万を超えるTwitterや一位で一〇〇〇万を超えているV-liveの存在が大きい。V-liveは多言語での翻訳機能や、アイドルがリアルタイムで話している時にファンたちからコメントが送れる双方向機能がある。宿舎の自室や滞在先のホテルなどから頻繁に行われる配信が、海外ファンたちとの親密度の維持に役立っている。

5-3　ファンからの自然な拡がり

ＢＴＳを送り出したのは、パン・シヒョクである。ソウル大学卒業後に作曲家としてパク・ジニョンからスカウトを受けＪＹＰでg.odやピ（ＲＡＩＮ）のヒット曲に関わった。二〇〇五年に独立しBig Hitエンターテインメント（以下BigHit）を創業した。自身のキャラクターと知名度は『偉大なる誕生』への出演によって確立した。独立後の成功例はＢＴＳ（防弾少年団）だけである。パン・シヒョクは、二〇一三年のインタビューでＢＴＳについて「BigHit の純血種だからプロデューサー／制作者の意図を先入観なしによく理解してくれる」と信頼を語っている。そして、「曲がよければいい」と思っていたが、韓国では音楽からの収益モデルは見通しがたたないため「ＳＭのように音楽業界の浮き沈みの中で継続的に成長するモデル」を提示するためにアイドルをやっている。「アイドルはサービス業で、ターゲット層が必要とする徳目を備えなければならず、それが満たされる時に消費が発生する」と語っている。[14] また、理想的な収益モデルとしては「国内と日本での公演を基本に中国に進出する、公演がうまくいけばＹＧのようなエンドースメント契約が可能になり、継続的な協賛と広告収入、グッズからの収益が安定する。ファン層をベースにそこから徐々に広がっていければ」と答えている。上記のインタビューから、パン・シヒョクは、三大プロダクションの成功に倣って、多様なファンたちの期待に応え続けることで、ＢＴＳの成功を導いてきたと考えられる。

6　ポピュラー音楽産業と女性ファンたちの行方

Ｋ－ＰＯＰアイドルは、現在では外交上の重要な資源として扱われている。しかし歴史は浅く、ファンと送り手であるプロダクションを中心としたＫ－ＰＯＰ産業との相互依存的な関係によって興隆してきた。

Ｋ－ＰＯＰの市場規模は拡大しているが、韓国のポピュラー音楽産業は、三大プロダクションと放送局、情報通信関連企業等による再編制は不断に続いており、プロダクションの数自体は減少している。韓国では、音楽だけで収益を得ることは難しい。オーディション番組からはアイドル以外のヒット曲もたくさん出たが生計をたてられるほど収益を得た歌手やアーティストはわずかだった。[15] そのため、音楽で生計をたてようと思えばアイドル生産のどこかに絡む以外に道はないが、アイドルとしてデビューすれば企画事務所やファンたちから常に監視される日々が続く。二〇一七年の六月には「アイドル中のアイドル」と呼ばれてきたＢＩＧＢＡＮＧのT.O.P が自殺未遂を起こし、十二月には「お姉さんたちのロマン」と呼ばれたSHINee のジョンヒョンが自殺した。ジョンヒョンの顔がＫ－ＰＯＰアイドルとファンとの触れ合いの象徴である付箋の合間から覗く光景は遺体に群がる蝶たちの姿を彷彿とさせる（図2参照）。

ソーシャルメディア時代に音楽で収益を上げるには、忠誠心が高く自発的に活発な広告活動をしてくれるファンたちを集め、維持することが必須であると考えられている。日本でも、ソーシャルメディア以降の新しいファンクラブシステムとして、「アーティストのプロモーションを手伝わせてあげるという特別待遇」が提案されている（山口 2015: 146）。ソーシャルメディア時代のポピュラー音楽の送り手とファンの関係については、今後も注意深く見守っていきたい。

図2　SHINeeファンたちが残した付箋メッセージ（撮影：Miya　2017年1月20日SMTOWN @coexartium［ソウル特別市江南区］）

［注］

［1］「ムーンナイト90」Mnet公式ＨＰ、最終確認二〇一八年七月十六日。（http://www.mnet.com/tv/program/program_view.asp?program_id=529&tabMenu=）

［2］「応答せよ1997」BSジャパン公式HP（http://www.bs-j.co.jp/1997/）、最終確認二〇一八年七月十六日。

［3］Namwiki「H.O.T」（https://namu.wiki/w/H.O.T.?from=H.O.T）最終確認二〇一八年一月十六日。

［4］Ｋ-ＰＯＰのファンサイトの管理者を対象にした調査から。詳細は吉光 2015を参照のこと。

［5］Lara Farrar for CNN "'Korean Wave' of pop culture sweeps across Asia," December 31,2010（http://edition.cnn.com/2010/WORLD/asiapcf/12/31/korea.entertainment/）最終確認二〇一八年一月十六日。

［6］「スーパージュニアのファンクラブ、ＳＭ株５万８０００株取得」『中央日報』（http://japanese.joins.com/article/j_article.php?aid=97717）、二〇〇八年三月二十一日、最終確認二〇一八年一月十六日。

［7］김민수「애플뮤직、로엔 빠진 ＳＭ・ＹＧ・ＪＹＰ가 계약한 이유」ＣＢＳ노컷뉴스、（http://www.nocutnews.co.kr/news/4637700）二〇一六年八月十一日、最終確認二〇一八年七月二十日。

［8］「カカオが韓国最大のデジタル音楽配信サービス『MelOn』を約１８００億円で買収、メッセージング・プラットフォームとの統合で世界進出へ」（http://thebridge.jp/2016/01/kakao-melon）二〇一六年一月十一日、最終確認二〇一八年七月二十日。

［9］양승준「아이돌ＣＤ１０００만장 시대…음반 가치는 폭락、역설」『한국스포츠경제』（http://www.hankookilbo.com/v/538

713c9424b45be8fea44f13faa2a7b）二〇一七年七月二十一日、最終確認二〇一八年七月二十日。

［10］「ＢＴＳのビルボード1位に韓国大統領が祝福メッセージ」『THE FACT JAPAN』（http://www.thefactjp.com/article/read.php?sa_idx=27773）二〇一八年五月二十九日、最終確認二〇一七年一月十六日。

［11］「ＮＹタイムズ・スクエアの広告をジャック！　デビュー5周年を祝いA.R.M.Y.が出稿」『Billboard JAPAN』（http://www.billboard-japan.com/d_news/detail/64434/2）二〇一八年六月十四日、最終確認二〇一七年一月十六日。

［12］서정민、「김시스터즈가 방탄소년단을 만날 때」『한겨레』（http://www.hani.co.kr/arti/culture/culture_general/846687.html）二〇一八年五月二十九日、最終確認二〇一八年五月二十九日。

［13］ヤン・ソンヒ「【コラム】防弾少年団、韓国のファン文化を輸出」『中央日報』（japanese.joins.com/article/297/236297.html?servcode=100&sectcode=120）二〇一七年七月二十一日、最終確認二〇一八年一月二十日。

［14］［아이돌 메이커］방시혁 대표「산업적으로 `의미、있는 회사를、아이돌과는 `다른、아이돌을」『weiv』（http://www.weiv.co.kr/archives/6408）二〇一三年七月三十日、最終確認二〇一八年五月二十九日。

［15］「창작자 죽이고 유통사만 사는 음악 산업」『한국 경제 매거진』2015-12-23(http://magazine.hankyung.com/business/apps/news?popup=0&nid=01&c1=1003&nkey=2015122201047000231&mode=sub_view）二〇一五年十二月二十三日、最終確認二〇一八年七月二十日。

［文献］

Brabazon, Tara, 2012, *Popular Music: Topics, Trends, and Trajectories*, London: Sage.

Duffett, Mark, 2012, “Multiple damnations: deconstructing the critical response to boy band phenomena,” POPULAR MUSIC HISTORY, 7(2): 185–197.

Duffett, Mark, ed. 2014, *Popular Music Fandom: Identities, Roles and Practices*, London: Routledge.

古谷正亨、二〇一〇、「ソ・テジから東方神起、少女時代までのＫポップの歴史」『MUSIC MAGAZINE』二〇一三年三月号：五六六。

Hodkinson, Paul, 2010, Media, Culture and Society: *An Introduction:* London, SAGE Publications Ltd.

Jenkins, Henry, 2006, *Convergence Culture: Where Old and New Media Collide*, New York and London: New York University Press.

君塚太、二〇一二、『日韓音楽ビジネス比較――Ｋ－ＰＯＰとＪ－ＰＯＰ本当の違い』アスペクト。

Kyncl, Robert, and Maany Peyvan, 2017, *Streampunks: YouTube and the Rebels Remaking Media*, Harper Business.（＝二〇一八、渡会圭子訳『YouTube革命　メディアを変える挑戦者たち』文藝春秋）

최소망・강승묵、二〇一四、「텔레비전 오디션 리얼리티 쇼의 서사구조 분석――〈스타오디션 위대한 탄생〉과〈슈퍼스타 K2〉를 중심으로」『한국콘텐츠학회논문지』一二（六）：一二〇―一三一。

정민우・이나영、二〇〇九、「스타를 관리하는 팬덤、팬덤을 관리하는 산업 ´2세대´ 아이돌 팬덤의 문화실천의 특징 및 함의」『미디어、젠더 & 문화』一二：一九一―二四〇。

김호영・윤태진、二〇一二、「한국 대중문화의 아이돌（idol）시스템 작동방식――아이돌문화 생산・소비의 이중적 구조에 대한 탐색적 연구」『방송과 커뮤니케이션』一三（四）：五―三二。

김수아、二〇一一、「남성 아이돌 스타의 남성성 재현과 성인 여성 팬덤의 소비 방식 구성――샤이니와 2PM을 중심으로」『미디어、젠더 & 문화』一九：五―三八。

三浦文夫、二〇一二、『少女時代と日本の音楽生態系』日本経済新聞社。

西森路代、二〇一一、『Ｋ－ＰＯＰがアジアを制覇する』原書房。

小倉紀蔵・小針進編、二〇〇七、『韓流ハンドブック』新書館。

朴根好、二〇〇七、「経済」小倉紀蔵・小針進編『韓流ハンドブック』新書館。

박근호、二〇〇五、『인터넷 공간에서의 탈주와 영토화――얼짱 신드롬을 중심으로』、한국교원대학교 교육대학원 일반사회교육전공。

Ross, Karen, and Virginia Nightingale, 2003, *Media and Audiences: New Perspective*, Open University Press UK.（＝二〇一〇、児島和人、高橋利枝、阿部潔訳『メディアオーディエンスとは何か』新曜社）

酒井美絵子、二〇一一、『Ｋ－ＰＯＰバックステージ・エピソード』河出書房新社。

佐藤大介、二〇一一、『オーディション社会韓国』新潮新書。

シン・ヒョンジュン、二〇一〇、「韓流ポップの現状」井上貴子『アジアのポピュラー音楽――グローバルとローカルの相克』勁草書房。

田代親世、二〇〇〇、『韓国エンターテイメント三昧』芳賀書店。

高橋哲郎、二〇一四、「韓国のコンテンツ産業の現状と輸出振興策に関する一考察」『富山国際大学現代社会学部紀要』六：一二七―一四二。

손승혜、二〇一二、「한류 수용의 로컬 콘텍스트와 글로벌 팬덤의 특성――코리안 커넥션 사례 분석」『미디어 경제와 문화』一〇（二）：四五―八五。

山口哲一、二〇一五、『新時代ミュージックビジネス最終講義 新しい地図を手に、音楽とテクノロジーの蜜月時代を生きる！』リットーミュージック。

吉光正絵、二〇一二、「Ｋ－ＰＯＰにはまる『女子』たち――ファン集団から見えるアジア」馬場伸介・池田太臣編著『「女子」の時代！』青弓社、九〇―一一〇。

吉光正絵、二〇一五、「韓国のポピュラー音楽と女性ファン――Ｋ－ＰＯＰアイドルのファン・カフェのマスター調査から」『国際情報学部紀要』一五：一七三―一八三。

特集　ファン文化の社会学

「同担拒否」再考

——アイドルとファンの関係、ファン・コミュニティ

辻　泉（中央大学）

1　はじめに

今号の特集は「ファン文化の社会学」だという。知られるように、「ファン」とは「fanatic（狂信的な）」という英単語の省略形（fan）からきたものだが、筆者は、ことあるごとに、「ファン文化は、fan culture ではなく fun culture としてとらえるべきだ」と主張してきた。いわく、狂信者の文化ではなく、楽しさの文化としてとらえようということである。すなわちファン文化の研究とは、この社会における楽しさとその来歴を追うことに他ならない。

筆者は、学部の卒業論文からアイドル文化の研究を行ってきた。だが、いつの間にかファン文化の研究がメインとなり、それが今なおライフワークとして続いている。ここでは、アイドルやそのファンを対象とした、筆者の研究の来歴を一つのヒントとしながら、ファン文化、あるいはその研究の来歴を振り返ってみたい。

2　「同担拒否」からアイドルとファン文化の変化を追う

筆者自身の研究の初発段階では、対象となっていたのはアイドルそれ自体、あるいはそれを記述したメディア・テクスト（雑誌記事やテレビ番組など）であった。だが、後になるにしたがって、中心的な対象が、アイドルそのものから、ファンたちのコミュニケーションへと変化していった。このことは、個人的な追想という以上の大きな意味を持っているように思われる。すなわち、アイドルとファンという先駆的な現象を扱うがゆえに、メディアと文化をめぐる研究動向とも大きく関連してきたのである。

ここでは、筆者自身の学部の卒業論文の話に始まり、その

後の研究の来歴を述べていきたい。最後に、指導する学生たちの卒業論文の中から、今日のファン文化の特徴をうまく描き出したものも紹介して、この間のアイドルとファン文化の変化、そして展望について考えてみたい。

寄稿依頼時に筆者に寄せられた課題は、「同担拒否」という現象（あるいは用語）について、再考することであった。これは私が名付けた現象ではなく、当事者用語が元になったものである。一見不思議な現象であり、特にジャニーズファンたちの間で、同じアイドルのファン同士（特定のアイドルのファンを「○○担当」と呼び、それが一致するファン同士が「同担」である）が、あえてつながりを持つのを避けようとすることを意味する。常識的には、ファン同士で力を合わせて応援したほうが良いようにも思われるのだが、あえて「同担」だけを避けてつながるところに面白味が存在している。

写真1の右側は、筆者が修士論文のためのフィールドワークを行った一九九〇年代末頃、ジャニーズファンがよく使っていた名刺の例だが、これを見るとよくわかるように、自分の名前や連絡先だけではなく、自分が誰の「担当（ファン）」であるかがそれ以上に強調されている。いわばこれを目印として、「同担拒否」をしながらつながりを形成していたのである。こうした名刺それ自体は、今日ではほぼ姿を消したようだが、その代わりに、SNSなどのプロフィール欄で、自分の「担当」やそれに関する情報を誇示してつながりを形成しようとする独特なふるまいは続いているという。

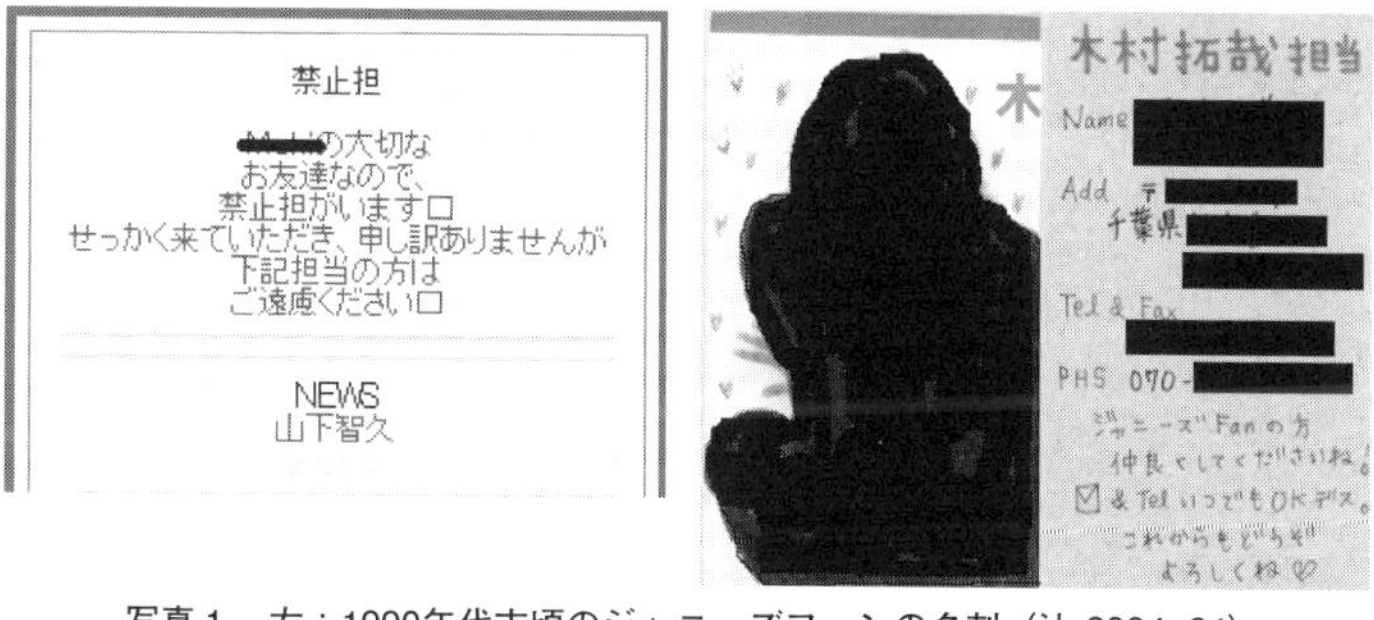

写真1　右：1990年代末頃のジャニーズファンの名刺（辻 2004: 24）
左：2010年代のジャニーズファンのプロフィール欄（最終閲覧日：2012年5月17日）

解釈するに、これはファンたちの個人的な快楽を最適化するための作法なのだろう。いうなればノイジーな、もしくは競合相手となる「同担」は回避しつつも、増幅させてくれる仲間（他の「担当」）とはできるだけつながろうとするコミュニケーション形態なのである。個人化した領域は保持しつつ、それと同時にネットワークを拡大しようとする様子は、あたかも、マニュエル・カステルやバリー・ウェルマンらのいう「ネットワークされた個人主義（Networked Individualism）」（Castells 2001＝2009, Rainie & Wellman 2012）を彷彿とさせるものである。

だが、カステルらの概念と違うのは、「同担拒否」というふるまいが、インターネット普及以前から見られていたことであろう。むしろ一面においては、そうしたファンたちのふるまいに、インターネットというメディアが適合していったのだといっても過言ではない。

一方で、「同担拒否」という言葉それ自体が一人歩きしてきた側面もあり、時にファン文化研究あるいはファンたちの世界においても、「同担拒否しないジャニーズファンもいますよ」という批判（?）がなされる。だが、もちろん筆者がこの現象を取り上げたのは、全てのジャニーズファン、あるいは全てのアイドルファンが、いついかなる時においても、それを必ずするという、いわば「普遍の真実」としてではなかった。特に熱心なファンたちに限定した事例研究から得られた知見であったし、あるいは、むしろそのような言葉や現象が登場してきた背景、そこから窺える文化の変化こそが、論ずべき対象であった。

では、筆者の卒業論文に始まって、「同担拒否」とそれがもたらすファンのネットワークに着目した修士論文、そしてさらなる変化を遂げていくファン文化の特徴に着目した指導学生の卒業論文などを紹介しながら議論を進めていこう。

3 「メディアとしてのアイドル」——カルチュラル・スタディーズに憧れた頃

筆者が北海道大学文学部に卒業論文を提出したのは一九九八年度の終わりである。そのタイトルは「アイドルを読む」であり、サブタイトルに「若者・大衆文化のカルチュラル・スタディーズ」とあったことからも分かるように、当時はカルチュラル・スタディーズが大きなブームを巻き起こしていて、筆者自身もそのアプローチに大きな魅力を感じ、卒業論文の中でもスチュワート・ホールの「エンコーディング／ディコーディング（意味づけ／解読）モデル」（Hall 1980）を用いてアイドル雑誌のテクスト分析を行った。

背景としては、オーソドックスな内容分析の手法の限界のようなものを、自身としても、あるいは研究動向としても感じ取っていたからに他ならない。具体的には、アイドル雑誌（のテクスト）だけを分析していても、さほど面白い知見は得られなかったのである。

当該の卒論の内容を振り返ってみると、まず分析対象としたのは、今でも刊行が続いているアイドル雑誌『Myojo（明星）』（集英社）である。ジェンダー論および消費社会論的な観点からの分析を想定していたので、特に読者層においてそ

写真２　卒業論文で分析した『明星（Myojo）』（集英社、1978［左上］・1988［右上］・1998年8月号［下］）

うした意識が高まり、誌面にもそれが表れやすいと考えられた八月号を対象とし、分析当時の最新号だけでなく、それに至る経年変化も捉えるために、十年前と二十年前、すなわち一九七八（昭和五十三）年と一九八八（昭和六十三）年、そして一九九八（平成十）年の『Myojo（明星）』八月号を分析対象とした。一九九八年分は直接書店で、一九八八年分は古書店で購入し、一九七八年分については、大宅壮一文庫で資料収集を行った。

分析方法としては、これらの各雑誌においてアイドルを扱った記事を分析対象とし、登場人物（性別や属性）や登場するもの、あるいはテーマについて、オーソドックスな内容分析の手法にしたがって量的にカウントし、さらにジェンダーに関する語りがどのようになされているかを質的に分析した。

結果の概略を記すと、一九九〇年代に雑誌自体が大幅にコンセプトを変更した影響も大きいのだが、登場する人物の割合では、一九七八年と一九八八年では男女両方が拮抗していたのが、一九九八年になると男性アイドルの割合が大幅に高まっていた。この点は写真2の各号の表紙グラビアを比較しても明らかであろう。一九九八年八月号では、表紙に登場しているのは男性アイドルだけであった。

一方で、どの年代でも共通していたのは、記事中に登場するものであり、純粋な広告以外のページにおいても、当時で言えばCDやレコード、あるいはそのほかの日常品を含めて、何らかの商品が頻繁に登場していた。

またテーマについては、一九七八年と一九八八年では、男性が「公的領域」、女性が「私的領域」という、よく言われる性別役割分業的な対比が明確に現れていて、男性アイドルについては「現在あるいはこれからの仕事について」をテーマとした記事が、逆に女性アイドルにおいては「私生活について」、あるいは「昔話またはプロフィール」に関するテーマの記事が多かった。これが一九九八年になると、男女での違いが少しづつ目立たなくなり、どちらも「私生活」や「昔話またはプロフィール」に関するテーマの記事が多くを占めていたのが特徴的であった（ただし、一九九八年には女性アイドルの割合がかなり減少するので、単純に比べるのも難しいという点は付記しておく必要があるだろう）。

加えて、ジェンダーに関する質的な分析からは、それまで主に女性アイドルに対して用いられていた語り方が、一九九八年には男性アイドルにも多く用いられるようになっていた。具体例を挙げれば、「かわいい」という形容詞が、女性だけでなく男性アイドルを語る際にも多く用いられるようになっていて、「あのころはかわいかったのにな〜」あるいは「ゴムでとめた〝噴水しばり〟で、かわいさをアピール。こんなところでも、母性本能をくすぐってます。…（中略）…でも、犬かきでボートに戻る姿はめちゃめちゃかわいかったぞ」と評され、盛んに「かわいい」と呼ばれていたのは、現在では人気グループ嵐のメンバーとして知られる、当時まだ十五歳でジャニーズJr（＝デビュー前の研修生）だった松本潤であった（写真2の一九九八年八月号表紙の左上にも姿が見える）。このように、「かわいい」と評されていたのは、おおむね十代の男性アイドルたちであった。

だがこうした結果は、資料的な価値はさておき、雑誌の読者ならば既に見当がついていることでもある。いうなれば、既知のことを改めて確認するという、ともすると計量的な内容分析が陥りやすい退屈さに、私自身の卒論もはまってしまっていたのである。

そこで、さらに深層を掘り下げるべく、「エンコーディング／ディコーディング（意味づけ／解読）モデル」（Hall 1980）を用いた解釈を加えることにした。いうなれば、メッセージの内容やその効果について、もっぱらそれ自体の分析から、また送り手の意図ばかりを優先的にとらえるのではなく、社会的な背景を踏まえつつ、受容する人々が、いかに意味解釈や意味付与を行うのかを詳細にとらえようとした。

アイドル現象に近いところで、このモデルを応用した研究の例を挙げれば、フィスクが『Reading the Popular』（邦訳題名：抵抗の快楽）で展開したマドンナのファン文化の分析がわかりやすいだろう（Fiske 1991＝1998）。彼は、マドンナの曲の歌詞やレコードジャケットの内容分析とともに、それに対するファンたちの反応をファンクラブの会報誌の分析からとらえ、その意味解釈や意味付与の過程を描こうとしたのである。

端的に述べれば、マドンナの装いや歌詞の内容は、性的な強調も多く、一見、男性支配社会のイデオロギーによって優先的に意味づけられているようにみえる。だが、受け手の女性ファンはそれをそのままに受け入れるのではなく、媚びたふりをして、かえって男性をコントロールしているというように、対抗的な解釈をし、そこに満足感を得ていたのだという。このように、このモデルの面白さは、メッセージの優先的な意味づけと受け手の能動的な意味付与との交渉的な過程をとらえるところにある。

筆者の卒論では、内容分析の結果を踏まえた上で、このモデルを応用して日本のアイドル現象、とりわけ一九九八年の『Myojo』の誌面の多くを占めていたジャニーズ系男性アイドルのファン文化について解釈しようとした。すなわちアイドルとは、第一に、歌詞の内容であれ、そのふるまいにであれ、基本的には支配的な性別役割分業に基づいたメッセージを帯びている。そして第二に、ファンに対して何がしかの消費を訴え続ける存在である。一点目については、「男性」アイドルファンの圧倒的多数を「女性」が占めていることを思い起こせばよいだろうし、二点目については、典型的には、CDなどの楽曲に始まり、コンサートのチケット、グッズの購入、あるいはテレビの視聴、彼らがイメージキャラクターを務める商品の購入といったように、ファンにとって何かを買わずにアイドルに「近づく」のが困難であることを想起すればよいだろう。これを、「自らが愛好する男性アイドルの言うがまま、消費行動に走らされている女性ファン」とだけとらえるならば、一方的なメッセージの効果のみに注目し、優先的な意味づけをなぞっただけとなる。しかし「エンコーディング／ディコーディング（意味づけ／解読）モデル」を応用することで、一九九八年当時の『Myojo』において、「かわいい」という形容詞で男性アイドルが評されることが増加していたように、ジェンダーの流動化に代表される、ファンたちの能動的な意味付与過程が見えてきたのである。

端的にいえば、「かっこいい」男性アイドルに導かれるままに女性ファンたちが消費行動に走らされているだけではなく、むしろ「かわいい」男性アイドルを、女性ファンたちが能動的な消費行動を通して応援し、そこにこそ満足を覚えているようなファン文化のありようが浮かんできたのである。

卒論でのキーワードをそのまま用いれば、アイドルそのものが「メディア」なのだといってもよい。その表象に、支配的なジェンダーや消費への誘いを帯びつつも、同時に受け手の能動的な読みにも開かれた存在がアイドルなのである。そうした意味付与あるいは解釈過程に、アイドル（ファン）の快楽が存在し、同じ芸能人でもスターと呼ばれる存在がカリスマ性を帯びて、一方向的に影響を及ぼすのとは明瞭な違いがある。いうなれば「双方向的なメディア」として、送り手と受け手の多様な意味解釈の場であること、これが「メディアとしてのアイドル」の快楽なのである。

こうした特徴については、内容分析結果の解釈を主としつつも、同時に行った各雑誌編集部のインタビュー調査から得るところも多かった。特に印象に残っているのは、ファンたちが「（雑誌グラビアの）切抜き」を収集し、互いにそれを交換すること、さらにそれを意識した誌面づくりをしていたというエピソードである。具体的には、掲載するアイドルの顔写真についても、切り抜きやすいように裏面に別のアイドルの顔写真が来ないようにしたり、あるいは保存しやすいようにその大きさをパスケース程度にしたりしていた。一方的に崇めるスターならば誌面を切り抜くことなど想像もしがたいが、ファンたちが自分の愛好するアイドルに対して、そのように能動的にふるまう様子が垣間見えたのである。

このように筆者の卒論は、いわゆる社会心理学的な大衆文化研究の蓄積も参照しながら、さらに深い理解を試みることが課題であり、そのために当時流行していたカルチュラル・スタディーズを参照したものであったといえる。だが一方でこのことは新たな研究課題を生むことにもなった。

第一に、雑誌の内容分析を主として展開しておきながら、むしろ論文の主眼は受け手であるファンの意味解釈過程に向かっており、その理解についても、実際の調査に基づくというよりは、理論的な解釈に基づくものであったという点である。であれば、むしろファンたちのコミュニケーションそのものに迫るべきことが次の課題となる。

第二に、カルチュラル・スタディーズというアプローチの日本社会への当てはまりの悪さのようなものである。イギリスにその源流を持つがゆえに、クラス class、レイス race、ジェンダー gender に基づく「支配－被支配」関係の強いことを前提として分析をするが、マドンナのファンがその女性的な表象に、逆に男性支配社会への抵抗的な意味付与をするのと同じ程度に、ジャニーズアイドルのファンが「かわいい」ものとして意味付与するのに、抵抗的な要素があるかといわれれば、やや疑問を抱かざるを得ないだろう。（これはこの文章を書いている現在での結果論ではあるが、）すくなくとも今日の日本社会におけるアイドルという文化の快楽をとらえようとするならば、「支配－被支配」関係における抵抗性を所与の前提としてメディアテクストの分析を行うよりも、ファンのコミュニケーションそのものから内在的に理解したほうが妥当だといえるのではないだろうか。

4 「同担拒否」がもたらす巨大なファンのネットワーク

続いて、二〇〇〇年度の終わりに、東京都立大学大学院社会科学研究科に提出した修士論文の内容に触れたい。今振り返ると、「『居場所』としてのファン――マス・メディアの『受け手』、若者文化の一事例研究として」という長いタイトルに当時の迷いがそのままに現れていて、論文のメインフォーカスについて、当初は雑誌記事のテクスト分析を継続してマス・メディア研究を発展させるはずであったのが、取り掛かるうちに、むしろその受け手であるファンたちの、若者文化の内在的な理解へとシフトしていくことになったのである。その結果については、すでにいくつかの発表の機会に恵まれてきたので（辻 2001a, 2001b, 2004, 2007, 2008など）、ここでは、そのバックボーンとともに、ポイントをかいつまんで記しておきたい。

先述したような、カルチュラル・スタディーズのアプローチの日本社会における当てはまりの悪さと、私自身のこうした迷いはほぼパラレルなものだったのが、大学院入学後は、指導教員であった宮台真司先生のアドバイスもあって、先に記したようなシフトをしていった。

宮台先生は、ご自身も関わられた『サブカルチャー神話解体』（宮台・石原・大塚 1993）の元になった調査プロジェクトを念頭にいくつかのアドバイスを下さったのだが、その概略は以下のようなものであった。すなわち「現在の日本のポピュラー文化について、メディアテクストの分析だけではそんなに面白いことはわからないのではないか。イデオロギー批判を念頭に置いたこれまでのマス・コミュニケーション研究を相対化したアプローチが必要である。しいていえば、利用と満足研究をリメイクしたような研究に可能性があるのではないか。自分たちは『コミュニケーション一元論』ともいうべきアプローチを行ったが、それは共時的には、メディアテクストと受け手の人格類型との対応関係をとらえつつ、通時的にはそれぞれのテクストの連続的な変遷をとらえ、立体的にコミュニケーションの実態や変遷を記述する、というものであった」というアドバイスである。

『サブカルチャー神話解体』の元になったのは、若者を対象に一九九〇年に行われた大規模な質問紙調査であったが、彼らも認めているとおり、それは若者内部でお互いにコミットする文化を理解しあえる前提が共有されていた時代だったからであった。それゆえ、さらなる細分化が進んだ一九九〇年代末の状況下においては、筆者は同様の質問紙調査を行うよりも、個々の文化におけるコミュニケーションの実態や変遷を質的かつ詳細に記述することとなった。

具体的に言えば、それがジャニーズ系男性アイドルのファン文化についての、参与観察や詳細なインタビュー調査にあたるのだが、当時の修士論文を振り返ってみると、高校生を中心とする二十二名のファンを対象に、二十二回のインタビュー調査を行っている。といっても、一人ずつ話を聞くのではなく、熱心なファンを起点としたスノーボール・サンプリングで対象者を広げていったので、紹介をしてくれたファンとは幾度もインタビューをすることになり、ラポールを形成してより深い話を聞くためにも、できる限り多くの対象者に二回以上インタビューをすることを心がけた。いわば一回目はラポールの形成を目的に、ひと通りのファン文化に関する質問（どのアイドルが好きか、それはなぜか、など）を行うインタビュー調査を、ファンが馴染み深い現場（コンサート会場や追っかけの現場、グッズショップなど）での参与観察と同時に行い、二回目は、ライフヒストリーや友人関係の実態など、日常生活に関わる詳細なインタビューを喫茶店やファミリーレストランなどで行った。全対象者の半数以上にあたる十三名に複数回のインタビューを行うことができ、中でも最も多い対象者については、九回ものインタビュー調査を行った。

写真３　コンサート会場に集うジャニーズ系男性アイドルのファンたち（辻 2004: 25）

さて、結果をかいつまんで記すならば、いくつかの興味深い知見が浮かび上がることとなった。別の機会に記した論文のタイトルになぞらえて言えば、それはコミュニケーションを楽しむ「関係性の楽園」ともいうべきファン文化であり（辻 2007）、いわば、ファン同士の関係性とファンとアイドルの関係性が入れ子状に対をなし、それらのコミュニケーションからくる楽しみが最適化されるようになっていたのである。

ファンとアイドルとのコミュニケーションというと、一見奇妙に感じるかもしれないが、たとえば、ファンにとってアイドルという存在は「（コンサートに）会いに行く」あるいは「応援をする」対象だという回答が目立ち、何よりも象徴的だったのは、好きになったきっかけのささやかさであった。前時代のスターとは違って、「たまたまテレビドラマを見ていて」「別のアイドルが目的のコンサートでたまたま格好良く見えたから」というものや、あるいは「友達に薦められたから」という回答まであり、それゆえに、どちらかといえばファンに主導権のある関係性ということもでき、複数のアイドルを同時に好きになったり、あるいはその順番が入れ替わったりもしていた。それゆえにファンとアイドルとの関係性とは、親近感がキーワードであり、仰ぎ見るスターと対比すると違いが明瞭であった。よって（美的感覚は主観的なものであるので、一概には断定しがたい点もあるものの）、表象上におけるアイドルの特徴、特にジャニーズ系男性アイドルのそれについては、歌が抜群にうまいとか、絶世の美形であるとかいうようなカリスマ的な要素より、それなりの格好良さであったり、あるいはむしろファンが応援して励まさなければならない程度に、歌やダンスが上手ではないことが重要であった（ファンたちがよく口にするのは、学校のクラスで言えば、一番ではなく、二番か三番目に人気がある男子生徒のような存在なのだという）。そして何よりも、そうしたカリスマ的要素に乏しいアイドルが、単独ではなく複数人集まっていくつものグループを形成しているということが重要だったのである。

参与観察の成果で言えば、コンサート会場の様子が典型的で、それは歌唱やその歌詞に静かに聞き惚れる場というよりも、ファンたちが目いっぱいに応援し、見返りとしての「ファンサービス（手を振り返してもらうことなど）」を受けるための場であり、たとえるならば「音楽のコンサート」というよりは、「子どもの学芸会」に近いものであった（繰り返すように、出演しているのも、一人のアイドルではなくグループであり、それもデビュー前の研修生が大勢でバックダンサーを務めていたり、あるいは複数のグループが一堂に会する年末のコンサートが人気であったりする）。

こうしたグループアイドルという特徴こそ、「同担拒否」と大きく関連していたものである。冒頭で記したように、これはファンたちが快楽を最適化するための工夫であり、具体的には、自分が応援してきたアイドルからの見返りを効果的に享受するために、同じアイドルのファン同士ではなく、それ以外のアイドルのファン同士で関係性を形成することなのである。

図1は、筆者が修士論文の調査時に、スノーボール・サンプリングによって選定した対象者同士の関係を示したものであり、よく一緒に行動する二〜三人のグループごとに線で囲んであり、イニシャルで表記した各対象者名の下に、誰の「担当」であるか（好きなアイドルの名前）を記してあるのだが、見事に「同担」が回避されているのがわかるであろう。

しかしながら「同担拒否」でさらに重要なのは、拒否することだけではなく、図1からも窺えるように、むしろそれ以外の「担当」と関係性を積極的に広げていくことにある。ここで、アイドルたちがグループを組んでいること、あるいは同じ事務所に所属するアイドルたちが一群のまとまりをなしていることが大きな意味を持つ。端的に言えば、アイドル同士が（実態はともかく設定上は）先輩や後輩、あるいは同期という関係性で結ばれているからこそ、ファン同士の関係性も結ばれやすく、その点で、単独で存在するアイドルと比べて、その市場規模も広がりやすく、また持続しやすいものになるのである。

カリスマ性を帯びたスターのファン文化が「ここではない

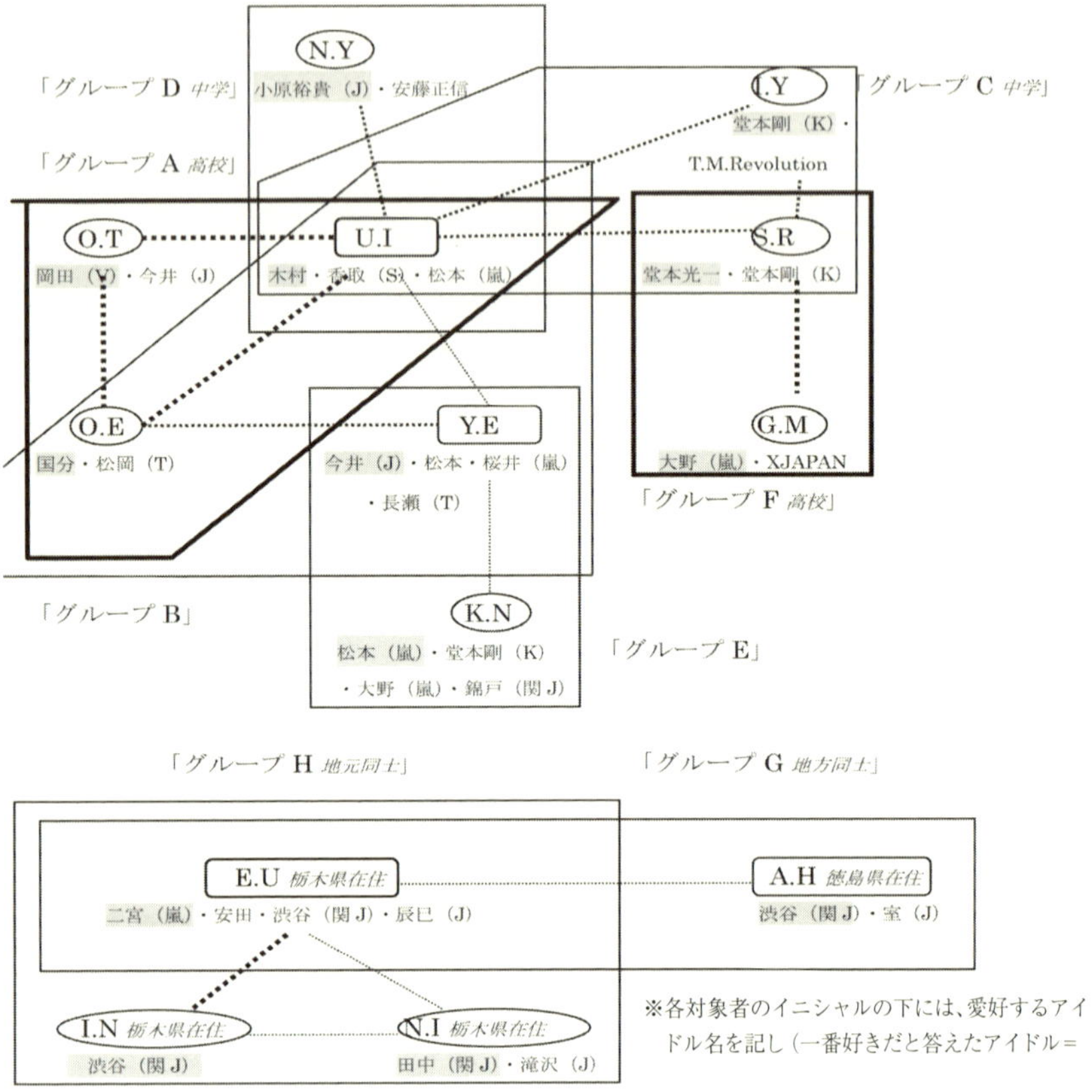

図1　ファン同士のネットワークと「同担拒否」（辻 2004: 29）

どこか」への憧れに基づいた「超越性の快楽」だとすれば、ジャニーズ系男性アイドルのファン文化は、それと対照的に、「いまここ」にある目前の「関係性の快楽」を特徴とする。親近感に特化したアイドルとファンの関係性の快楽がまず存在し、そしてそれを最大化するために「同担拒否」をしたファン同士の関係性があり、このワンセットになったコミュニケーションの楽しみこそが肝要なのである。こうしたファン文化の内在的な理解は、もっぱらメディア・テクストに潜むイデオロギー性を批判したり、受け手の対抗的で能動的な読みを強調するような、「支配―被支配図式」を措定したアプローチからは見出し難いものであった。

　この点を別な角度から考えてみると、こうしたアイドルとファン文化のありようについて、いったいどこまでが芸能事務所の意図的な戦略によるものなのかは実はあまり知られておらず、少なくとも明白な根拠はない。筆者の推測が許されるならば、おそらくは非意図的であったものが偶発的にヒットしたということではないかと思われ、だからこそファン文化の内在的な理解のほうが重要なのではないだろうか。

というのも、ジャニーズ事務所ではその初期においても、一九六二年にデビューしたその名も「ジャニーズ」というグループが存在していたのだが、事実だけを記せば、複数のグループアイドル同士がまとまりをなし、そして、ジャニーズ事務所内のアイドルのファン同士が広く関係性を築くようになっていったのは、一九九〇年代後半のSMAPのブレイク以降だったのである。それ以前にも、複数のアイドルグループが同時に存在はしていたのだが、それらのアイドルやファン同士が積極的に良好な関係性を築くことは稀で、むしろ互いに敵対することも多かったという。たとえば、一九八〇年代末に光GENJIが大ブレイクしていたころ、実はSMAPも既にデビューしていたのだが、おのおののグループに「親衛隊」と呼ばれる強固なファンの団体が存在し、互いに非難をしあうために作られていた「怪文書」と呼ばれる資料が今でも残っている（辻 2007）。

よって今日、ジャニーズ「系」と呼ばれる、その市場規模も巨大なファン文化が形成されたのは、やはりSMAPのブレイク以降の一九九〇年代後半以降であり、それはここで述べてきたような、入れ子状にワンセットになった「関係性の快楽」によるものであったのである。

5 「同担拒否」再考――進化する「関係性の快楽」

さて、「同担拒否」という工夫によって最適化された「関係性の快楽」こそが、ジャニーズ系アイドルのファン文化の要点なのだと修士論文において指摘してから、二十年近くが経つ。

筆者が調査を行った一九九〇年代末は、インターネットや携帯電話が普及し始めていたころであったが、今日ではSNSにスマートフォンと、まさに「関係性の快楽」を謳歌するためのツールに溢れている。技術決定論的に、これらのツールの登場によって一方的に「関係性の快楽」が進化を遂げたというのはいいすぎだが、むしろ進化を遂げる「関係性の快楽」のコミュニケーションにあわせて、新しいメディアが定着していったのだとも考えられよう。

最後に、その後も進化をし続ける「関係性の快楽」の様相について、いくつかの研究を紹介してまとめに代えたい。それらは、筆者が指導する学生たちの卒業論文によるものである。自らもジャニーズファンであるとともに、いわゆるデジタルネイティブと呼ばれるような若い世代による研究においては、さらに内在的な記述が展開されることがままある。

たとえば、「同担拒否」がマイナーチェンジするとともに、アイドルに対するファンの立場が変化しつつあることを指摘したのが、長島利恵による「傍観者化するファンたち――ジャニーズ系男性アイドルのファンを事例として」(二〇一一年度提出中央大学文学部卒業論文)である。

長島によれば、筆者が指摘したような類の「同担拒否」による「関係性の快楽」の最適化がなしえたのは、背景に恋愛至上主義が存在していたからではないかという。その状況下で何がしかの理由で現実の恋愛から距離を置かざるを得ないファンたちにとって、アイドルとの擬似恋愛関係を邪魔されないための工夫が「同担拒否」なのであり、いわばアイドルとの関係性の満足度を高めるために、ファン同士の関係性を調整していたと考えられるという。

一方で長島は、自らも詳細なインタビュー調査を展開する中で、二〇〇〇年代以降に恋愛至上主義が崩壊していくのにともなって、アイドルは擬似恋愛関係の相手ではなく、ファン同士のコミュニケーションのための話題を提供する存在へと遷り変わってきたのではないかという。そのために、アイドルに対するファンの立場も、(擬似)恋愛関係の「当事者」ではなく、むしろ一歩引いた目から話題を探している「傍観者」へと変わったのではないかという(筆者は、このアイデアに同意しつつ、この動向を「観察者」化と呼んでいる。詳細は、辻 2012を参照)。

そしてファンの立場が「傍観者」化するとともに、「同担拒否」も「禁止担」へとマイナーチェンジしつつあるのではないかという。ここでいう「禁止担」とは、「同担拒否」に加え、親しいファン仲間が好きなアイドルの「担当」(ファン)とも関係性を持たないようにすることをいう(冒頭の写真1左側のインターネット上のプロフィール欄にその記載がある)。極端に言えば、快楽の重心がファンとアイドルよりもファン同士の関係性へとシフトしたために、それを保つための工夫がさらに徹底されたということなのだろう(たとえば嵐のファンであれば、五人のメンバーそれぞれの担当が五人集うコミュニケーションが最も楽しく、それを保つために、それ以外のファンとの関係性を持たないようにするのだという)。

こうした動向は興味深いが、筆者の解釈では、「禁止担」という現象が強まると、かつての「親衛隊」と同じように、ファン同士のつながりが広まりづらくなるような問題点もあるのではないかと思う。この点とあわせて、SMAPの引退以降、アイドル同士の関係性が少し綻びつつあるようにも見える昨今では、一世を風靡したジャニーズ「系」という巨大マーケットがどこまで維持されるのか、その動向に大いに注目すべきタイミングだともいえるだろう。

さらに、「傍観者(観察者)」化とともに「同担拒否」がマイナーチェンジを遂げていく様子を記述したのが、髙木泉による「Twitter における「ネオ同担拒否」現象――偶像観をめぐるファン行動のコミュニケーション論的考察」（二〇一六年度提出中央大学文学部卒業論文）である。

髙木は、ファンが使うSNSの中でも特にTwitter に注目して、そのプロフィール欄における「同担拒否」の様子を詳細に記述し、数名のファンへのインタビュー調査と平行して、ボランタリーサンプルが対象ではあるが、八七七名のTwitter を使うファンを対象としたオンラインアンケート調査を実施した。

結果をかいつまんで記すならば、「『同担拒否』の傾向がある」と答えたのは、全体では三四・〇％であったのが、ファンとして「かなり熱心」に活動しているものになると五二・七％と半数を超え、熱心なファンを中心に「同担拒否」という傾向が確実に窺えた。

さらに、インタビュー調査の結果からは「同担拒否」という振る舞いがより細分化しており、かつては名刺を用いて「担当」が誰かということだけが手がかりであったのが、プロフィール欄における年齢、画像、コメントなどを精査していることが窺えた。いうなれば、「担当」による機械的な拒否から、好きなアイドルのことをどのように思っているかという価値観での精査へと代わってきたのであり、互いに競合相手となったりノイジーな関係となることを避けるため、というよりも、より自己本位に、自分との価値観の合う相手を探すためのふるまいに変わってきたのだという。

そして、かつてならば雑誌の読者ページやファンクラブの会報誌に投稿することぐらいしかできなかったのが、SNSによって情報発信の自由度が増すことになり、ファンたちは、いまや雑誌やテレビの情報を受動的に享受するどころか、能動的に、自らの価値観に基づいた「担当」のイメージを盛んに発信しているという。そしてまた、こうした情報発信もまた、プロフィール欄とともに、精査した「同担拒否」のための手がかりとなるのだという。いまやファンたちが一方的に受容するどころか、さらには「傍観者（観察者）」としてコミュニケーションの話題を待ち望むだけでもなく、むしろ自らの価値観に基づいて情報発信を行い、自分のために「偶像（アイドル）」のイメージを積極的に作り出していこうとしているところから、髙木はこうした動向を「使徒化」と名づけている。また髙木によれば、こうした「使徒化」という動向は、二次創作が相互引用したり、連鎖する、いわゆる「n次創作」と呼ばれるようなパロディ作品創作の動向、とりわけ「腐女子」と呼ばれるファンたちの動向とパラレルなものではないかという（実際に、ジャニーズ系男性アイドルを扱った「n次創作」の作品も多い）。こうしたほかの文化の動向との関連についても、今後は重要な研究課題となっていくことだろう。

そろそろ紙幅が尽きようとしているが、ここでは「同担拒否」というキーワードを中心にして、ファンとアイドルの文化の動向、さらにはそれに対する研究の来歴について述べてきた。冒頭でも述べたように、ファン文化の研究とは、楽しさの研究であり、「同担拒否」という一見奇妙な現象も、関係性やコミュニケーションから享受する快楽を最適化するための工夫であったといえる。「関係性の快楽」は、おそらくは今日の日本社会を代表するひとつの文化の楽しみ方に間違いないが、その楽しみ方の工夫を含めて、今後もファン文化は変わり続けていくことだろう。

筆者が、かつてはマス・メディア研究を主眼とし、その後にファンたちのコミュニケーションにより内在化するアプローチへと遷り変わって行ったように、この社会におけるファン文化の実態、快楽の実態を掘り下げていくためには、さらに新しいアプローチとともに、その探求を続けていく必要があるだろう。

［文献］

Castells, Manuel, 2001, *The Internet Galaxy: Reflection on the Internet, Business, and society*, New York: Oxford University Press（＝二〇〇九、矢澤修次郎・小山花子訳『インターネットの銀河系――ネット時代のビジネスと社会』東信堂）。

陳怡禎、二〇一回、『台湾ジャニーズファン研究』青弓社。

Fiske, John, 1991, *Reading the Popular' Routledge*（＝一九九八、山本雄二訳『抵抗の快楽――ポピュラーカルチャーの記号論』世界思想社）。

Hall, Stuart, 1980, "Encoding/Decoding," Hall, Stuart et al. eds., *Culture, Media, Language*, London: Hutchinson, 128–138.

宮台真司・石原英樹・大塚明子、一九九三、『サブカルチャー神話解体』パルコ出版。

長島利恵、二〇一一、『傍観者化するファンたち――ジャニーズ系男性アイドルのファンを事例として』（二〇一一年度中央大学文学部卒業論文）。

パン恵潔、二〇一〇、「ファン・コミュニティにおけるヒエラルキーの考察――台湾におけるジャニーズ・ファンを例に」『情報学研究』東京大学大学院情報学環、七八：一六五―一七九。

髙木泉、二〇一七、『Twitterにおける「ネオ同担拒否」現象――偶像観をめぐるファン行動のコミュニケーション論的考察』（二〇一六年度中央大学文学部卒業論文）。

徳田真帆、二〇一〇、「ジャニーズファンの思考」『くにたち人類学研究』くにたち人類学会、五：二一―四六。

辻泉、一九九九、『アイドルを読む――若者・大衆文化のカルチュラル・スタディーズ』（一九九八年度北海道大学文学部卒業論文）。

辻泉、二〇〇一a、『「居場所」としてのファン――マス・メディアの「受け手」、若者文化の一事例研究として』(二〇〇〇年度東京都立大大学院社会科学研究科修士論文)。

辻泉、二〇〇一b、「今日の若者の友人関係における構造、意味、機能――アイドルのファンを事例として」『社会学論考』東京都立大学社会学研究会、二二:八一―一〇六。

辻泉、二〇〇四、「ポピュラー文化の危機――ジャニーズ・ファンは〝遊べているのか〟」宮台真司・鈴木弘輝編『21世紀の現実(リアリティ)――社会学の挑戦』ミネルヴァ書房、二一―五二。

辻泉、二〇〇七、「関係性の楽園／地獄――ジャニーズ系アイドルをめぐるファンたちのコミュニケーション」玉川博章ほか『それぞれのファン研究――I am a fan.』風塵社、二四三―二八九。

辻泉、二〇〇八、「メディアと集いの文化への視座」南田勝也・辻泉編『文化社会学の視座――のめりこむメディア文化とそこにある日常の文化』ミネルヴァ書房、一四―三七。

辻泉、二〇一二、「「観察者化」するファン」『アド・スタディーズ』四〇:二八―三三。

Rainie, Lee and Barry Wellman, 2012, *Networked: The New Social Operating System*, Cambridge: MIT Press.

特集　ファン文化の社会学

2・5次元ミュージカルのファン

田中東子（大妻女子大学）

1　海外公演の現場にて

大きな雨粒に叩きつけられながらタクシーで駆けつけたのは、上海市の中心にある艺海剧院（藝海劇院）。ワールドツアー中のライブ・スペクタクル「NARUTO－ナルト－」公演を見届けようと、2・5次元文化を一緒に研究している先生とチケットを取ったのだ。いわゆる2・5次元ミュージカルの舞台を、日本国内の公演については毎年五十本近く見てきたが、海外公演への遠征というのはこの日が初めてだった[1]。

おそらく原作マンガを読んだりアニメを見たりして『NARUTO』という作品を知った現地の人たちが、生身の人間の演じるキャラクターとその世界観をどのように受け止めるのか。ドキドキしながら劇場に着いた私たちは、ロビーを見渡してすぐに安堵の息を漏らした。

ロビーにいる人々は日本と変わらず——いや、むしろ日本の観客たち以上に、期待と興奮に満ちた顔つきで開演の時間を待っている。中国語はまったく聞き取れないが、会話の端々に、キャラクターの名前が織り込まれているのが分かる。人気キャラのコスプレをしている人もいれば、日本のサブカルチャー好きだと思われる少女たちがロリータファッションで盛装して、チケットもぎりの前を通過してくる。ロビーに立てられているキャラクターのパネル前で写真を撮っている人たちもいれば、原作に登場する忍術の真似ごとをしてふざけ合っている男性グループもいる。

ロビーを通り過ぎてそのまま劇場内に入り、開演の時を待つ。場内は、日本よりもざわついている。けれども、そのざわめく声が、これから始まる公演を待ち望むものであることは感じ取れる。日本とはいささか様相の異なる中国の劇場の様子を忙しなく眺めているうちに、開場の時間が訪れた。

2・5次元ミュージカルではおなじみのプロジェクション・マッピング（建物や空間への映像投影）の演出とともに、物語の幕が開かれる。日本公演の時とは違って、舞台の両サイドにはディスプレイが設置され、中国語の字幕が流れていく。ほどなくして、主人公のナルトに扮したキャストが客席の間から登場した。

その瞬間、歓喜に満ちた声が場内から一斉にとどろいた。外で降る豪雨のような激しさで、主人公ナルト役を演じるキャストを歓声が包みこむ。何を言っていたのか、言語的には分からない。けれども不思議なことに、そのエモーショナルな情動と意味は、中国語の分からない私にも正確に伝わってきた。

一言で表現するなら、それは「本物が来た！」という猛烈な歓びの声であった。

2 「2・5次元ミュージカル」とはなにか

昨今、話題に挙がることの多い「2・5次元ミュージカル」であるが、ここ数年、海外でも公演回数を増やしている。古くは二〇〇八年にミュージカル「テニスの王子様」を台湾や韓国で上演し、その後も、主にアジア各地の都市で、ミュージカル「美少女戦士セーラームーン Petite Etrangère」（中国、二〇一五年）、「黒執事」（中国、二〇一五年）、「The Musical デスノート」（韓国、二〇一五年）、ライブ・スペクタクル「NARUTO—ナルト—」（中国他、二〇一六—一七年）、「陰陽師」（中国、二〇一八年）などが続いている。

日本国内では、二〇一〇年頃から一部のマニアの間ですでにその人気は盛り上がりつつあったのだが、一般社団法人「日本2・5次元ミュージカル協会」の設立された二〇一四年三月以降になると日本の内外で積極的な広報活動が行われるようになり、2・5次元ミュージカルはより広い層からも注目を集めるようになった。

二〇一六年頃になると新聞各紙で「2・5次元」というキーワードが散見されるようになり、最近ではテレビでの特集も頻繁に組まれ、その認知度も上がりつつある。[2] その嚆矢となるのが、TBS系の番組『情熱大陸』に、現2・5次元ミュージカル協会会長である松田誠が登場したことであろう。[3] 松田は、2・5次元ミュージカルの創成期から「ミュージカル テニスの王子様」のプロデューサーとして、また興行元のひとつでもあるネルケプランニングの社長として長年2・5次元ミュージカルの発展に関ってきた中心的人物である。

その2・5次元ミュージカル協会の公式サイトでは、2・

5次元ミュージカルを、「2次元の漫画・アニメ・ゲームを原作とする3次元の舞台コンテンツの総称。早くからこのジャンルに注目し、育ててくれたファンの間で使われている言葉です。音楽・歌を伴わない作品であっても、当協会では2・5次元ミュージカルとして扱っています。」と定義づけている[4]。つまり、「2・5次元」という名称は、そうした現象を愛好するファン発祥のワードなのである。

「2・5次元ミュージカル」や2・5次元分野の研究の第一人者である須川亜紀子は、Web連載している「2・5次元文化論」という論考において、「2・5次元」というキーワードを取り上げ、以下のように説明している。

> 〝2・5次元〟とは、このようなストレートプレイやミュージカルだけの専売特許ではない。筆者は、「2・5次元文化」を「現代ポピュラー文化（アニメ、マンガ、ゲーム）の虚構世界を現実世界に再現し、虚構と現実のあいまいな境界を享受する文化実践のこと」と広義な意味で定義している。（須川 2016）

須川の定義する「2・5次元」の中には、コスプレやアニメキャラ声優ライブなど現代文化を代表する様々な現象が含みこまれている。つまり、「2・5次元ミュージカル」は、それ単独の現象として、単なるエンターテイメントの一領域として浮上しているのではなく、現代のメディア環境や技術発展、視覚文化の発達に伴って生じつつある「2・5次元」という新しい次元拡張の現象の一部として急成長していると考えられるのである。

3　オタク中心から一般へと広がる2・5次元の世界

界（シャン）内部の人間は良く知っているが、外部の人間は全く知らない、というのがファンカルチャーやサブカルチャーの特徴であるのだが、2・5次元ミュージカルに関しても、どのような規模でどのような人々が魅了され応援しているのか、という点についてファン以外の人々にはほとんど知られていないようである。

「2・5次元ミュージカル」の元々のファンたちの多くは、マンガやアニメを好きなごく一部のオタク女性たちである。しかし、ここ数年、鑑賞者のすそ野を少しずつ広げつつあり、現代日本のさまざまな文化事象のなかでも、すでにある程度の存在感を示し始めている。

例えば、今日のような人気を得る牽引役として長らくこのジャンルのトップを走り続けてきたミュージカル「テニスの王子様」（以下、「テニミュ」と略す）は、二〇〇三年春の初演から通算で一五〇〇回以上公演され、累計動員数は二三〇万人を突破していて、[5]観劇者は相当な数に上っていることが分かる。二〇一五年には、2・5次元ミュージカル専用劇場として、渋谷のアイア2・5シアタートーキョー（東京都渋谷区　運営元：アイア株式会社）が約一年間借り上げられ、常時、2・5次元ミュージカル系の舞台公演が行われた（『日本経済新聞』（電子版）二〇一四年九月十一日号）。さらに、人気オンラインゲーム『刀剣乱舞』を原作とし、二〇一六年から舞台化されているミュージカル「刀剣乱舞」（以下、「刀（とう）ミュ」と略す）の初演は、総席数一万二〇〇〇席に対し応募が五十万人に達していると報じられている（『日本経済新聞』（電子版）二〇一六年九月三日号）。

また、雑誌などでの露出の傾向にも、ここ数年変化が生じている。2・5次元ミュージカルのファン向けに刊行されてきた『キャストサイズ』（三才ブックス）や『Spaekle』（メディアボーイ）など、発行部数がさほど多くない雑誌で紹介されるだけだった2・5次元ミュージカル御用達の若手俳優たちが、二〇一六年ごろから急激に『ダ・ヴィンチ』（KADOKAWA）や『an・an』（集英社）、『CanCam』（小学館）などの一般誌や全国誌で紹介されるようになっているからである。

例えば『ダ・ヴィンチ』の二〇一六年三月号では、「2・5次元へようこそ！　もっとも〝熱い〟マンガの楽しみ方！」という特集が四十六頁にわたって組まれ、2・5次元の代表的な舞台作品であるテニミュや舞台『弱虫ペダル』（通称「ペダステ」）や「刀ミュ」が紹介されている。また、2・5次元ミュージカルや舞台に出演し、人気のある若手俳優たちを「舞台男子」と呼び、写真やインタビュー記事も掲載されている。

記事の中では、2・5次元ミュージカルの魅力を、「生の舞台ならではの躍動感」、「漫画から飛び出してきたかと見まがう姿の俳優たちが、生身の肉体で声を張り上げ、汗をとびちらせ、舞台を駆け巡る」（十七頁）と伝え、「2・5次元」というのは、ただ単に2次元と3次元の中間領域であることを示すにとどまるのではなく、2次元と3次元の両者の良いところを取り込んだ世界であると紹介している。

また、『an・an』二〇一七年十二月六日号では、「人生を変えるアニメ」という特集の一部として「2・5次元に夢中！」という記事が掲載されている。[6]この特集でもメインで取り上げられている作品はテニミュである。さらに、こちらの特集でも2・5次元ミュージカルを中心に出演が続く注目の若手俳優たちの写真とインタビューが掲載されている。特集冒頭のリード部分では、「漫画やアニメ、ゲームなどの2次元作品を忠実に再現した2・5次元舞台。いまや単なるブームを超え、演劇の新ジャンルとして定着してきています。」（九十二頁）とし、フリーアナウンサーの中井美穂へのインタビュー記事に、「スタッフ×キャスト×観客　三位一体の熱」や「漫画そのままと見まごうビジュアルクオリティ」といった小見出しをつけて（九十七頁）、その魅力を伝えている。

4　2・5次元ミュージカルの肝は「キャラクターの再現」にある

歴史については各所で言及されているため本稿での詳細な説明は避けるが、マンガを原作とする、今日でいうところのいわゆる2・5次元への舞台化や「メディアミックス」の先駆けとして、古くは一九七四年の宝塚による人気少女漫画『ベルサイユのばら』（一九七二～七三年まで『週刊マーガレット』（集英社）にて連載）の舞台化に言及することが多い。また、一九九一年にジャニーズ事務所に所属するアイドルグループSMAPのメンバーを主演に、前述の松田誠と声優・演出家の三ツ矢雄二のタッグで行った漫画『聖闘士星矢』（一九八六年～九〇年まで『週刊少年ジャンプ』にて連載）の舞台化が、現在人気を博している方式と演出での、いわゆる2・5次元ミュージカルの源流となっていると考えられる。その後、二〇〇三年四月に、『週刊少年ジャンプ』で当時連載中だった大人気漫画『テニスの王子様』を舞台化したテニミュの成功から、今日の2・5次元ミュージカルのブームへの道が開けたのである（『ダ・ヴィンチ』二〇一六年三月号、十八頁）。

ブロードウェイ・ミュージカルと日本の2・5次元ミュージカルの代表作である「テニミュ」とを比較した藤原麻優子の試論では、2・5次元ミュージカルの特徴を「連載上演というユニークな上演形態、シンプルな装置、原作を舞台化のために作り替えるよりも原作そのままに再現することを目指すという翻案の方向性、実力よりも原作のイメージを再現することを重視したキャスティング」（藤原 2018: 20）と捉え、その独特な様式のひとつとして、キャスティングの再現について言及している。

このように、テニミュが成功した理由のひとつとして頻繁に挙げられるのが、外見だけにとどまらず、内面にまでおよぶ「キャラクターの再現度の高さ」（『ダ・ヴィンチ』十八頁）である。テニミュの立ち上げからプロデュースに携わってきた松田は、キャラクターの重要性に関する筆者のインタビューに、次のように答えている。

日本のアニメ、ゲームでいちばん大事なのはキャラクターです。キャラクターに人気があるし、ライバルまでよく練りこまれている。（中略）だから、技術があるかどうかよりも、キャラクターになりうる人かどうかを考えてキャスティングしていきます。昔は外見的に似ている人を探しましたが、今は容姿よりも、種みたいなものを持っている人、覚悟を持っている人、華がある人を重視しています。（『美術手帖』2016: 18–20）

ここで重要なのは、「種みたいな人」という発言である。外見的な類似性だけなら、現在のコスプレ技術でいくらでもキャラクターに寄せることは可能だ。しかし、それだけでファンたちを満足させることはできない。キャストと、キャストが演じるキャラクターとの内面的類似性を探そうとするファンの細部にまでこだわる心を理解したうえで、この発言はされている。

また、外見的類似性については、前述した藤原の試論においても、２・５次元ミュージカルにおけるキャラクター演出について、「コスプレに比されるほどに原作の視覚的イメージを再現することを目指す衣装・メイク、二次元のキャラクターが三次元の舞台に降臨したかのような感覚を喚起するとされる若い男性の俳優たちの起用」（藤原 2018: 20）にその特徴があると説明されている。

こうした指摘は、キャラクターに似ているかどうかということよりも、演じる俳優やアイドルの人気や有名性が優先される形でキャスティングが決められてきた、マンガやアニメの実写映画や実写ドラマ化と比較してみると確かにうなずける。そして、原作のファンの多くがマンガやアニメやゲームの実写映画化や実写ドラマ化に際して不満を漏らすのに比べて、２・５次元ミュージカルでの舞台化を受け入れ、熱狂的に支持するようになった理由も「キャラクターの再現」にある。つまり、冒頭での『ＮＡＲＵＴＯ』中国公演の劇場内で筆者が感じたように、３次元の生身の人間であるキャストたちは、２次元の存在であるキャラクターへと限りなく近づき、あたかも「本物」であるかのように見えることを重視し、その接近の度合いに一喜一憂し、熱狂するのである。

例えば、マンガ『黒執事』の舞台版は、原作のキャラクターの視覚的イメージや設定に従う形で忠実にキャストが決められ、原作ファンの批判をさほど浴びることなく二〇〇九年より現在まで五回に渡って上演された。しかし、同じ『黒執事』を原作とする実写映画版では、人気のある女性俳優をキャスティングしたことから原作のストーリーと設定が改変されるだけでなく、作中で重要かつ人気のある少年貴族のキャラクターも男装の女性へと変更され、原作ファンたちが嘆き悲しむという「事件」が生じたのである。[7]

5　ファンとは単なる「消費者」ではない

続いて、本稿の主題である「2・5次元」のファンについて説明していく。2・5次元ミュージカルのファンというのは、その対象が2次元と3次元のはざまにあるのと同様に、アニメ・マンガ・ゲーム作品など2次元的なコンテンツのファン活動と、アイドルや俳優など3次元的なコンテンツのファン活動とを足し合わせ、オーバーラップさせた存在である。

マンガやアニメやゲームなど2次元世界のコンテンツのファンたちがしばしば口にするのは、「熱心に愛を傾けている作品・作品のキャラクター・作品の世界観と自分とを一体化させたい」という熱い想いである。けれども、私たちは3次元の存在である以上、実際には2次元という紙やセルやデジタルによって構成される平面世界に入り込むことはできない。そこで、例えば二次創作の絵や文章、コスプレの衣服の制作やコスプレの衣装を着て撮影した写真など2次元作品を創作するという活動を媒介として、その情熱と愛情をどうにか表現しようと努めている。

他方、アイドルや俳優など3次元的なアイコンのファンたちは、全力でコンサートに参加してペンライトやうちわを振ったりコールをかけたり、トークショーや舞台挨拶などに駆けつけて「ファンの物理的な数」を示したりすることで、対象への愛を表明する。つまり、自らの行動を伴うパフォーマンスと参加の度合いといった3次元世界での活動を媒介として、その熱と愛を意中の人物に伝え、また自分自身の愛着や愛情を周囲の人々に誇示し、見せつけようとするのである。

2・5次元ミュージカルのファンたちは、自分たちが愛している対象がまとっている世界観の中に一緒に存在したいという強い思いを抱いている点では、同人誌を作ったりコスプレをしたりする2次元コンテンツのファンと同様であるし、キャストたちが演じることで立体化され現実世界に降臨したキャラクター＝キャストに自分たちの愛を差し示すため、舞台の「観客」になり、キャスト個人のイベント会場に駆けつけるという手法を選ぶという点において、アイドルや俳優などのファンと同様の活動を行っている。

とはいえ、舞台やライブのチケットを購入し、劇場に足を運び、鑑賞するだけではそれは「消費」行為と変わらない。ここで、単なる消費行為を行うだけの「消費者」と、それ以上の活動を行う「ファン」とを区分するのは「参加体験」であるという（フラード＝ブラナー＆グレイザー 2017: 51）。

「ファン」というのは、例えば2・5次元ミュージカルのファンであれば、鑑賞後に作品について考察や解釈を加え、それぞれの解釈について友人たちと熱を帯びた様相で語り合い、作品についてSNSなどを通じて熱狂的に書き散らし、自分の推しているキャラクターやキャストのすばらしさを（たとえ耳を傾けてくれる友人がいないとしても）全力で周囲に喧伝し、関連するグッズをブリコラージュしてオリジナルな所持物を制作し、昼も夜も作品やキャラクターやキャストに思いをはせ、関連情報を委細漏らすことのないよう必死にかき集め、キャストの個人イベントに足を運び、応援のメッセージを伝え、プレゼントやファンレターを熱心に届ける人々のことを指す[8]。

そうした人々は、舞台そのものに立つことこそないけれども、舞台が提供してくれる世界観の「本物らしさ」を信じ、本物らしさが崩れないよう全力で支え、本物らしさを完成させるために最大限の努力をささげている。世界観の構築に協力し、ともに構築した世界にできる限り接近し、参入しようと試みる行為、つまり「参加」行動こそがファンをファンたらしめ、ファンとしての価値を与えるのである。その瞬間、その場に参加し、居合わせたということ、つまり「お金」だけでなく「時間」と「エネルギー」を投入したということが、ファンにとって至上の価値を持っている。こうした点において、それはただお金だけを投じる「消費者」とは異なっているのだ。

このような人々による、「参加」することに全精力をつぎ込む傾向は、ファンによる「参加型文化」の形成として論じられるようになってきた（須川 2016, 2017）。こうした活動領域はますます増加の傾向にあり、次節以降で見ていくように、2・5次元ミュージカルのファンの間でも非常に重要な要素となっている。

6 ファンとファングループ

現在、インタビュー調査の途上であるのだが、筆者による2・5次元ミュージカルのファンへの聞き取り調査から[9]、ファンのタイプを大きく二つに分類した。ひとつめは、「原作自体、もしくは原作のキャラクターが好きなタイプのファン」であり、ふたつめは、「原作とそのキャラクターよりも、演じている俳優（キャスト）が好きなタイプのファン」である。もちろん、グループ化やカテゴリー分けは考察のための補助線にすぎないので、二つのタイプを兼ねているファンもたくさんいることを追記しておきたい。しかし、両者は同じ対象を愛好しながら相いれない存在でもある。

表1にまとめたように、「原作自体、もしくは原作のキャラクターが好きなタイプのファン」のグループのファンたち

表1　2・5次元ミュージカルのファンの分類

ファンのタイプ	下位カテゴリー			
原作のファン	夢女子	腐女子	箱推し	作品の世界観に浸りたい
俳優のファン	リア恋	腐女子	育成	アンチ

（2・5次元ミュージカルのファンへの聞き取りから筆者が作成）

は、基本的にはマンガやアニメやゲームなど、原作となるオタク文化寄りであるのに対し、「原作とそのキャラクターよりも、演じている俳優（キャスト）が好きなタイプのファン」のグループは、原作やキャラクターよりも、それを演じているキャストを追いかけているファンである。後者については、もともと前者のグループにいたものの、2・5次元ミュージカルを観ていくうちに一人、ないしは複数のキャストにハマってしまい、好きな原作の舞台化作品ではなく、むしろ推しキャストの出演する舞台を追いかけ始める「原作自体、もしくは原作のキャラクターが好きなタイプのファン」⇒「原作とそのキャラクターよりも、演じている俳優（キャスト）が好きなタイプのファン」という移動を果たしたケースと、もともとジャニーズなどのアイドルや舞台鑑賞をするなど3次元のコンテンツを追いかけていた流れで2・5次元の舞台作品に頻繁に出演しているキャストにハマってしまったというケースなどがある。

例えば、好きなマンガやアニメ作品の舞台化が決まったことで初めて2・5次元ミュージカルに足を運んだという「原作自体、もしくは原作のキャラクターが好きなタイプのファン」に分類されるファンのひとりは、最初に舞台を観にいった時の感想を、次のように述べている。

　二〇〇五年のテニミュ1ｓｔシーズン関東氷帝公演から2・5次元舞台を観始めました。原作が大好きだったけど、最初は、「え？　実写舞台なんてマジで？」って懐疑心でいっぱいでしたよ。

また、舞台化の際に好きなマンガやアニメのキャラクターが登場することから、2・5次元の舞台を観にいくようになったというファンは、観劇へのモチベーションについて、次のように説明してくれた。

　主体的に行くぜ、チケット取るぜ、頑張るぜ、みたいになるのは、原作が好きな作品。原作が好きな作品で自分の好きなキャラクターが良い扱いだったり、キャラにぴったり合うキャストがくると、満足度が一〇〇倍くらいバンとはねあがる。

他方、「原作とそのキャラクターよりも、演じている俳優

（キャスト）が好きなタイプのファン」のひとりは、チケットを取り、観劇する作品を選ぶ要因として、次のように回答している。

圧倒的にキャストですね。舞台を観にいく基準はすべて推しが出ているかどうかなので。観にいったら、２・５の俳優さんは、キャラに寄せたり近づけたりっていうのがあるので、結果、推しが演じているキャラも大好きになるんですけどね。でも、観にいくきっかけは、つねに好きな俳優が出ているかどうか。

キャストを推しているという理由で２・５次元ミュージカルに足を運んでいるファンたちの間では、テレビ放映やＤＶＤのパッケージ、もしくはYouTubeに投稿された映像などを中心に視聴し、実際には劇場に足を運ぶことのないファンたちを「茶の間」（ジャニーズの用語からの流用）と呼んだり、推しキャストの出ている舞台に全通（全公演観劇すること）し、個人イベントや握手会などにも通いつめて高額なプレゼントを貢いだりするファンを「太客」（ホストクラブの用語からの流用）と呼ぶなど、他の文化領域で発生した言葉を流用したものが使われている。

ちなみに、大きく二つに分類した２・５次元ミュージカルのファングループの構成員のほとんどが女性ファンであり、その多くが作品自体や舞台自体のファンであると同時に、出演している男性キャラクターや男性キャストそれぞれのファンでもある。その中でも、「原作自体、もしくは原作のキャラクターが好きなタイプのファン」については「夢女子」、「腐女子」、「（作中のチームや学校などグループ全体を応援する）箱推し」、「作品の世界観に浸りたい」、などにファンのタイプを分類できる。

この中で数も多く、特質すべきは「夢女子」と「腐女子」である。夢女子というのは、お気に入りのキャラクターと自分との恋愛関係を妄想しながら応援するタイプで、キャラクターと自分自身との恋愛関係を描く乙女ゲームや同人誌などから派生した言葉である。腐女子というのは、お気に入りの男性キャラクター二人を「ボーイズラブ（ＢＬ）」と呼ばれる恋人同士のカップル関係としてとらえ、その二人のキャラクター間の恋愛や濃密な友情の関係を楽しみながら応援するタイプである。こちらは、やおいやＢＬ作品などを愛好する人々の自称から流用されて用いられるようになった。ちなみに、「夢女子」と「腐女子」については、「混ぜるな危険」と言われるほど相性が悪く、たとえ同じキャラクターを応援する者同士であるとしても、一緒に応援するグループに所属したり、友人関係を結んだりするのは難しいと考えられている

（万が一、友達関係にある場合には、核心に触れないように会話を進めるなど、お互い配慮しあう様子が観察される）。

「原作とそのキャラクターよりも、演じている俳優（キャスト）が好きなタイプのファン」のグループに関しても同様に下位カテゴリーに分けられ、「リア恋」、「腐女子」、「育成（したい）」、「アンチ」、などに分類できる。

こちらも、リア恋と腐女子との間に、緊張関係が生じがちである。リア恋というのは、ジャニーズなどアイドルを応援するファンのジャーゴンとして用いられてきた「（推しに）リアルに恋する」から生まれた言葉を転用したものであり、キャストと自分とが恋愛関係を結ぶことを夢見て応援するタイプのファンである。2・5次元ミュージカルに出演している俳優たちは頻繁にトークイベントや「接触」と呼ばれる握手会や写真撮影会を行うため、ジャニーズなどのアイドルと比べてファンとの距離が近い。キャストとファンの距離の近さがジャニーズなどのアイドルと違って魅力的であると主張するファンは多い。

昔はジャニーズが好きでキラキラしていて恰好良かったんだけど、やっぱりコンサートなんかでも距離が遠いんですよね。2・5のキャストさんとは距離が近い。あと、舞台の場合、行こうと思えば全通だってできるじゃないですか。ジャニーズだとなかなかチケットを取れなかったり、ナマで見るチャンスが少ない。テレビで観るしかないから。

この発言にも見られるように、2・5次元ミュージカルの俳優とファンの距離は非常に近いことから、より多くのリア恋タイプのファンが生息していると考えられる。

次に、腐女子タイプのファンは、キャラクターを応援するタイプのファンのところで説明したのと同様に、2・5次元ミュージカルに出演する推しキャスト二人をカップルとして見立てて、彼らの関係性を観察して萌える人々である。そして育成したい、というタイプのファンは、まだあまり注目されていないうちから見初めたキャストの日々の成長を見守り、応援していく保護者タイプのファンであり、アンチは、「嫌いである」という感情を基点に、あるキャストに執着し、舞台やイベントなどに足しげく通っては、悪口にあふれた感想をSNSやブログに書き散らすタイプのファンである（もちろんキャラクターのファンの中にもアンチはいるのだが）。

ファンに関する聞き取り調査をしていて頻繁に耳にするのが、本特集の辻論文で論じられている「同担拒否」という言葉である。この「同担拒否」というのは、ジャニーズのファン文化の中で生まれた用語であるのだが（辻 2007; 吉光 2012;

217)、キャラクターのファンであれキャストのファンであれ、２・５次元ミュージカルのファンのなかでは、「夢女子」と「リア恋」を公言しているタイプのファンの中に多く見られ、同担拒否派のファンと同担容認派のファンの間にもいくばくかの緊張関係が生じることがある。

「原作自体、もしくは原作のキャラクターが好きなタイプのファン」のように、もともとオタク文化寄りの地点から出発したファンと、「原作とそのキャラクターよりも、演じている俳優（キャスト）が好きなタイプのファン」のようにキャスト中心で舞台作品を観ているファンとに便宜的に分類してみたが、ひとりの人間の中で両者の要素が混交されている場合もあれば、応援している時期によって「原作自体、もしくは原作のキャラクターが好きなタイプのファン」寄りになったり、「原作とそのキャラクターよりも、演じている俳優（キャスト）が好きなタイプのファン」寄りになったりする場合もある。また、原作やキャラクター寄りのファンと、キャスト寄りのファンが、ひそかにいがみ合うようなこともある。例えば、「原作自体、もしくは原作のキャラクターが好きなタイプのファン」がしばしば口にするのが、「原作とそのキャラクターよりも、演じている俳優（キャスト）が好きなタイプのファン」の中には「原作を読まずに見に来る人がいる」という批判である。

舞台やキャストだけで入ってくる人に対して、「原作読めよ」って思う。昔は観に来る人も少なくて、原作が好きだから来ている人が多かったんだけど、最近は、原作もキャラも知らないのに、キャスト観たさに来て、「○○くん、かっこいいよね」しか言わない。でも、それは２・５次元のファンとしては違うと思う。

ファンたちの間に見られるこのような摩擦や対立、緊張関係は、対象であるキャラクターやキャストとの一体化や愛や愛着を示す方法がひとつではないことから生じていると考えられる。さらに、２・５次元ミュージカルのファンたちはいまだ歴史が浅いこともあり、ひとつの「解釈共同体」として存在してはいないし、例えばサッカーチームを応援するサポーターたちのように集合的ファンダムとしてのグループを形成して応援する、というようなこともない。

ただし、「仲間」の存在はファン活動を続けるうえで非常に重要であり、またチケットを取ったり、グッズの交換をしたりする際にはゆるやかな連携とコミュニケーションのグループを形成することもある。このようなグループの形成とその内部での交渉のプロセスについては、いずれ稿を改めて示すことにしたい。

7　ファンによる対象の「観かた」と「愛でかた」

最後に、2・5次元ミュージカルのファンたちは、この文化のどこに注目し、対象の何を観て、どのように愛でているのか、について見ていく。

まず、多くのファンが口にするのが、「キラキラ感」と「ナマ感」というワードである。特に「キラキラ感」という言葉については、現在までにインタビューを行ったすべての女性ファンが用いており、ファン同士の会話にも頻繁に登場している。

　2・5次元ミュージカルって、目の前で繰り広げられるじゃないですか。目の前で、若手俳優さんたちのエネルギーがひしひしと伝わるものなので、テレビみたいな映像にはないナマ感がある。2・5独特のキラキラ感は、他には代えられない魅力ですね。

この「キラキラ感」を生じさせているのが、次の発言に見られる「切迫感」という言葉で表現された時間的な条件である。「2・5次元ミュージカルのどこが好きなのか?」という筆者の問いかけに、あるファンは、このように答えてくれた。

　2・5次元舞台を見るのは、他の人が描いた同人誌を読むのに近いのかも。同人誌って同じ原作を散々こねくり回して拡張世界を創って、ずっと同じ粘土で遊んでいる感じなんだけど、たぶんそういうのが好きなんだと思う。だから、2・5次元の舞台を観るのは、お金のかかった派手な同人誌を読むのに似てる。ただ、舞台の場合は「今しか観られない切迫感」みたいなものがあって、他の趣味よりも優先度を高くせざるを得ないみたいなところはあるかな。

この発言に出てきた「今しか観られない切迫感」というのは、舞台の公演期間が限定されているという意味だけでなく、自分の好きなキャラクターを演じているキャストが、例えば一年、二年経っていくうちに、成長と加齢により面立ちや体つきが変わってしまって、もう二度とそのキャラクターを演じることはできなくなってしまうかもしれない、という意味で語られてもいる。

マンガやアニメのキャラクターは多くの場合、作中でほとんど歳を取るということがないが、それを演じる俳優や役者たちは生身の人間である以上、時間とともに歳を取り、顔立ちや体格が変容していく。もちろん、演劇の舞台である以上、高齢の俳優がメイクや衣装、演技力などを駆使して少年少女を演じてもいっこうにかまわないのであるが、すでに述べたように、「キャラクターの再現度」のみを重視してキャスティングされる2・5次元ミュージカルの場合、「いまこの瞬間の、この年齢の役者だからこそ、このキャラクターを表現できる」という存在そのものをキャラクターと重ね合わせるという特性がある。

したがって、通常の演劇のようにはまり役の役者が何十年もその役を演じるということはほとんどなく、2・5次元ミュージカルの場合には、「卒業」と呼ばれるシステムがあり、ある一定の期間キャラクターを演じたのちに、キャストが変更されてしまう傾向にある。2・5次元ミュージカルの原作である少年漫画や少女漫画のキャラクターの多くは十代の少年少女であることが多く、それらのキャラクターの雰囲気をキャストの存在そのもので「再現」できる時間は限られているのである。こうした時間的制約と切迫感が、各キャラクターを演じるキャストの出会いと別れ、そして刹那的なキラキラ感を、観ている人々に与えているのだ。

次に、ファンたちが2・5次元ミュージカルの魅力として指摘するのは、マンガのコマの中に描かれていないシーン、カメラというフレームに入っていないキャラクターのパフォーマンスや心理状態を、舞台の場合には定点観測的に観ることができるという点である。

原作のマンガやアニメだと、コマやフレームの外側にいるキャラクターは見ることができないじゃないですか。でも舞台の場合、そのシーンにいるはずのキャラは全員、舞台上にいてくれるから。マンガでは描かれていないけれどもその場面にいる全キャラクターの動きや表情を観られるんです。たとえば、テニミュの場合、試合をしていないキャラがベンチでどんなことを思ってどんなふうに試合を見ているか。原作では描かれなかったそれぞれのキャラの心情をキャストさんが表現してくれるから、ファンの観たいものを見せてくれる。だから、通いつめるんです。

このように、キャストたちがそれぞれの推しているキャラクターを演じてくれるおかげで、(特にわき役などの場合には)原作では細切れにしか表現されないそれぞれのキャラクターに息を吹き込み、その表情や行動、心理状態などを示してくれるという点が、ファンの心をつかんでいる。

しかし、生身の人間であるキャストが、マンガやアニメやゲームなどを原作とし、2次元的な存在であるキャラクターを演じるということには、良い点ばかりがあるとは限らず、常に「キャラクター」とそのキャラクターを演じている「生身のキャスト」との間のずれが生じてしまうものである。
例えば、原作がアニメ化されている作品であれば、アニメで声を当てている声優の声と、舞台で演じる俳優の声にはズレが生じる。もしくは公表されているキャラクターの身長や体格と、演じるキャストの実際の身長や体格とがズレる場合もある。メイクやウィッグや衣装などコスプレの技術が急速に発展しているとはいえ、それでも生まれてしまう原作のキャラクターの顔つきと演じるキャストの顔立ちとのズレや、原作のキャラクターの性格と、演じるキャストの実際の性格との重なりとズレ、などなど、キャラクターとキャストの間には、無数の重なり合いのポイントがあるだけでなく、ズレのポイントも散在している。
そこで、2・5次元ミュージカルのファンたち（特に、原作キャラクター寄りのファン）の多くは、キャストとキャラクターが合っているか合っていないか、の判別に神経をとがらせることになる。重要なのは、ファンの集合思念的なものが描くキャラクターに合っているかどうかという点である。好きな作品の舞台化が発表され、演じるキャストが公表され、やキャラクターに扮装したキャストの写真が公開されるやいなや、ファンたちは血眼になってその写真を検分する。例えば、こんな風に。

キャストが発表されると、まずは本人の顔、顔と体格とか外見のスペックを徹底的に見ます。始まる前はそれしか判断材料ないから。次に、キャラ写真みたいなのが出てきた時点で、それを見て良いか悪いかどうかの判断。それから本人のブログやSNSでの発言を読んで、キャラの性格に合ってるかどうかもチェックします。どちらかというと引き算で期待度を考えてしまう。観にいったら、逆に良かったということもある。観ているときには、自分の考えるキャラのやりそうなふるまいをしてくれるかどうかチェックする。実際に観てみると、合っているキャストの評価はするけど、合ってないキャストのマイナス評価はあまりしないかも。原作のキャラに合っていて素敵だなっていうキャストのことを見るのに夢中になっちゃうから。

このように、「キャラクター」という絶対的な参照点があることから、ファンのキャストを観る視線は非常に厳しいものとなる。2・5次元ミュージカルにおいて重要なのは、原作のストーリーが改変されることなく再演されているかどうかという点だけでなく、演じるキャストたちが、原作の設定や世界観、それぞれのキャラクターの外見や声をどれくらい丁寧に再現してくれているか、性格や行動原理についての理解をどれほど深めているか、という点である。そのため、ファンの視線は、舞台上でのキャストたちの動きやふるまいだけでなく、上演期間中の舞台に上がっていない時間のキャストたちの行動や発言にも向かう。

右に引用したファンの言葉の中にも出てくるように、彼女たちは、各キャストのインタビュー記事やSNSでの発言にも目を光らせる。そして、キャストが自分のキャラクターへの理解度を深めようとする様々な行為——原作のマンガやアニメをしっかり視聴して、キャラクターの性格や口調などをきちんと習得しようとしたり、そのキャラクターが他のキャラクターと結んでいる関係性についてしっかり理解したりするなど——に好感を抱き、「このキャストさん、良く分かっている！」と感じられることに喜びを覚える。

キャラクターへの深い理解、そしてキャラクター間の関係性（コンビやペア、グループ内での立ち位置、敵対関係など）への理解は、舞台上でのみ再現されればいいというものではなく、バックステージでのキャスト間の関係にも反映されていることが望まれる（こうしたファンの欲望は、プロレスのファンが抱くものと近いのではないか）。そして、キャラクターへの理解があまりにも表明されすぎると、「ビジネス」的であるとされ非難されることもあるし、十分に表明されない場合には「やる気がない」と攻撃されてしまうこともあり、その匙加減は難しいものとなる。[10]

こうした行為は、「作り物の文脈にあえて乗る」（Fraade-Blanar & Glazer 2017=2017: 229）という知的かつ想像的な遊戯であり、「ファンは自分たちが『カモ』にされていることをわかって、そのウソに乗ることを楽しんでいる」（Fraade-Blanar & Glazer 2017=2017: 230）のである。それゆえに、「本物らしさ」にたいしてそれが実は嘘であったということを暴露してしまう行為や、投資した「お金」、「時間」、「エネルギー」を裏切るような行為をキャストがしてしまう場合、もしくは世界観や物語の哲学を踏みにじるような演出や演技、もしくはキャストたちがバックステージでそのような行動を見せてしまったときに、その舞台やキャストへの視線は、一気に厳しいものとなり、時には激しく炎上してしまうことにもなる。

キャストとファン、原作（＝聖典）の解釈である舞台とファンとの関係は双方向的な愛のみで満たされたものではなく、むしろファンからの愛の重みがキャストやスタッフに様々な労働を強いることにもなってしまう。

8 今後の課題

ここまで、2・5次元ミュージカルのファンたちについてその概要を説明してきたが、紙面の関係で論じきれなかったテーマは他にもたくさんある。

例えば、ファンたちはどのように2・5次元ミュージカルを理解するためのリテラシーを獲得していくのか。2・5次元におけるファンの分類については見てきたが、それぞれのファン同士の関係の構築はどのようなコミュニケーションを通じて、どのように形成されていくのか。2・5次元ミュージカルのファンの中には、例えばジャニーズアイドルやK-POPのファンダムのような集合的パフォーマンスとしてのファンダムは形成されているのか。キャストやキャラクターへの「忠誠心」の高低をめぐって競われるマウンティングの表明と、そこから生じるファンダム内での葛藤はどのようなものなのか。ファン活動の一環としてグッズ購入が持つ意味とはなんであるのか。キャストたちが演じる「本物らしさ」への期待と、その期待が裏切られたときにファンたちが示す反応など。

このように、観察と調査を通じて明らかにしていかなければならない論点はかなりの数に上ることから、今後も調査を継続し、報告していきたいと考えている。

[注]

[1] 本稿は、科研・挑戦的研究（萌芽）「『2・5次元文化』における参加型文化による嗜好共同体構築に関する研究」（17K18459、研究代表者・横浜国立大学・須川亜紀子教授）における共同研究での調査研究で得た知見と結果の一部と、二〇一四年以降筆者が国内外の2・5次元ミュージカルを観劇した際の参与観察、ファンたちとの対面型のコミュニケーション実践（つまりは「ファン活動」）に基づいて執筆している。

[2]「2・5次元ミュージカル　多彩に」（『朝日新聞』二〇一五年七月十八日号夕刊三頁）、「追跡2016：2・5次元ミュージカル　漫画・ゲーム（2次元）を舞台（三次元）に」（『毎日新聞』二〇一六年十二月二十六日号大阪夕刊一頁）、「2・5Dアンバサダー就任式　2・5次元舞台の魅力を発信」（『読売新聞』二〇一七年五月十日号夕刊八頁）他。ニュース番組や報道番組での紹介については、日本2・5次元ミュージカル協会のサイト（https://www.j25musical.jp/news/published/page7）を参照のこと。

[3] 二〇一八年一月二十八日の放送後、DVDとして販売された。

[4] この定義にならい、本稿でもその公演の形態が演劇やショー形式であるとしても、すべて含めて「2・5次元ミュージカル」という名称で論じていく。

[5] 二〇一七年七月の時点。株式会社ネルケプランニング「PICK UP　ミュージカル『テニスの王子様』」より。

[6] この号では、ジャニーズのHey! Say! JYMPのメンバーである山田涼介が、人気マンガ『鋼の錬金術師』の実写映画版で演じた主人公エドワード・エルリックに扮した写真（キャラクターの扮装のままで撮影した「キャラクターショット」と呼ばれる写真）が表紙となっている。

[7] 実写映画化による同様の悲劇は、『鋼の錬金術師』や『進撃の巨人』などでも繰り返されている。

[8] 社会心理学的なアプローチによる小城英子（2002, 2004）の調査結果によると、ファン態度の中には「作品の評価」という傾向が、またファン行動の中には「情報収集」や「追っかけ」などの熱狂的な行動をとる「熱狂行動」という側面があるという。

[9] 二十〜三十代で、五〜十年程度の2・5次元ミュージカルのファン歴をもつ女性たちを中心に現在も継続的にインタビュー調査を行っている。

[10] 例えば、テニミュ2ndシーズンの氷帝学園の人気キャラクターで、先輩後輩でダブルスを組んでいる宍戸亮と鳳長太郎というキャラクターを演じているキャストたちの次のようなエピソードには多くの賛同と少しの批判が寄せられた。鳳のキャストである白洲迅が、宍戸のキャストである桑野晃平に、宍戸の好物であるサンドイッチを作ってあげる、というエピソードがテニミュの公式ブログで紹介された際に、宍戸と鳳のダブルスを好きなファンたちの多くは、鳳と宍戸の関係性をキャストたちが再現してくれたことに対して喜んだ一方で、「わざとらしい」、「やりすぎ」、といった批判的なコメントを寄せる人たちもいた。このような事例は枚挙にいとまがない。

【文献】

藤原麻優子、二〇一八、「[研究ノート] ミュージカル『テニスの王子様』試論——2・5次元ミュージカル研究にむけて」『西洋比較演劇研究』一七（一）：一九—三四。

Fraade-Blanar, Zoe & Aaron M. Glazer, 2017, Superfandom: How Our Obsessions are Changing What We Buy and Who We are, W. W. Norton & Company.（＝二〇一七、関美和訳『ファンダム・レボリューション——SNS時代の新たな熱狂』、早川書房）

Hodkinson, Paul, 2010, Media, Culture and Society: An Introduction, Sage.（＝二〇一六、土屋武久訳『メディア文化研究への招待——多声性を読み解く理論と視点』ミネルヴァ書房）

小城英子、二〇〇二、「ファン心理の探索的研究」、『関西大学大学院人間科学——社会学・心理学研究』五七：四一—五九。

——、二〇〇四、「ファン心理の構造（1）ファン心理とファン行動の分類」『関西大学大学院人間科学——社会学・心理学研究』六一：一九一—二〇五。

須川亜紀子、二〇一六、「2・5次元文化論：第1回 2・5次元文化とは何か?」(http://yomimono.seikyusha.co.jp/2016/02?cat=2) 二〇一八年三月一日アクセス。

田中東子、二〇一七、「キャラクター商品、消費型文化、参加型権力」田中東子・山本敦久・安藤丈将編『出来事から学ぶカルチュラル・スタディーズ』ナカニシヤ出版、九三—一〇九。

辻泉、二〇〇七、「関係性の楽園／地獄——ジャニーズ系アイドルをめぐるファンたちのコミュニケーション」玉川博章・名藤多香子・小林義寛・岡井崇之・東園子・辻泉『それぞれのファン研究——I am a fan』風塵社。

吉光正絵、二〇一二、「K-POPにはまる「女子」たち——

ファン集団から見えるアジア」馬場伸彦・池田太臣編著『「女子」の時代！』青弓社、二〇一―二二七。
一般社団法人「日本2・5次元ミュージカル協会」公式サイト（https://www.j25musical.jp/）二〇一八年三月一日アクセス。
「『2・5次元ミュージカル』渋谷に専用劇場」『日本経済新聞』（電子版）二〇一四年九月十一日（https://www.nikkei.com/article/DGXLZO76909790Q4A910C1L83000/）二〇一八年三月一日アクセス。
「『2・5次元』銘柄、株式市場の評価広まる」『日本経済新聞（電子版）』二〇一六年九月三日（https://www.nikkei.com/article/DGXMZO06752460R00C16A9000000/）二〇一八年三月一日アクセス。
「2・5次元に夢中！」『anan』二〇一七年十二月六日号
特集「2・5次元へようこそ！」『ダ・ヴィンチ』二〇一六年三月号
「『テニミュ』という魔法の国のつくり方」『美術手帳』二〇一六年十月号。

読者の声

『現代社会学』等と『新社会学研究』

――新雑誌の意義の確認と将来展望

宮本孝二（桃山学院大学）

1　はじめに――自己紹介と基本認識

桃山学院大学の宮本です。ここでは一昨年創刊され最近第2号が刊行された雑誌『新社会学研究』について感想を述べさせていただきます。この雑誌の創刊は戦後日本社会学史における一つの事件であり、画期的な意義をもつと思います。その点を、私の若干の雑誌体験に基づいて明らかにしようと試みます。

さて私は一九四九年生まれのいわゆる団塊の世代で、編集同人よりも平均して十年ほど年上です。小川先生とは二、三歳差、樫田先生とは一回り以上差がありますが。一九六八年のいわゆる宅浪時代、この年の世界史的大変動期のなかで社会学を学び始めました。戦後日本社会学も転換期にさしかかっていました。当時出版されたばかりの筑摩書房の『社会学のすすめ』の影響が大きかったことを思い出します。そして一九六九年から七三年まで四年間、阪大文学部哲学科社会学専攻に所属し、卒業後、紀伊國屋書店の三年半（一九七三年～七六年秋）があり、病気をして入院生活を経て、一九七七年人間科学部大学院に進学、そして八四年の助手時代を経て、一九八五年に桃山学院大学に就職、現在に至ります。

本日はその間の私の雑誌体験に言及しながら、『新社会学研究』の意義を明らかにし、今後の発展を展望したいと考えています。雑誌体験には読者ないし寄稿者投稿者として、ということと編集ないし査読担当者として、という二つの意味があります。編集・査読体験としては二〇〇七年から〇九年まで『社会学評論』編集委員、現在専門委員、二〇一〇年から一三年まで『ソシオロジ』編集委員、その他、『現代社会学フォーラム』査読、本務校紀要編集委員などがありますが、それは後述するとして、まず、一九七四年に創刊され八九年に終刊となった同人誌『現代社会学』の読者体験を総括します。

2　『現代社会学』（第一期と第二期）との比較について

この創刊は戦後日本社会学史の重要な出来事であり、今回の『新社会学研究』の創刊に匹敵する出来事だと言えましょう。六〇年代に急速に成長した戦後世代の社会学者たちの中心的先端的な方々が、七〇年代半ばに『現代社会学』の創刊によって戦後日本社会学の世界の主導権を握ったことが鮮明となりました。

その同人は、安田三郎（東京教育大）を中心に、富永健一（東大）、塩原勉（千葉大）、吉田民人（京大）、そして東北の佐藤勉、森博、九州の鈴木広、早稲田の佐藤慶幸、阪大の間場寿一らの諸先生です。彼らによって現代社会学会議が結成されました。発刊準備は一九七二年頃からはじまり、リーダー格の安田先生は五十歳間近でしたが、多くは四十歳代前半～半ばで現在でいえば驚くほどの若さでした。人口寿命の延びなどを勘案した人生七掛け、八掛け説を適用するなら現在では五十代半ばから六十代にかけての社会学者に該当します。まさに『新社会学研究』の同人の皆さんです。

『現代社会学』の出版元は講談社が創刊号～八一年の16号までで、もちろん現代社会学会議の編集でした。そして二年の休刊期間を経て、一九八三年の第17号から関西のアカデミア出版会が版元となり、八九年の25号まで刊行しました。編集は過渡的に17号と18号は現代社会学会議、そして19号から若手、中堅を補充した現代社会学編集委員会が編集を担当しました。

各号の特集テーマを列挙してみましょう。創刊号：現代社会学のフロンティア、2：理論モデルと計量モデル、3：伝統的社会理論への挑戦、4：変動論への媒介的視点、5：隣接科学との対話、6：交換理論、7：自我論、8：現代日本社会の階層構造、9：地域社会論、10：社会指標論、11：社会学の社会学、12：社会システム論、13：日本社会論、14：第一次関係論、15：デュルケム、16：文学の社会学（以上、講談社）17：参加と権力の組織論　現代社会学の課題、18：生活構造論　現代社会学の論点、19：アーヴィン・ゴッフマン、20：階級の現在、21：パラダイムの革新と古典の解読、22：平等と異質性、23：宗教の社会学、24：R・K・マートンの社会学、25：再び現代社会学のフロンティア（以上、アカデミア出版会）

以上のように、多様なテーマで特集が組まれましたが、書評や投稿論文なども掲載されています。なお、創刊号の特集冒頭の同人たちの報告と討議は私には大きな影響力をもち、社会学研究への道を進むことを促されました。一般理論と全体理論が大きな存在感を示していた時代であり、社会学の全体構成が急速に明確な姿を取り始めていた時代でした。リーダー格の安田先生は七四年に講談社から『原典による社会学の歩み』を出され、行為論から変動論に至る社会学理論の見取り図を提示され、その縁もあって『現代社会学』の版元は講談社になったのであろうと推測されます。ちなみに今回の版元の新曜社は、六〇年代後半に培風館で塩原先生らによる『変動期の社会心理』（『今日の社会心理学6』）を編集した堀江洪さんが六九年に独立して創設した出版社ですが、当時は今日のような規模にまでは成長しておらず、塩原先生の『組織と運動の理論』が七五年に刊行予定であったくらいでまだ小出版社でした。堀江社長は二〇〇七年に亡くなりますが、八〇年代には急速に成長し、社会学や心理学分野の中核的版元にまでになったのでした。

そして最終号（25号）には、初期からの同人であった塩原先生が「フロンティアからフロンティアへ――『現代社会学』第一場の幕引き」を執筆されています。そこでは第一に、創刊の経緯について、一九七二年頃から安田先生が中心になって進められたこと、そして第二に同人は徐々に拡大されていったこと、第三に一期の特色は①フロンティア志向②特集企画③計量・数理④講座ものの書評⑤若い研究者の力作論文の掲載という方針にあったこと、第四に二期は①最前線の課題②誌面の多様化③地方別チームによる輪番編集に特色があることが述べられ、第五に組織型編集、サークル・クラブ型編集、ネットワーク型・シャーマン型編集という雑誌編集の三類型のうち一期はサークル型、二期はネットワーク型と特色づけられ、そして最後に第六に塩原先生は安田先生の病状に触れその回復を祈念して終えています。安田先生は、関西学院大学教授時代に脳腫瘍手術で入院し、手術後意識不明のまま一九九〇年に亡くなることになります。

私見では、一期の終刊は講談社の経済的問題、要するに売れ行き不振のためですが、社会学界の変化も関連していました。七〇年代半ばに戦後育ちの有力な社会学者たちがリーダーとなり、それが高らかに宣言されたのがこの雑誌であったし、創刊号に顕著に示されているように、一般理論および全体理論が重視され、また、それらに価値が認められていたのでしたが、おそらく七〇年代後半から八〇年代にかけてマルクス主義の凋落ともあいまって、一般性と全体性の時代から、個別性ないし特殊性の時代への大変動が社会学の世界で進行したのではなかったかと思われます。創刊号で提示された諸理論は影響力を失っていきました。しかし、そのような過程の中で、同人たちは社会学全体の地図、見取り図の完成に力を注ぎ、それらは八〇年代初めの東洋経済新報社から出された『基礎社会学』全5巻、行為論、社会過程論、集団論、構造論、変動論としてまとめられます。これにも安田先生の強力なリーダシップがうかがえます。そして一期の終刊にはもう一つの要因が考えられます。現在からは理解しにくいことですが、最初の同人たちの加齢（といっても一期の終わりに五十代初め、二期の終わりには六十代近くになっただけだが）は自らの役割の達成感を強めてしまったようです。もちろん実際に役割は達成され、各地で社会学研究の指導者として後進の育成をはかられるとともに、それぞれの個人的作業に戻っていかれました。

こうして二期に継承され中堅若手の社会学者たちが全国から集まり、地域別編集会議によって回り持ちで刊行を進めましたが、第一期の講談社同様、新しい版元のアカデミア出版会の経済的問題のために終刊となりました。バブル時代の真っ盛りの時期でした。終刊となった要因として初期の同人のいわば志の弱体化があり、新しい編集方式での編集作業のルーティン化による停滞感ないし負担感、そして雑誌の社会学世界内での役割低下も大きな要因となったのではないでしょうか。七〇年代から八〇年代にかけてはまだまだ院生の数も少なく、購買層の厚みは薄かったのが根本的要因であるとしても、徐々に個別の領域の雑誌が地方学会のものも含め増加しつつあり、『現代社会学』は社会学研究メディアとしての地位を相対的に低下させていったのだと思われます。

3 『社会学評論』及び『ソシオロジ』との比較について

以上のような戦後日本社会学の展開過程における『現代社会学』の命運を参照してみると、『新社会学研究』の今後の展望が開けてくると思われますが、それを申し上げる前に、私のもう一つの雑誌体験、編集・査読に触れておきます。『社会学評論』と『ソシオロジ』についてです。『社会学評論』は純粋な学会誌で、担当理事に指名された編集長が編集委員会を組織し編集作業を担当しています。編集委員が専門委員への割り振り、評価割れの調整を行い、特集の企画と寄稿依頼、書評の依頼なども行います。前述のように私も三年間編集委員として活動しました。また、現在は査読委員を務めています。一方、『ソシオロジ』は社会学研究会の会員（同人）による同人誌という体裁をとっており、まさに同人誌なのですが、実質的は学会誌と変わらないメディアとして機能しています。編集同人が半舷上陸方式で組織する編集委員会が編集を担当し、投稿審査は編集委員が実施しています。書評（著者のリプライ付き）、「視点」、「Doing Sociology」などのコーナーもあり、その原稿依頼ももちろん編集委員会の担当です。前述のように私も四年間編集同人として活動しました。

両誌とも会員制なので経営的には安定しています。しかし、編集・査読を担当すると査読システムの問題点を感じます。それは投稿待ちの受け身の姿勢と査読の限界です。ともかく相当数自由に投稿されてくる原稿を整理し査読し掲載可能にもっていくという作業を『社会学評論』は年四回、『ソシオロジ』は年三回発行するというサイクルに合わせて進めていかなければなりません。査読ア太郎先生の画期的な論考が明らかにしているように査読とそれへの投稿者の対応という一連の過程には多様な問題があります。育成的査読は受け身の体制ではなかなか実現困難と言わなければなりません。

4　『新社会学研究』の新しさについて

それでは『新社会学研究』の新しさはどこにあるのでしょうか。まず第一に、五人の編集同人のコラボが、他では決して起こらない一種奇跡的な絶妙な組み合わせとして生成し、そこに版元の新曜社がインフラを提供することによって実現したところにあります。『現代社会学』は社会学の全体構造が出来上がりつつある過程でまさにフロンティアを開いてきた戦後育ちの少壮学者が世界に形をもたらすために結集したという趣がありますが、『新社会学研究』の場合は、すでに世界が出来上がりそれを構成する個別の小世界も多様化し人口も増えた状況で研究雑誌も組織化型編集が定着した段階で、そこに問題点を見出し解決していこうとする新たな志が結集し連携し革新的推進力を生みだした点に大きな意義を見出せます。

その具体策として画期的なのが、テーマを設定しての公募特集です。公募エントリー方式によりテーマを提示し企画案を公募し選考し、それらを掲載に至るまで編集同人が指導し仕上げていくという方式は、考え付いたとしても実行するのは大変困難です。編集同人のたんに志にはとどまらない能力が発揮されています。

そのような編集同人の能力は、多彩な連載の面白さにも顕著に示されています。『現代社会学』の同人と比較するとサブカル的教養からアカデミックな力量も含めて、現在の社会学界の第一線の社会学者の水準向上が示されていると言えましょう。それは『現代社会学』の同人たちの肩の上に乗ってのことではありますが、『新社会学研究』はそこから大きく飛躍しようとしていることは確かだと思われます。

なお、私の個人的な好みの問題ではありますが、『新社会学研究』の体裁についても高く評価しています。『社会学評論』と『ソシオロジ』の体裁の長所を継承し、光沢表紙、縦書き、大きな活字という三点は持ちやすく読みやすいという大きな利点をもたらしてくれました。

5　おわりに

最後に、『新社会学研究』の発展を祈念しつつ、その発展の道を展望してみましょう。さきほど申し上げた『現代社会学』と対比しつつ見てみましょう。第一に、版元の新曜社さんの支援というかパワーです。経済的問題、すなわち売れなければやはり版元の負担となり、講談社もアカデミア出版会も音を上げざるをえなかったわけです。やはり当時は学会員も今の半分以下で、大学院生も少なく、購買層の拡大に限界があったと思います。この点では現在おおいに開拓の余地があります。すでに六〇〇部くらいは購入されていて、その中には図書館も三十弱は含まれているようですが、継続を可能にするためには、定期購読者方式なども検討の余地がありましょう。またそれは第二の寄稿者の厚みにも関連します。公募エントリー方式という若手にとっては高度な大学院進学同様の意義をもち、中堅以上の社会学者にも高度な達成点をもたらす共同研究的役割を果たすこの新しい編集システムはテーマ設定と編集同人の忍耐におおいに依存しています。それを可能にするのが編集同人の連携と志の持続、継続でしょう。まずは十年十号を目標に刊行を続けていただき、並行して新世代への継承も可能になるよう願っています。

【注記】本稿は、二〇一七年十二月一日に、関西学院大学梅田キャンパスにおいて開催された「第1回『新社会学研究』合評会」において、口頭発表した原稿に、加筆修正を加えたものである。

なお、この合評会の企画趣旨等に関しては、本誌(『新社会学研究』第3号)の巻頭エッセイ(樫田美雄「社会学的に考えることの実践としての『新社会学研究』)の第4節以下に詳しく記されてる。

くまじろーのシネマ社会学③

『沖縄決戦』からみえてくるもの

好井裕明（日本大学）

このコラムでは、戦争娯楽映画について語ってきた。このテーマは何回やれば終わるというものではないだろう。私の関心がおもむくままに、まだ少し語り続けたい。

今回は、沖縄戦についてだ。NHKスペシャル『沖縄戦全記録』（二〇一五年六月十四日NHK総合で放送）というドキュメンタリーがある。現在DVDが市販されており視聴できる。戦後七十年が過ぎた今でも、沖縄では続々と遺骨が見つかる。遺骨は何も語ろうとはしないが、そこで人が死に、骨が見つかるまで誰かが亡くなったという事実が知られないままであったという明快な事実を私たちに訴えてくる。太平洋戦争中、沖縄戦は地上戦として九万人を超える民間人の犠牲者を出した悲惨で不条理な戦闘だ。ドキュメンタリーでは当時米軍が撮影した膨大な未公開フィルムや千本にのぼる住民の証言録音から、人々がどこでどのように死んでいったのかを明らかにしている。日本軍がいかに無策で無謀な戦いを、ただ本土への侵攻を引き延ばすためにだけ、続けていったのか。その過程で沖縄の住民が戦闘員として大量に組み込まれ、避難できなかった住民もあわせ、犠牲となりどのように殺されていったのかが明らかにされている。

私は米軍が撮影していた膨大な量の映像に驚いた。もちろん放映できる映像が選ばれ編集されているのだが、膨大な映像には直視できない凄惨なものも含まれているだろう。圧倒的な物量の差異のなか、自らが侵攻する戦いの映像を記録として残す余裕がアメリカにはあった。この余裕を感じながら、対等に戦う道具すらなく、ただ自らの身体を盾とし、死ぬことだけを強制された人々の姿を見、証言を聞く時、私たちは、改めて当時の日本軍大本営や政府、戦争遂行を認め続けていた天皇に怒りを覚えるだろう。

私はこの作品を見ながら、NHKのBSで放送されたインパール作戦の無謀さを描くドキュメンタリーを思い出していた。将校つきの兵士が残した詳細な日記には司令部の将校たちの記載がある。「二〇〇〇人殺せば、陣地が取れる」と彼らはインパールから遠く離れた安全な作戦本部で語りあっていた。聞いていた彼は最初、敵兵を一〇〇〇人殺せばと理解したのだが、そうではなかった。命令で前線へ投入している日本兵が一〇〇〇人死ぬことで作戦が遂行できると将校たちは平然と語っていたのだ。兵士をただの消耗品としてしか考えない軍中枢部、自分たちの勝手な理屈や理念だけで兵士や住民の生命が奪われていった沖縄戦と同じ構図がそこに存在している。

さて、太平洋戦争を考える時、沖縄戦の意味は、広島、長崎への原爆投下と同じくらい重要なものだろう。これまで『ひめゆりの塔』（今井正監督、一九五三年）、『あゝひめゆりの塔』（舛田利雄監督、一九六八年）など数多く戦争娯楽作品が制作されている。ひめゆりの塔についていは、現在DVDで視聴できる先の二作品のほか、一九八二年に今井正がリメイクした作品があり、一九九五年には神山征二郎監督の『ひめゆりの塔』があるが、いずれもDVD化されておらず、簡単に視聴できないのが残念だ。

他に『沖縄健児隊』（岩間鶴夫監督、一九五三年）という作品が〝幻の戦争映画選〟としてDVD化されている。この映画は、最近偶然知って私もDVDを購入したのだが、いろいろと特徴を持った内容だ。太田昌秀・外間守善『沖縄健児隊』を原作として、当時、鉄血勤皇師範隊の名のもと、沖縄師範学校の生徒と男子部職員が激しい戦闘の中で、命を落としていく姿が描かれている。「いまや日本の存亡は沖縄決戦にかかっている。沖縄島民は、成年男子はもちろん、女子学生も男子学徒も立ちあがった。日本国民一億のため、一億同胞の身代わりのため、立ちあがった」。勇壮な映画冒頭のナレーション。あまりにも紋切り型の語りだ。ただ冒頭の語りとは対照的に、映画では男子生徒や教員が勇ましく戦うシーンはほとんどなく、彼らは無残にそして無為に次々と亡くなっていくのだ。映画の最後は死ぬことができず生き残った男子学生と若い先生が、累々と横たわる無残な死骸を踏みこえながら、なぜ死んだんだ、何のために死んだんだと戦争の不条理さを怒り嘆き、生き抜くことこそ意味があるとアメリカの捕虜収容所がある街へ歩いていく姿で終わっている。冒頭のナレーションが象徴するように、この作品には日本国家や大本営が無謀な戦争をあくまで遂行し、本土の盾として沖縄を利用し、一般市民まで巻き込んだ凄惨な戦いを沖縄に強いたことに対する明快な批判や怒りのトーンはない。ただ最後に無意味な戦争の犠牲になったことを嘆き、戦争を繰り返さないよう、生き抜くのだという一般的で普遍的な反戦メッセージが突如として出て来ることに作品としての一貫性の欠如を感じるとともに違和感を覚えるのだ。

さて沖縄戦を描いた戦争娯楽映画としては、やはり『激動の昭和史　沖縄決戦』（岡本喜八監督、一九七一年）があげられるだろう。この時期、東宝が8・15シリーズと銘打って毎年、終戦の日にあわせ戦争娯楽大作を制作しており、その一つだ。史実をベースにしているが、フィクションも交えられ、沖縄戦の開始から終結までが描かれている。

冒頭、太平洋戦争でアメリカが反転攻勢し、南の島々を次々に占領し、日本本土が攻撃目標となっていく経緯が実写映像でテンポよく描かれる。本土決戦準備のため沖縄を捨て石として少しでも時間を稼ぐことを決める大本営。大本営の陸軍大将が沖縄第三二軍司令官として新たに赴任する牛島中将に「玉砕だけは避けてください」と頼み、牛島が「我慢強いだけがとりえですから」と答えるシーン。牛島の人柄を描いているように見えるが、この短いシーンがその後の凄惨な沖縄戦を予想させる。

映画では、沖縄を見捨てる大本営の軍人たちの勝手な語り、壕の奥深くで沖縄の地図を広げ、米軍の侵攻を予想し、どのように戦えばいいかを議論する第三二軍の作戦将校たちの姿、その作戦を実際に戦い、次々と命を落としていく最前線の日本兵、南風原の陸軍病院壕での懸命に看護するひめゆり部隊や医師、看護婦の姿などが、入れ替わり対照的に描かれていく。煙草の箱やマッチ箱を敵味方の陣に見立て、地図のうえで戦略を練る将校たち。まさに〝机上の空論〟だ。「〜率いる部隊が中央突破します」と敵の箱を倒し、まるでラグビーかフットボールの試合を楽しむかのような余裕で戦局を眺めている彼ら。対照的な実際の戦場のシーン。そこではマッチ箱ではなく生身の兵士たちが米軍の圧倒的な砲弾の雨にさらされ無残に命を落としていく。木箱に入った爆薬を背負い、米軍戦車の下にもぐりこむ若い兵士たち。命と引き換えに戦車一台が炎上する。また陸軍病院壕では、大量の負傷兵が運び込まれる。彼らは治療もままならず放置され、狭い壕が地獄の様相となっていく。以前私は南風原にある陸軍病院壕を案内してもらったことがあるのだが、隣接の町民センターには壕の部分が再現されており、いかに狭くひどい環境であったかが実感できる。映画では臭いは体感できないが、血や膿、汗などがないまぜになり十分な換気もできない壕の〝空気〟は、私たちの想像を越えるものだっただろう。

作戦将校たちの姿と実際の前線での戦いのシーンを交互に見ていくうちに、私は兵士の命を一顧だにせずゲームの駒としてもてあそぶ将校たちに怒りを感じ、戦局が悪化し、南へ本部を移動する彼らの姿、蒸し暑い壕の中、眠れず恐怖に思わず目をさましてしまう豪放磊落とされる将校の姿を滑稽だと感じるようになった。映画の終わり近く、牛島中将ともう一人の将校が摩文仁の壕で自決するシーン。逃げのびるよう命令された若い将校に「勉学のためだ、よく見ておけ」と、わざわざむしろをひき、仰々しく腹を切る姿に、なぜお前だけ死に方や死に場所が選べるのかと怒りとともに滑稽さを覚えた。新藤兼人が脚本を書いているのだが、一連のシーンに新藤の意図が映像に明快に反映されている。

映画の最後に、沖縄固有の破風墓の前で一心不乱に踊る老女を長く映し出すシーンがある。墓に向かって何台もの米軍戦車が向かい、向かい来る戦車を前に老婆は踊り続けるのだ。正気を失っているのか、それとも正気を保った極限での抵抗の姿なのか。それはわからない。それまでとは異質な幻想的なシーンだ。岡本や新藤はこのシーンで何を言いたかったのだろうか。先に「米軍戦車」と書いたが、それは米軍ではなく日本軍も含めた戦争そのものの象徴で、それが沖縄を蹂躙し破壊したことへの怒りではないだろうか。

ＤＶＤの解説で岡本みね子（岡本喜八監督夫人）は映画を製作した当時の岡本の思いを述べている。「沖縄に行くとき、観光だけで行かないでくれ。沢山の人々の犠牲を忘れずに深く頭をたれ、その重みと悲しみを受け止めてくれ」。岡本は何回となく言い続けたという。当時、好意的な評論もあったが「開戦の責任を追及し、いかに収束されたか、それを故意に欠落させた責任は口をきわめていえば犯罪行為である」とまで書いた批判もあったという。この映画を何度も見直して、私はこうした批判は的外れだと思う。『沖縄決戦』は、特定のイデオロギーを伝える反戦だけの映画ではない。戦争を描く娯楽作品であり、大衆映画である。そしてこの映画を楽しむことで、いかに無謀で凄惨な戦いが太平洋戦争末期に実際に沖縄であり、兵士だけでなく地元住民も巻き添えになり死んでいったという事実は見る側に伝わるだろう。沖縄戦の責任はどこにあるのかもまた、明快にではないにせよ伝わるのだ。そこから先は見る側である私たちの問題だ。さらに歴史をいかに学び、反戦の意志を確認し、今の社会に反映させていくか。『沖縄決戦』以来、沖縄戦をまともに描こうとした戦争娯楽映画はつくられていない。いま私たちが沖縄を考え直すという営みを〝緩め〟、沖縄を軽視し、沖縄を忘却しつつあることを、この事実は示していないだろうか。

極私的社会学②

グループホームで父を看取る（2）

——介護スタッフの実践から見えてくる〈本人の意思〉

三浦耕吉郎（関西学院大学）

1 〈ホームならではの介護〉とは？

——先ほど担当職員のあいだで話し合ったのですが、もしも、ご家族からお許しがでるようでしたら、これからお父様をお風呂に入れて差しあげたいと思うのですが、いかがでしょう。いまの私たちには、こういうことぐらいしか、お父様にして差しあげることができませんので……。

グループホームのスタッフから、右のような申し出を受けたのは、父が最期の床にあった六日間の二日目にあたる二〇一五年十二月八日（火）の昼前のこと。そのとき私は、前夜からの付き添いを姉に交代してもらい、いったん帰宅するためホームを辞そうとしていた。

この提案を聞いて、正直なところ、私は思わずわが耳を疑った（ことを、ここで告白しておかなくてはならない）。まだ父が持ち直す希望を捨てていたわけではなかったし（いや、それだからこそ）、このような終末期を疑わせる状況にあって、「なぜ、いま、入浴なのか？」という素朴な疑問がわきあがってきたのだった。

ここ数ヵ月元気でいた父が、百歳の誕生日を間近にして体調を急変させたのは、一昨日（十二月六日）のこと。昼食にはわずかながら口をつけたものの、その夜以降は丸二日間、食べものを一切受けつけなくなっていた。そして、前日（十二月七日）には、周囲からの声かけへの反応も認められなくなる一方で、とつぜん三九度近い発熱をみた。

高熱があるうえに、水分を自力で嚥下できなくなり、解熱剤も飲めなくなったことから、集まった家族（姉と私）は、父を病院へ搬送するかどうか等々の選択肢をめぐって、ホームの管理者をまじえて協議を行った。

その結果、できるだけ病院へ行かずに、在宅（ホーム）において自然な看取りをめざしたい、という共通の意向をもっていた私たち（姉・私・管理者）は、①本日は訪問看護師に依頼せず様子をみる、②家族はグループホームでの看取りを希望する、③病院での検査や点滴も望まない、との三点を確認するに至った（この経緯は、連載エッセイの前回分に詳述した）。

その後の父の容体は、七日の夜から八日の午前中にかけて、口に含ませた氷のかけらをわずかに咀嚼したり、声かけに「あー」や「おー」という声を発したり、少し笑みをみせるなどの変化が見受けられたものの、三十七度台の発熱は依然としてつづいていた。

スタッフから父の入浴を打診されたのは、まさに、こうしたさなかのことだった。

熱があって肺炎が疑われるとともに、意識もはっきりしないという、いわば、いつ何があってもおかしくない状態の父をあえて「入浴させる」という選択は、当時の私の頭のなかにはまったくなかった。

しかし、あとから考えてみると、そのときの私は、「熱が出ているときには、できるだけ入浴を控える」という、いわゆる常識的な医学知識にとらわれていたといわざるをえないだろう。なぜなら、私たち家族は、スタッフの皆さんの厚意を受けて、その日の父の入浴介助をお願いしたのだったが、結果的には、そのときの両者の判断が、父にとっての人生最後の入浴を可能にしたのだったから。なお、当日の介護日誌には、《14：30　入浴。入浴中は、目を開けられる》とあった。

そんなこともあって、私のなかでは、入浴を打診されたときに感じたあの驚きが、いつまでも忘れられなくなってしまったのだった。

じっさい、もしも父が、病院に入院していたとしたら、あるいは、在宅で療養していたなら、もしくは、多床室からなる他の高齢者用福祉施設に入っていたら、この同じような状況において、あえて入浴をおこなうという選択肢がとられることは、まずありえなかったはずなのだ。唯一、ホスピスがそれが可能な場所かとも思われるが、その場合は患者本人の入浴への意志が明確であることが必要条件となるだろうから、やはり今回のケースとは違ってくるように思われる。

なぜ、スタッフのあいだでは、医学的な常識にそぐわない入浴という発想が分かち持たれていたのだろうか。彼らの言葉のはしばしに、父が喜ぶにちがいないという確信のようなものが感じられたのも事実である。では、どうしてスタッフの皆さんには、そういう父の意思がわかっていたのだろうか？

あるとき、その点にかんする疑問が、ゆっくりと氷解するような感覚へと誘われたことがあった。それは、ホームで複写させてもらった資料を見直しているときのことだった。

『生活援助計画』と題されたそのA4の資料には、父への短期（六ヵ月）および長期のケアプランが書かれており、日付は平成二六（二〇一四）年十月一日、つまり父が亡くなる前年のものだった。そこには、ホームの担当者と姉との話し合いになる具体的な援助計画が、以下のような項目ごとに記入されていた（一部省略）。

『**本人の望ましい生活像**（長期目標）
穏やかに、笑顔の多い生活を送りながら、GH《グループホーム》での終末期を迎えたい。

A　**困っていることは何**（課題）
○自分でご飯を食べるのが億劫。
～水分が飲み込みづらい。むせる～

B　**どうなってほしいか**（短期目標）
・誤嚥性肺炎にならない。

C　**何をどうするか**（具体的計画）
・食事介助はほぼ全介助。誤嚥注意。（全粥・ペースト食・水分とろみ）
・食事中傾眠する場合は中止。

A　**○あまり体を触られたくない。**
～介護抵抗～入浴・排泄、移乗時…

B　・安心できるように。

C　・介護抵抗に対しては、心のケアも出来る様に二人介助にて行う。（一人は心のケア、もう一人は介助）
・排泄：日中昼前は二人介助でトイレ誘導。
・入浴、浴槽出入り介助二人。

A　**○楽しく過ごしたい。**

B　・笑顔が沢山出せる。

C　・日中起きているときに、会話のできる環境を整える（寄り添う）
・冗談が好きなので、冗談を交えた会話を心がける。

特記事項
○一過性脳虚血発作になることがあるので要注意。
○肺炎も起こしやすく、Drより老衰の診断。家族の強い希望もあり、GHでのターミナルを行う予定。
○何かあった場合は家族と相談していく。』

さて、この「生活援助計画書」が、私に先の疑問を氷解させるきっかけ与えてくれた理由。それは、ここにこのホームならではの介護の精神とスタイルが凝縮されており、これを読むことで、それまでスタッフから個々別々に聞かされていた父への介護実践の断片が、はじめてひとつのまとまった形で目の前にたち現れてきて、「最期の床での入浴介助の申し出」へと至るスタッフの人たちの深い認識がようやく了解できたように感じられたからである。

別の言い方をすれば、こうしたグループホームでの看取りの独特さとは、いわば父にたいする（七年間にわたる）平常のケア体制が、そのままのかたちで看取り期のケア体制へと移行していっているところにこそあり、その点をぬきにして「入浴介助の申し出」の意味を了解することはできないということなのである。

このエッセイでは、遅ればせながら私に訪れたこの「了解」の内実を、読者の皆さんに伝えることをめざしたい。しかし、そのためには、いくつかの断片のピースを組み合わせていくことが不可欠である。一見迂遠に思われるかもしれないが、これから二回にわたって、その作業を行っていくこととしよう。

ただ、結論を先取りしておくなら、このグループホームにおける介護実践においては、〈本人の意思〉にかんする集合的な解釈が、本人とスタッフと家族との相互行為のなかで不断に生み出されているようなのだ。言ってみれば、このホームそのものが、ある意味において《本人の思いを受け止めるためのアンテナが随所に張り巡らされた空間》にほかならなかった。

次節では、まずは、私自身がそうした相互行為の過程に意図することなしに参入し、そのことによって救われもしたという不思議な体験からお話しすることにしたい。

2　だんだん足取りが重くなる――父との回想（その一）

父がグループホームに入居していたのは、晩年の七年ほど。認知症を発症してから自宅ですごした最初の三年を加えたこの十年間、私にとっては、年に数回の東京出張のたびに父に会いに行くのが、もう決まり事のようになっていました。

初めの頃は、子どもたちも一緒だったし、父もそれほど認知症が進んでいなかったので、まるで行楽気分で行っていました。けれども、だんだんと子どもたちが受験で忙しくなり、一方で父の認知症も重くなってきました。重度になると、身の回りのことができなくなり、認知能力も落ちていき、私や家族の顔や名前すらわからなくなります。話しかけても、表情や反応が乏しくなっていく。そうした変化を私は、毎年、少しずつ見てきたわけです。

その最後の数年、私には、父に会いに行くのがおっくうになった時期がありました。ホームまでは、武蔵野の面影を残す風景のなかを駅から二十分ほど歩きます。私はその景色がとても好きで、歩くのもまったく苦にならなかったのに、だんだんと施設へ行く足取りが重たくなり、あるとき、できることなら行きたくないと思っている自分に気づいたのです。

なぜかというと、父が私の言ったことに、相槌をうってくれたり、言葉でなくとも、表情で反応を示してくれているときは、まだよかったのです。そんなときは、孫たちが今は何年生になって、こんな部活や習い事をやっているといったことをしゃべっていました。ところが、父がだんだんと反応を示さなくなっていったときに、今日もまた、私は全く反応を見せない人にむかって一方的にしゃべって帰ってくるのかと、内心なんとも虚しく感ずるようになったのでした。

でも、そのような鬱屈から抜けでるきっかけを与えてくれた出来事がありました。なんだと思われますか。それは、意外にも私とグループホームの介護スタッフの人たちとの関係のなかにあったのです。

まずは、そのグループホームの名前が面白いんです。それは、「わたしの家」といいます。なぜそんな名前をつけたのだろうと、通い始めたころ不思議に思ったものでした。認知症の人のなかには、ときに自分の家へ帰ろうとして、スタッフの人が見逃したら一人でふらふらっと出ていってしまうことがあります。そんなときに、よその人に声をかけられて、「あなたのうちはどこですか」と問われたら、ただ「わたしの家です」と答えればいいわけです。だから、簡単でしょう?

私はそのネーミングは、なかなかチャーミングだなと思います。ただ、雨の日なんか、駅から歩かずにタクシーに乗ることもあります。はじめの頃は、運転手さんのなかにもホーム名を知らない人がいたので、運転手さんに「どちらまで」と問われて、「わたしの家までお願いします」と答えるのは、ちょっと恥ずかしかったです(笑)。でも、こんな名づけの仕方からも、このホームがなかなかユニークな発想をもっていることをわかっていただけるのではないでしょうか。

さて、私が父に会いにいって、ほとんど反応のない父に向かってしゃべり続けるのが苦痛になっていた頃のことです。それまでも、行くたびにスタッフの方々は、この前私が来たときから今までの父の様子や、お花見や納涼会、敬老会という季節のいろいろな行事のことを話してくれていました。その後、私はリビングのような広い所で父と対することになります。横にも前にも、三三五五座っているのですが、しゃべっているのは私だけです。重度の認知症の人は、ほとんどおしゃべりをしません。スタッフの人も常時二、三人いるのですが、それぞれトイレに付き添ったり、おむつを替えたり、食事の準備をしたり忙しくされています。

あるとき、私はもっぱら父に向かって話しているつもりだったのだけれど、じつはスタッフの人も折にふれてその話の内容を気にかけてくれていたことが、彼女らと会話をしてみてわかったのです。それからというもの、私は、父と同時にスタッフの人たちを意識して自分の家族のことを語りはじめました。とくに私は、父と話すときに、「お父さん、あんなことがあったよね」と、父の昔話をいくつか投げかけます。たとえば、まだ家族が山口県の山奥のむらに住んでいたときに、父が酔った帰り道で穴におちて背中に大きな三日月形の傷をつくった話とか、戦時中に駐屯していたハルマヘラ島から帰還するさいに病院船が魚雷攻撃をうけて沈没し、救命ボートで漂流してかろうじて九死に一生を得た話、また、ちょうど私の今の年齢に重なる時期に同人誌に十年以上にわたって「戦争と平和にかんするエッセイ」を書き継いでいたこと、などなど……。

そうすると、テレビがついていないときなど、シーンとして聞こえてしまうので、私の話はスタッフの人たちの耳にも伝わります。スタッフの人は、父の介護をするときに、「三浦先生、昔、こんなことがあったのですね」と私のした話を父にふると、父が結構、反応するということもあったようでした。

それまではホームを尋ねても、五分もすればいたたまれなくなって、帰るための口実を探しはじめたものです。けれども、これで私の受けとめ方はガラッと変わりましたし、スタッフの人たちと私との関係もそれからより深くなっていったように思います。

そして、いつのまにか私は、ホームに行くことが苦にならなくなっていました。また、スタッフの人たちとも仲良くなりました。何よりも、父が認知症になって「わたしの家」に入ってからの話を、スタッフの人たちが私にどんどんしてくれるようになったのです。そうしたなかでは、家庭内では気難しがり屋だった父が、ここでは「みうらじいじ」として、スタッフや子どもたちから人気があったという話なども初耳でした……。

3　意志を読む――《こわばり》に対する二つの対処法

しかし、「わたしの家」のスタッフから父にかんするいろいろなエピソードを聞かせてもらう機会が増えていったにもかかわらず、私は、うかつにもスタッフの語る父にかんする（介護の）話に二通りの語り方があることに気づいていなかった。

たとえば、以下に引用する会話は、父の死後、ホーム長の大角さん（O）にたいして、どうして「わたしの家」に来てから、父が皆に愛されるキャラクターに変貌したのかを尋ねたときのものである。

O：あのね、それはね、デイサービス（注：父は「わたしの家」の桂棟に入居するまで、同じホーム内の楓棟で提供されていたデイサービスを一年八ヵ月にわたって利用していた）で、ちょっとほぐされたんだと思います。デイサービスに、非常にほぐすのが上手だった人がいるんですよね

私：あ、そうですか

O：うん、うん。だからそういう面で、非常にその、三浦先生（父は医者をしていたのでホームでもこう呼ばれていた）の心をくすぐったというかね

私：そうなんでしょうね

O：その延長でしたので、ここ（桂棟）でも同じような人がいてくれたので、そこで癒されたんだと思います

私：ああ、ああ、親父は、だから最初は、「そんなとこへ、わしは、行かん、行かん」と言い張ってたんですよ。姉もそれを聞いてるから、なかなかこっち（デイサービス）に来ることに、踏んぎれなかったと思うんですけど。でも、親父は、そう言ってたくせに、（いったん通い始めたら）帰るときには、ものすごくにこにこして帰ってくるね、っていうのを姉から聞いてて（笑）

O：そうでしょ、デイサービスが、非常に水にあってたんです。とっても楽しそうでしたもん、いるとき

私：そこがやっぱり、僕らの知らない親父みたいなものを、ここで引きだしてもらったような気がするんですけどね

O：すごくね、お話上手な人たちが（楓棟に）いたの、みんなが、お話上手で。もう、狭い和やかな空間のなかでずーっと話を、先生に向けて話して、「先生、こうですよね、こうしてくださいね」、それから、「先生、こういうときは、どうしたらいいんですか」とかね、うまーくそれをね、先生の、そうそ、心をくすぐってきた。それをこちら（桂棟）も受け継いでやってきたんで、はい。「こういう先生なのよ、だから、こう、こういうふうに

すると（いいよ）」って。でもね、あんまり、ひつこいとか、あんまり、こう言ったりするときには怒ることもあるんですよね。「うるさい」みたいな、「なんだ」っていうときがあるんですよ
私：それが、普通ですよ
O：でも、そこをするっと、すりぬけて、「ああ、こういうときは、だめだよ」っていう、そういうアンテナは、みんな持ってますので。それがうまーく出来てきたんで、先生も居心地が良かったんだと思います

ここで「それが、普通ですよ」と呑気に構えている私は、この時点でも、こうした語り方の背後にある大角さんからのメッセージを、まったくといってよいほど理解していなかったといわざるをえない。

じつは父の生前にも、大角さんとこんなやり取りがあった。その頃の父は、すでに面会のあいだも眠そうにしていることが多かった。おやつのヨーグルトを口に運んでも、あまり頻繁にすすめすぎると、口をあけなくなることもあったのだが、ヨーグルトを食べ終えてから、お茶を無理に飲ませようとしたときに、父はめずらしく「もう、いい」と、はっきり拒否の意志を伝えてきたのだった。

そのことをテーブルに来られた大角さんに告げると、「いえ、拒否の言葉は、はっきりと言われますよ」といってから、さらに、別のケースとして、エプロンをつけようとすると、意志をこめて手を体に密着させて、つけるのをいやがるという例をあげられた。そして、「最近、そんなことが多くて、すかしたり、なだめたりして、おだてて調子にのせてエプロンをつけたり」しているとのことだった。

また、同じテーブルで介助していたスタッフの青年も、拒否するときの父の力の強さについて、こんな体験を述べていた。

――もう、先生は百歳になられるんですよね。ぼくは、百歳の老人てよぼよぼだと思い込んでいたんです、でも、オムツを替えたりするとき、無理やり取ろうとすると、すごいパワーで抵抗されるんですよ、ぼくなんかよりも強いくらいで……。二十歳が百歳にかなわないなんて、思ってもみなかったです。

こうした排泄介助をめぐっては、別の女性スタッフからも、オムツの中のパットを替えるだけのときは一人で行うけれど、外側のオムツまで替えなくてはならないときには、もう一人スタッフを呼んでくるという説明を受けたことがある。

そのときにも、それは排泄物などの後処理の大変さについての話であって、まさか介助抵抗への対応だとは考えなかったし、今回のような明確な抵抗の話を聞いているときでさえ、私の頭のなかでは単純に、高齢な父の「力の強さ」にかんする話としか受け止めていなかったのである。

これらのエピソードからは、認知症の人への介護においては、本人の意志やプライドが前面に出て、拒否や怒りの感情が表出された強い《こわばり》の状態にあるとき、大きく二つの異なった対処法があるようなのである。それを教えてくれていたのが、先に指摘した「(父の介護にかんする)二つの語り方」だった。

一つは、「すかしたり、なだめたりして、おだてて調子にのせ」たり、「心をくすぐられる」ことによって、〈ほぐされた状態〉にある父にかんする語り(「癒されたんだと思います」「水にあってたんです」)。

そして、もう一つは、「こういうときは、だめだよ」という、スタッフたちのアンテナに察知された状態にある父にかんする語り。その点について別のスタッフは、「今日は、あぁ、三浦さん、だめなんだって(いうことが)、うん、ありました。もぅ、そのときは、言い方あれですけど、ほっときます。もぅ、怒った状態でケアするっていうのは、もぅ、お互いに、私たちもですし、相手もいやですし」と述べていた。

つまり、怒りや困惑などでがちがちに《こわばった》人に対するケアとしては、一方で、様々な言葉や技術を駆使して〈ほぐす〉という方法と、他方で、とりあえず介入せずに〈ほっとく〉という方法が用いられているといえよう。

しかし、そうはいっても、衛生上や安全上、とてもそのまま〈ほっとく〉わけにはいかない緊急の場合もあるはずである。そうした際に、編みだされたのが、「一人での外出」や排泄・入浴にかんする「わたしの家」ならではの介助法だった。

4 ディスコミュニケーションのなかでの介助——帰宅行動(夕暮れ症候群)への対応

——(自分の家へ)帰ろうとする人って、いっぱい今までいましたけど、帰りたい人は、もぅ、あんまり止めないんですね。だいたい一般的に特養なんかへ行ったら、「じゃ帰る」って(入所者が)言ったら、「ご飯でも食べてからいきなよ」って誘ったり、「今日は帰れないから」とか、いろんなこと言って止めようとするんですけど、認知症の人って、もぅ、帰りたいと思ったら、帰りたいんですよ、やっぱり。とくに夕方以降多いので夕暮れ症候群ていわれてるんですけど。それは結局、夕方になったら私たちも家に帰りたいのと同じで、帰りたいんです、家が心配だから、御飯作ったり、子どもが帰ってくるとかで。それをいろいろ、ああだのこうだの理屈をつけて止めてると、もんもんとしてきちゃうの、このへん（胸のあたり）が。それで、結局、言動が不安になってって、怒っちゃったり、暴力に出たりしちゃうので。とにかく帰りたくて、「じゃもぅ、今日はご飯食べて泊ってってって、明日の朝行こうね」って言って、「ああそうだね」ってわかってくれればそれでいいんですけど、それでも駄目な場合っていうのは、ほんとに、「じゃ、気をつけてお帰りください、またいつでも戻ってきていいですからね」って、快く出してあげちゃうんですね。

グループホームに入所したばかりの認知症の人が、自分がここに入らなければならない理由がわからないために、混乱してしまって頻繁におこなう帰宅行動。無理に止めようとすると、その反動が怒りや暴力の形で出てしまうというから、そのときの当人の精神的・身体的な《こわばり》具合は相当なものに違いない。

認知症の人を介護するさいの困難性とは、まさしくこのような本人と介護者の双方がもっている場の認識がまったく異なるディスコミュニケーション状況のなかで介護がなされざるをえないという点にこそあるだろう。

そんなとき、「快く出してあげちゃうんです。気をつけて行ってらっしゃいって」とあっけらかんと言う、管理者の金子さんの話に私は心底驚かされしまったけれど、驚きはそれだけではなかった。つづけて金子さんは、こんなふうに述べている。

——でも、一緒には行かないです。よくね、一緒に出歩いたりするところ（施設）ってあるんですよ。「徘徊の人に付き添う」っていうんですけど。でも、何が何でも帰ろうって思ってる人に、ほんとについていっちゃうと、終わらないです、エンドレスで。「なんであんた、ついてくるのよ」とか、怒ってる部分だけがずーっと残るので、結局「帰ろうよ」、「なんで帰らなきゃいけないの」ってなって、ぱっと（一人で）行っちゃうんで、私たちは、出て行きたいときは、もぅ、一人で出すんですよ……。面白いですよ、探偵みたいな……。こぅ、出てったら（ついていた職員が）外から、「はぁ、こっち行ったよ」（と報告すると）、「わかった」（ともう一人の職員が）「今から行ってくるね」って、一人で携帯もって……。なかに振り向く人がいるんですよ、後ろから来てるかな、みたいな……。そこを見られないように、もぅ、距離感もっていって。そこで、足もとがふらつくような人は、家族にもぅ（あらかじめ）言ってるんですね、これ、一緒についていっちゃうと終わらないので、もしかしたら、ころんじゃうかもしれない、怪我するかもしれないですけど、それでもよろしいですか、って。

つまり、一人で出してあげた後に、スタッフが気づかれないようについていくというのである。そのさい、足取りのおぼつかない入所者の場合などは、途中でころんでけがをしてしまう可能性もないわけではない。だが、「わたしの家」の介助においては、こうした危険性についても織り込み済みで、あらかじめ家族にたいして許可をとってあるという。

なぜ、そのような危険性があるにもかかわらず、あえて一人で出すのだろうか。その点については、金子さんのつぎのような語りが参考になる。

――認知症の人にとっては、できないことは自分でもなんとなくわかって、それを指摘されちゃうと、苦しいわけですよね。で、よく認知症になって、もぅ、危ないからやらないでとか、余計なことをしないでってなって、全部それを取り上げちゃって、なーんにもしないでいると、やっぱりきっとね、辛いんだと思うんですよね。何か、やること探してるんですよ。それが、何だかわからなくても、やっぱりそこから考えてあげるっていうことがすごく大事で……、何かを言いたい、何かをやりたいみたいな……。

つまり、帰宅願望のある入所者をスタッフが付き添わずに一人で外出させるという「わたしの家」に独自な対処法が生みだされるにあたっては、入所者の人たちの抱える思いや意志にたいするこのような深い理解と洞察があったということなのである。

そして、そうした結果として、このホームでの日常的なケアにおいては、本人の思いに添うことと、本人の安全を守ることが相容れないような事態が生じたときに、状況によっては前者が後者に優先させられているという点が、とりわけ重要だろう。

なぜなら、安全性（身体を安静に保つこと）よりも本人の思いに添うことの方が優先されるという点では、冒頭でみた終末期が疑われる段階での入浴介助が、まさしくそれにあたるように思われるからである。その意味では、ある程度の危険を冒してこそ〈充実した生〉が得られるという考え方は、この「わたしの家」における日常的なケアのみならず終末期のケアを通底して存在しているようにさえ思われてくる。

さて最後に、こうした「一人での外出」を終結させる場面の語りをもとに、このようなケアのもつ特徴を押さえておきたい。

——そうして一人で歩いてると、なかなか辿りつけないわけですよね。で、不安になった頃合いに声をかけるんですよ、私たち。「どうしました」って言うと、そのときに、あ、見覚えのある人だなって思うこともあるし、まったく知らない人に切り替わっちゃう場合もあるので、「迷っちゃった」とか、なんとか言うんですよ、皆さん。「ああ、そうですか、わかりました。じゃ、とりあえず一回うちに来て、お茶でも飲みませんか」っていってみたり（笑）。それで、ここに連れ戻してきて、で、そのうちに、話を切り替えながら、まぁ、普段の生活にもどっていくっていうことなんですけど。冬だったら、「お風呂入ってったら？あったかいですよ」って言ったりするんですけどね。

このやり取りからは、スタッフ側による本人の意志や思い（疲れや不安や焦燥）にたいする細やかな勘案がその都度ごとになされており、それをもとに状況に見合った本人への適切な誘いかけ（お茶やお風呂）がなされていることがわかる。

重要なのは、そのような細心の対応は、そもそもの外出をさせないように説得する段階から、怒りや暴力の表出を察知して逆に外出を促す段階、そして、さらに尾行しながら様子をうかがう段階等々においても一貫してなされていたという点である。

これらの対応は、先述した本人の身体的・精神的な《こわばり》にたいする〈ほぐす〉と〈ほっとく〉という対処の方法を随意に組み合わせたものだということもできよう。つまり、外出を促すことによって一時的に〈ほっとく〉状況をつくりだしておいて、気づかれないように後を追うなかで〈ほぐす〉ためのきっかけをさぐっていたように。

こういった点に、「わたしの家」ならではの介護の精神やスタイルといったものがみてとれると同時に、そうした介護のなかで〈本人の意思〉とでも呼べるものが、スタッフの皆さんのあいだにある程度共有されてきているように、私には思われるのである。

ただ、今回取り上げた「一人での外出」のケースは、いわば怒りや暴力の表出が回避された状況における出来事であった。しかし、当然ながら、怒りや暴力が表出されてしまった場面においても介護を続けねばならない場合がある。

次回は、そうした介護抵抗の現場で用いられている介助の方法と、そのなかで〈本人の意思〉がどのように把握されているのかという点について考えてみたい。そうすることによって、グループホームでおこなう看取りのもつ意味を、さらに掘り下げていく一助となればと思う。（次号につづく）

学会をブランディングするための装置としての論文査読システム

査読ア太郎（さどく　あたろう）

1　これまでの議論の流れ

本稿は「論文投稿と査読のホントのところ」の三回目である。当初の予定では、この三回目で、第Ⅰ期「概説篇」[1]を終え、第Ⅱ期の「実例・例示篇」に進む予定であったが、本稿作成中に、構想を改訂した。すなわち、第Ⅰ期を、一回分増やして、全四回とし、次号（予定題目：知識社会学としての投稿・査読システム論）において完結させることとした[2]。しかし、今回で議論の基本的アイディアは、その全てが提示される。

さて、これまで、この連載では、基本的な視点を移動させつつ議論を積み重ねて来た。第一回では、「査読者視点」、第二回では「投稿者視点」、第三回では「編集委員会視点」という三視点で、記述し、この三回で、主要なアクター別の議論を終えることになる。

内容的には、第一回では、「投稿と査読の複数アクター参与モデル①」（査読ア太郎 2016: 82の表1）を作成し、投稿と査読を考える際には、投稿規定・査読規定等の書かれたものをベースに文書資料で検討を行う「制度分析的方法」以外に、参与者間関係をベースに、参与観察などで入手した実践プロセス関連のデータを解析する「相互行為分析的方法」があることを主張した。そして、「相互行為分析的方法」を試論的に実施する中で「査読者が加点法的考え方で助言をしているのに、投稿者が減点法的な理解で対応をしてしまう」という「齟齬」を扱った。

第二回では、「投稿と査読の複数アクター参与モデル②」（査読ア太郎 2017: 105の表2）を作成し、相互行為分析モデルをとると、掲載論文の価値というものが、投稿者の単独の貢献によるものというよりは、投稿者と査読者の両者の貢献によるものとして見えてくること。場合によっては、投稿・査読プロセスにおいて、査読者の

表1　連載回別・注目するアクターと議論の概要

連載回	注目するアクター	議論の概要
1回目	査読者	減点方式と加点方式の齟齬／非制度分析の可能性
2回目	投稿者	同一誌内でも多様性あり／複数回査読活用戦術の可能性
3回目	編集委員会	ブランディングを巡る多様な活動／異種混淆性の価値

みが知的生産性を発揮し、その利益を受ける場合があり、そのような場合に「教育的サポート」を丁寧に行うことで損得のバランスをとるような展開が発生する場合もあるだろうことなどを主張した。また、投稿者の戦術として、投稿・査読プロセスの生産性を信頼する「複数回査読活用型戦術」が採用可能であることも主張した。

2　三回目の視点は「編集委員会」、活動の課題は「ブランディング」

第三回目の視点は、「編集委員会」である。そして第三回目の議論の筋は、「編集委員会は、雑誌のブランディング」という課題を巡って多様な活動をしているがどのような活動が組織にとってベストなのかを判断するのはなかなかに困難であり、また、判断を誤り易い落とし穴的要素も多くある」ということになる。

もちろん、編集委員会だけが、困難を抱えているのではない。査読者も誤解されたり非難されたりする可能性があり、投稿者も、自分がどのような環境と条件のもとで原稿を書いているのかが良く分からないという問題を抱えている。

けれども、組織としての編集委員会は、基盤となっている学会のミッション（使命）に準拠することを強く期待されているので、ミッションとの関係で、自らの行為をリフレクション（省察）する機会が、活動中に埋め込まれていることが多い。そのため、「投稿と査読」に関わる三アクターのなかでは、「もっとも自省的なアクター」であるが、自省すれば失敗しないという訳ではなく、自省プロセスのなかに落とし穴があるようなそういう難しい面をもったアクターなのである。

なお「ブランディング」というキーワードを採用したのは、それが、編集委員会が「自省」をする際の究極的課題であろうという見通しがあってのことだが、それに加えてもう一つの意図がある。すなわち、この用語に、社会学系諸学会が置かれている二十一世紀的状況の理解をかぶせることができるからである。「知」はいまや「商品化」され、学会は、その「商品としての知」の生産者ギルドとしての活動を期待されるようになっている。とするのならば、「ギルド」の義務として、自らが生産する商品の独自性をはっきりさせ、品質保証をしつつ、供給の安定化を図ることは、当然に学会の義務であり、ひいては、学会機関誌の編集委員会の義務であろうと思われたのである。そういう含意を「ブランディング」という用語に含めたのである。ご理解頂ければ幸いである。

3　「ブランディング」という語を採用した訳——学会運営の二十一世紀的困難への対応

しかし、学会が生産する知を「ブランディング」することは容易なことではない。そこには、二十一世紀の学術団体が直面している二律背反的な困難が存在している。

すなわち、一方では、二十一世紀の学問は、差異を消費する資本主義メカニズムに巻き込まれる中で、休むことなき差異の生産源となることを強いられている。伝統だろうが学問だろうが、差異の源泉であるかぎりにおいて評価されるようになってしまったがゆえに「つねに新しく無ければならない」のである。学会は、つねに自己革新的に運営されなければならず、したがって、学会という運動体の主要メディアとして学会機関誌においても、この自己革新的姿勢は表明され続ける必要がある（遠心力的自己革新的姿勢を表明し続けることの必要性）。

その一方で、二十一世紀の学問は、大競争社会のなかで、アイデンティティを確立して、自己保全しながら、外部からの資源投下を受け入れ続けなければならない（求心力的自己保全的姿勢を表明し続けることの必要性）。

つまり、一方では、差異の生産のために変わり続けることを強いられ（遠心力）、もう一方では、変わらない存在であることを強いられている（求心力）のである。そういうアンビバレントな状態に置かれたなかで、「ブランディング」をし続けることが、二十一世紀の学術団体の課題となっているのである。

しかし、これはリスキーなことである。つまり、遠心力系の方策については、魅力あるブランドであり続けようと変化に志向しすぎてしまうあまり、自己同一性を失うリスクが伴うのであり、求心力系の方策については、変わらなさに志向しすぎてしまうあまり、縮小再生産に陥るリスクが伴うのだ。

もちろん、学会が強いられているこの困難は、学会の機関誌の編集委員会が強いられている困難でもある。この困難があるがゆえに、「編集委員会視点」での、投稿・査読システムの記載は、少々複雑な物にならざるを得ない。一つの目標を達成しようと努力しすぎることは、もう一つの目標からの逸脱を意味してしまうからだ。そういうなかで、遠心力的施策からも、求心力的施策からも距離をとった用語として「ブランディング」という用語が採用されたのである。

4 編集委員会の運営にあたって注意しなければならないこと

さて、査読プロセスの七局面（「表3参照）の全てにわたって解説をすると記述量が膨大になるので、以下では、「表2」と「表3」の一部を説明する形で、本稿での議論がどのような展望を「投稿・査読システム論」に与えてくれるものなのか、を素描しよう。本誌の読者には、編集委員会メンバーもかなりいると思われるので、この素描のなかでは、編集委員会の運営にあたって注意しなければならないこと、に特に焦点を当てて論じて行くこととしよう。

たとえば、表2の冒頭には、①とし

表2　投稿と査読の複数アクター参与モデル③
――編集委員会から見た場合

編集委員会　　―対　　投稿者　（直接の関与はしない）

① 最初の投稿者の投稿が十分な新規性を持たないように見えた場合に編集委員会は、新視点を論文に与える可能性のある査読者を選ぶ

② 最初の投稿者の投稿が十分な新規性を持っているように見えた場合に編集委員会は、その新規性を学会の伝統の枠内に収める査読者を選ぶ（上記の認定と対応には幅があり、かつまた、上記の認定と対応方針が各査読者に理解され、採用される程度にも幅がある）

③ 最初の投稿者の投稿が十分な伝統準拠性を持たないように見えた場合に編集委員会は、伝統準拠を促す可能性の強い査読者を選ぶ

④ 最初の投稿者の投稿が十分な伝統準拠性をもっているように見えた場合に、その伝統準拠性に満ちた論文が同時に価値創造的であることを促す可能性の強い査読者を選ぶ（上記の認定と対応には、幅があり、かつまた、上記の認定と対応方針が各査読者に理解され、採用される程度にも幅がある）

―対　　査読者

① 複数査読者間の傾向の違いが、新発想を投稿者に産み出す可能性に志向した人選

② 複数査読者が個別に持つ資質が、投稿原稿の個別の不足部を補充する可能性に志向した人選（例：統計処理技術）

③ 投稿者の持っているデータや発想法が査読者の能力を刺激して、その結果なされた新発想が投稿者にフィードバックされる可能性に志向した人選

④ 投稿者の持っている根本的問題を上手に指摘して、未来につながる形のコメントを与えながら、投稿者が納得できるD判定を出す可能性に志向した人選

て、「最初の投稿者の投稿が十分な新規性を持たないように見えた場合に編集委員会は、新視点を論文に与える可能性のある査読者を選ぶ」と書かれているが、これはいったいどういうことだろうか。この編集委員会の志向性を理解してもらうのには、学会でのシンポジウムや、テーマセッションの編成のやり方が、どんなものになっているのか、ということを思い出してもらうのが良いだろう。

すなわち、学会大会でシンポジウムやテーマセッションを構成するためには、基本的には「組み合わせ効果」による「知的生産性の向上」を狙う人選を行うのが標準である。一人目のパネリストとは違った発想ができる人を、二人目や三人目のパネリストとして、選ぶのである（一群のパネリストたちに、違った発想のできるコメンテーターをぶつけるやり方もある）。

編集委員会は、機関誌の「ブランディング」という課題を達成するために、このシンポジウムやテーマセッションの場合と同様の人選法をすることがある、というのが①での主張である。つまり、「知的生産性の向上」をねらって、「異種混淆的」な査読者の割り当てがなされることがある、という主張をしているのである。

もちろん、「院生誌」（査読ア太郎、2017: 103の表1の最上段）のように〝「減点法」〟が査読の基本であるような雑誌の場合には、投稿論文のあちこちに散らばっている、多数の個別的な欠点を減らすことが主として志向されているので、編集委員会は、水準確保的なコメ

表3　編集プロセスの七局面――編集委員会から見た場合

局面の名称	編集委員会の活動	投稿者の活動	査読者の活動
1）査読専門委員の人選	課題：領域別人選をするか否か	－（不可視）	諾否の返事
2）投稿論文の前処理	課題：投稿論文を形式要件違反として不受理にするかどうか	不受理の場合、相手が編集委員会なので、反論権を実質的に行使できない	形式面要件違反があることによって、減点法が採用されていると投稿者が誤解するリスクに耐えなければならない
3）査読専門委員の割り当て	課題：領域縦割り的な課題――査読専門委員の割り当てをするか否か（含：担当編集委員制）	－（不可視）	－（一般的には不可視。まれに、査読者に選任した理由付きで依頼が来る）
4）トラブル処理（例：審査ワレほか）	課題：審査ワレ時に、編集委員会が査読結果を自主的に判断するのか第3査読者を依頼するのか	編集委員会が自主的に判断する場合、相手が編集委員会なので、反論権を実質的に行使できない	審査が元の査読委員で継続する場合、審査時のコメントで、一人の査読者が、もう一人の査読者に働きかけることが可能。
5）編集委員会意見を付ける（例：査読者による投稿規定の誤解に基づいた間違ったコメントの効力解除等）	課題：編集委員会意見を付けるか否か 査読者に「訂正依頼」を掛けた場合、紛糾するリスクがある。紛糾すれば、進行が遅延する。けれども、放置すれば、投稿者に不誠実であることになる。しかし、グレーゾーンの場合は、コメントを付けがたい	規定違反の査読者コメントに対し、無駄な「反論権の行使」をしないで済む	コメント文の修正を強いられないため、受け入れ易い。しばしば、他誌のルールとの混同によるため、紛議にするほどのこともない（例：ネイティブチェックが事前義務かどうか、倫理審査委員会の通過が義務かどうか等）
6）採否と掲載号の決定	課題：採否ルールの透明化を図るか否か 機関誌の当該号の掲載本数の多寡に合わせてタイミングを調整することは日常	－（不可視）	－（不可視）
7）後処理	投稿者と査読者に採否の結果通知をする	必要と考えれば「抗議」をする	自分のコメントが活かされたかどうかが判明

ント付与活動を期待して査読者を人選することになるだろう。そうすることが、まだまだ低い社会的威信しか持っていない当該雑誌の、社会的威信を上げること（つまり、ブランディング）につながるからだ。

その一方で、「古典的学会機関誌」や「学際志向学会機関誌」（査読ア太郎 2017: 103 表1の2段目および3段目）のように、「加点法」をベースとした査読雑誌の場合には、新しい学問としての魅力が十分にあることが、論文掲載の前提であり、かつ、日本の社会学系の標準的な査読雑誌は、この課題を「教育的査読」を行うことでクリアしようとしているので、「査読者」の人選においては、シンポジウムの人選同様、「異種混淆性」による「新領域開拓的研究の創造」を目指した人選を行うことになるだろう。

もちろん、「古典的学会機関誌」

や「学際志向学会機関誌」が、つねに、「異種混淆性」を意識した「査読者割当」をしているとは限らない。しばしば見られるのが、「水準確保」的な「査読者割当」を漫然としている「古典的学会機関誌」である。そのような体制では、査読の教育的機能は十分に発揮されないだろうし、掲載論文による学問領域拡張効果も期待できないだろう。編集委員会が担っている職責の大きさからみて、編集委員会業務がスムーズに進行することだけでは、不十分なのである。学会活動の運動体的部分に資する形で、編集委員会の活動はなされなければならないのであるが、この部分でうまくいっていない場合があるのである。[3]

ところで、上述のように「査読者人選」の課題を確認するのならば、「投稿論文に対する編集委員割当制（担当編集委員制）」（制度α）や「専門領域別割振型の専門査読委員の事前任命制」（制度β）にも、通常とは違った視線を注ぎ得ることになる。結論を先取りするのなら、それらの制度には、果たすべき機能があるのは確かではあるが、知的生産性を十全に確保する、とか投稿論文の潜在力を最大に引き出して学会全体の研究領域の拡大につなげていく、とかという観点からは、逆機能的側面もあるのであって、運用には細心の注意が必要だ、ということになると思われるのである。

5 伝統と威信がある社会学一般雑誌の場合

たとえば、『社会学評論』のような、伝統と威信がある社会学一般雑誌の場合、学会員への公平性確保の観点から、社会学の中のどの専門分野からの投稿に対しても、一定水準以上の査読を実施する必要があり、かつ、分量的にも、年間六十本もの、大量の投稿論文が集まってくるので、[4]それらを失敗無く、水準確保的に処理していくためには、官僚制的対応を強化していく必要があるのは当然のことである。したがって、そのような雑誌においては、「社会学界内の個別専門分野間の均衡」と、「委員による委員会業務の分担の公平さ」を基本とした体制が確立していくことも当然である。その結果として、第一に、編集委員が社会学の各分野に均等に散らばるように選ばれる傾向[5]（傾向1）、査読専門委員が社会学の各分野で、おおむね投稿論文の散らばり具合に対応した形で選ばれる傾向（傾向2）、各投稿論文を、幹部編集委員が、担当編集委員（二名）に割り振る形で査読プロセスがスタートする傾向（傾向3）、各論文につき二名の選任された編集委員が、担当査読専門委員を人選するに際しては、「学問領域的な重なり具合」と「異種混淆性」と「読者代表性」を意識して人選をする傾向（傾向4）、の四傾向が生じることになるだろう。つまり、「水準確保課題」の達成が重要視されるため、シンポジウムのパネリストの人選のような「異種混淆性」を基盤とした人選にはなりにくい傾向が、伝統と威信がある社会学一般雑誌には生じてしまうように思われるのである。

上記の傾向の結果、以下の三つのことが起きやすくなるだろう。第一に、有力な連字符社会学的な投稿論文の方が、既存の専門分野に割り当てることが困難な、新規性をもった、学際的な投稿論文よりも、査読ルートに乗りやすい／掲載までに予想外の反応を受けて困らないで済む、ということがあるだろう。第二に、分野別に委員を揃えているとはいっても、一般誌における各連字符社会学の分野に対応した委員の層の厚みは、独立した連字符社会学会の機関誌におけるそれよりも薄いので、オーソドックスな領域のオーソドックスな論文に関しては、連字符社会学会よりも査読の質が低いと評価されるような事態がいくらかかの確率で生じるだろう。第三に、査読の教育効果に関しても、査読に長期間を要する割には、組み合わせ上の工夫を十分にすることが難しいがために、期待を下回る結果になっている、という評価をされるような事態が生じるだろう。

つまり、投入されている資源量は大きいのに、システム的な制約から、十分なパフォーマンスが得られていない仕組みとして評価される可能性が、規模の大きな社会学一般誌の投稿―査読システムに関しては、あるのである。

6　資源投入量の小さな実験誌である本誌（『新社会学研究』）の場合

これに対し、資源投入量の小さな本誌の投稿―査読システムの場合には、システム上の工夫でもって、上述の欠点を回避するべく努力をしている。

すなわち、第一に、編集同人は、連字符社会学的にはカバーできている専門領域数は少ないが、その一方で全員が、社会学全体の革新をつねに意識／志向している（傾向1'）、ついで、編集同人は、元からの知識だけでは不足している場合には、査読用の知識を査読中に勉強しながら獲得している（それを可能にする士気の高さがある）（傾向2'）、さらに、各投稿論文の検討は、まず秋に二〇〇〇字程度の執筆企画書を、審査する形で行い、この段階で、半分程度に応募者を絞り込むが、それと同時に、査読主任を決めており、この査読主任は、必ずしも投稿論文の分野の専門家ではないにしろ、その一方で、投稿論文を掲載に価する論文にしていくことに強く動機付けられている（企画書段階で、当該論文企画を、投稿依頼の対象にすることに賛成した編集同人のうちの一人が、担当査読主任に任じられることが多いため）（傾向3'）、さいごに、いずれの編集同人も、連字符社会学的な、閉域内での評価のみに基づいて採否の判断をしないように気をつけている（傾向4'）。

これらの四傾向があるため、資源投入量の小さい割には、教育的効果の大きな論文査読が実践され得ているのだと言えよう[6]。ただし、うまくいっている部分にだけ言及するのはフェアではないだろう。上述のような体制であるため、自由投稿論文の受付には未だ進み得ていない。なぜなら、編集同人の専門性に偏りがあるため、完全にオープンで自由な投稿論文が集まってきた場合に、水準が確保された査読を遂行できる体制になっているかどうか、という点に不安があるからである。また、現状に関しても、投稿企画・投稿論文に対して、十分な「異種混淆性」に基づいた刺激を与え得ているかどうかという部分については、今後検証をしていく必要があるだろう[7]。

7 「ブランディング」の観点から注意しなければならない編集委員会の陥穽

本稿の最後に、「ブランディング」の観点から注意しなければならない編集委員会の陥穽についてまとめておきたい。

古典的学会機関誌の場合には、すでに学問領域が社会的基盤を獲得しているので、官僚制的統制が効き過ぎる弊害は、短期的には表面に浮上してこない。たとえば、日本社会学会や日本心理学会の場合には、科研費申請時の小区分登録においても、大学内の人事プロセスにおいても、「社会学」なり「心理学」という枠が保証されており、学会機関誌が魅力的な論文の掲載にそれほど志向していなくても、学問内容の空洞化は目立ちにくい。ただし、その分、状況の悪化に気がつくのが遅くなるというリスクがあるといえるだろう。

さて、それでは学際志向学会の機関誌の場合には、どうだろうか。

たとえば、『保健医療社会学論集』や『質的心理学研究』の場合には、科研費申請時の小区分に、固有の枠取りがなされた「小区分」は存在していないし、大学や研究機関の人事プロセスにおいても、ごくごく少数の大学において枠取りがされているだけである。したがって、学会としては、学会の可能性の幅を増大させ（遠心力）、それと同時に、運動体としての学会に資源を集めてくること（求心力）を持続的に行い続けなければならず、その緊張感は機関誌の編集委員会委員にもよく伝わるため、古典的学会機関誌のような事態には陥り難いといえるだろう。

しかし、たとえ学際志向学会であっても、官僚制的運営への誘因は大きい。少し学会が大きくなれば、運動体としての緊張感は薄れる。雑多な投稿論文をそれなりの水準で査読していくためには、投稿論文を既存の学問領域や、探究対象の領域区分を元にした区分で意味付けることが有効である。査読プロセスをスムーズに進めていくためには、既存の学問領域別に整えられた専門査読者名簿をつくっておき、その名簿から人選する能力をもった、専門分野別の編集委員を、投稿論文の専門性に合わせて選ぶ形の運用が良さそうである。すなわち、「専門分野対応型の担当編集委員制」をとることが、効率よい処理であるように一見みえてしまう。

　もちろん、安易な「担当編集委員制」を取ってしまえば、学問のブレークスルーのきっかけになるような論文が、査読プロセスの中で産み出されていく可能性は低くなってしまうだろうし、雑誌そのものの個性も、複数専門の寄せ集め的なあいまいなものになっていってしまい、学際的研究を志向した運動体としての、当該学会の価値も下がっていくことになってしまうだろう。このあたりをどのように踏まえて、運動体としての発展可能性を残した編集委員会運営をしていくのか、というのは難しい問題ではあるが、「運営モデルを、既存の学会の編集委員会に安易に取ることは慎まなければならない」ということだけは、言えるだろうと思われた。

8　まとめ

以下、本稿の主張をまとめておこう。

冒頭にも記したように、機関誌の投稿ー査読システムには、学会をブランディングするための装置としての側面がある。この側面に留意して編集委員会を運営することは、査読者や投稿者とは違うアクターとしての「編集委員会」に固有の課題であるといえよう。

　ただし、この課題に適切に応え続けることは困難なことである。ブランディングには、一方で、求心力を働かせながら、もう一方で遠心力を働かせるという二面性が必要だが、大きくなった組織の場合は、このうち、求心力部分に志向した機関誌編集委員会運営になってしまいやすいのである。「官僚制化圧力」に抗し難いのである。したがって、大規模化した、主要な学問領域の学会機関誌においては、学問領域の革新につながるような査読論文は出にくくなっていくことになる（かつ、投稿者への教育的機能も弱まっていくことになる）。

　この点において、『新社会学研究』には、すきま産業的展望がある。社会学一般において、なお存在する学的革新の可能性を、育成し、表現していく媒体となり得る可能性があるのである。

　また、学際志向の中小の学会機関誌の場合には、既存の学的イメージに開き直る路線が取りにくいため、学会機関誌によって、新領域を創造し続ける必要がある。そのことを踏まえるならば、学際志向の学会機関誌の場合には、主要な学問領域の学会機関誌の運営の仕方をモデルにすることには、慎重さが必要であるといえよう。

　次回は、これまでの連載をまとめて、「知識社会学としての投稿・査読システム」を論じることとしよう。ではまた来年に。

[注]

[1] 今のところ、複数学術雑誌を経年的に横断した、編集委員・投稿者・査読者調査の結果報告や、コメントの実例

の提示とその分析等をしていく予定である。

[2] 学会機関誌を知識社会学の観点から、検討した論文として関東社会学会の機関誌に掲載された（堤・増田・齋藤 2014）がある。「教育社会学」という学際領域を代表する雑誌としての『教育社会学研究』が、教育学と社会学の接近の媒介役となっているらしいという主張がなされている。この論文が行っている知識社会学的実践から、インスパイアされて、本稿の構想は得られた。なお、科学技術に関する知識社会学は、近年では、科学技術社会論や科学計量学として大きな潮流になっている。（藤垣 2003）ほかを参照せよ。

[3] じつは、編集委員会は漫然と査読者を選んでいるのだが、査読者が意欲的でかつ優秀で、十二分な異種混淆性を結果として発揮している場合もある。よくも悪くも期待通り、設計どおりにはならないのである。

[4] これは、近年の概数である。より詳しくは、（齋藤 2012）を見よ。

[5] 日本社会学会では、会員に自らの専門分野を、三十二の分野の中から三つ選ばせて会員登録をしているが、この専門分野のカテゴリーは、投稿論文を仕分けするカテゴリーとしても、使われており、また、規定にはないが、実際的には、編集委員や専門査読委員も、このカテゴリーに対応した専門を持っているものとして扱われている。同様のシステムは、他の多くの連字符社会学会でも採用されている。

[6] この部分は、二〇一八年六月九日に関東社会学会の後援を得て開催された「『新社会学研究』合評会in東京」（武蔵大学江古田キャンパス）における中村香住氏の報告に依拠している。

[7] この検証の必要性からも、二〇一八年度後半以降における『合評会』の継続を期したい。

【文献】

藤垣裕子、二〇〇三、『専門知と公共性——科学技術社会論の構築へ向けて』東京大学出版会。

査読ア太郎、二〇一六、「論文投稿と査読のホントのところ①——加点法と減点法の齟齬問題の周辺」『新社会学研究』一：八〇—八九。

査読ア太郎、二〇一七、「論文投稿と査読のホントのところ②——「海図なき海での航海」としての査読誌への投稿」『新社会学研究』二：九八—一〇八。

齋藤圭介、二〇一二、「データからみる『社会学評論』——投稿動向と査読動向を中心に」『『社会学評論』の現状と課題——若手支援のために・自己点検のために（編集委員会報告書）』日本社会学会編集委員会。

堤孝晃・増田勝也・齋藤崇徳、二〇一四、「学会機関誌の内容からみる学問分野間関係とその変遷——社会学・教育社会学・教育学に着目したテキストマイニング分析」『年報社会学論集』二七：一〇九—一二一。

ネコタロウに聞け！　社会学者スーパースター列伝④

テンニエス

栗田宣義（甲南大学）

社会学を学ぶ者でテンニエスの名前を知らない人はいない。一八八七年の主著『ゲマインシャフトとゲゼルシャフト』（理想社、改訂版が岩波文庫収録）があまりにも有名だからだ。共同体にとって原初的な本質意志によって形成されるゲマインシャフトと、合理と功利に基づく選択意志によるゲゼルシャフト。原論や学説史にもかならず登場するが、この主著を完読する人は今どれほどいるのだろうか。かつては、新明正道など泰斗重鎮が論じてきた。近年では、碩学たる飯田哲也による、テンニエス復権を目指す労作『テンニース研究』（ミネルヴァ書房、一九九一年）が光っている。しかしながら、その抜群の知名度にも拘わらず、学説内容の普及浸透は伴ってはいない。

テンニエスの真骨頂と醍醐味は、理念的に捉えられたゲルマン的共同体と大都市商工業社会の、対比と相克と昇華にこそある。それは、マルクスが原始共産制をユートピアの彼方に設定し、近代資本制を批判の標的に据えたのと似ている。『資本論』の称揚やゾンバルトから受けた賛辞。彼は遅れてきたヘーゲル左派である。ゲマインシャフトからゲゼルシャフトを経て、一九一二年の主著第二版で登場する、対等な立場の成員による未来の共同社会たるゲノッセンシャフトに至る、テンニエスの歴史認識と発想は、「否定の否定による自然状態の高次復活」、すなわちヘーゲル弁証法を雛形としている（吉田浩『フェルディナント・テンニエス』東信堂、二〇〇三年）。ヘーゲル左派の影響下にあったマルクスとの親和性が高いのも頷ける。加えて、彼の学問・科学論は、百年もの後のルーマンを思わせる匂いさえある。ヘーゲル、マルクス、テンニエス、遥か後にルーマンと連綿と続く、ドイツ思想の保守主流なのだ、と云うのは些か大胆過ぎるが。

『ロッシャーとクニース』（未來社）や『社会科学と社会政策にかかわる認識の「客観性」』（岩波文庫）などによって垣間見ることが出来るように、方法論を磨き従前の思想伝統との意図的断絶を図ったウェーバー。彼への評価は高止まりし、日本ではドイツ社会学の正嫡として受容された。ヘーゲルは哲学の檻に閉じ込められ、テンニエス評価も空中分解。生前の二人の仲はともかく、鬼籍に入ってからはウェーバー評価に邪魔された恰好だ。

フェルディナント・テンニエスは、一八五五年、現在のドイツとデンマークに跨がるシュレスヴィヒの富裕な農家に生まれ、イエナ大学、ボン大学、ベルリン大学などで学び、テュービンゲン大学で学位を取得。ショーペンハウエル、ホッ

© Sayuri Kajiwara 2018

ブス、スピノザなどの思想哲学に感化され、ギールケの団体論やコントの社会学などからもヒントを得ることになる。一八八一年からキール大学の私講師。この年に提出した三十三頁からなる小篇の就職論文に主著と同じ「ゲマインシャフトとゲゼルシャフト」という題目が既に与えられている（杉之原寿一「解説」岩波文庫邦訳下巻）。一九一三年に正教授。退職期間を挟み、その後、社会学の主任教授。ドイツ社会学会の会長職にも就いている。一九二八年には名誉教授の地位も与えられた。テンニエスは政治思想の表明や活動支援を憚らず、一九三三年にはナチス批判によって社会的地位を奪われることにもなる。没したのは一九三六年。彼の娘フランツィスカと結婚したルドルフ・ヘバーレによれば、「テンニエスのあまり知られていない側面」として、彼の多数の著作の内で調査研究が相当数を占めているとも云う（"The Sociology of Ferdinand Tönnies," *ASR*, 第二巻第一号、一九三七年）。

理念的かつインパクトのある対概念が先行し過ぎ、テンニエスには弁証法本来の動的理論構築が案外乏しいのかもしれぬ。しかしながら、それが幸いし、欧州哲学の思想潮流を色濃く汲みながらも、この強力な二分法によって、二十世紀の米国社会学の大発展に組み込み可能な分類学が構築可能となった。ドイツ社会学の源流において dialectic から typology への潮目の代わり時がちょうどテンニエスであったのではないか。だからこそ、現在もなお米国流のテキストブックでは、クーリーやマッキーヴァーとの絡みの中で、『ゲマインシャフトとゲゼルシャフト』が繁く参照されるのだ。ルイス・ワースが、AJSにて、テンニエスを「基本的な二分法」提示の貢献による「今日最も重要かつ影響力のある研究者の一人」と記したのも、これで納得がゆく（第三十二巻第三号、一九二六年）。

公募特集によせて

好井裕明（日本大学）

第3号公募特集のテーマは、「今、地域を考える」でした。八本のエントリーがあり、それぞれが「地域での生」をめぐる興味深い内容でしたが、同人で慎重に審議を重ね、四名の方に執筆をお願いしました。

開発のためにインフォーマル居住者を強制撤去させ郊外に移住させ続けるフィリピンのマニラ。そこには生活世界の激変に苦しみ、なんとかしてその変動に向き合い生き抜こうとする人々がいる。著者は彼らの暮らしの場に降り立ち、「人々の実践」を見つめ、そこから「強制撤去」という現実を読み解き、都市開発をめぐる社会学調査研究の新たなアプローチを構想する（石岡丈昇論文）。近年、日本各地で地域に関わるアートプロジェクトが多く行われている。著者はこの現実を見つめ、芸術と社会との関係を捉えなおそうとし、従来の議論を精査しつつ、アートプロジェクトの想定するモデルが「社会と対立する芸術」から「社会のなかに芸術が包摂される」という包摂図式へ移行していることを検討する。芸術と社会は地域という結節点でどのようにせめぎあうのだろうか（髙橋かおり論文）。一九六〇～七〇年代、石炭から石油へというエネルギー革命の進展に伴い、日本各地は産業や人々の生活をめぐる激変を経験した。具体的には炭鉱の閉山であり、地域に残る人去る人の中で多様なリアリティが交錯した。著者はある炭鉱閉山の「後始末」に関わった人々の語りを丁寧に聞き取ることから、地域の変動とそこで生きた人々の生の変動のありようを探ろうとする。（坂田勝彦論文）。「未確定希少難病患者」という言葉にまず驚く。著者は当事者からどのように病いと向き合い、これまで生きて、今どう考え、これからどう生きようとするのか、「病いの語り」を丁寧に聞き取っている。病いを生きざるを得ない人にとって地域はどのように〝意味〟をもたらすのか。生きるうえでの資源として地域をとらえなおす（上野彩論文）。

四本の論文はそれぞれ同人による査読を重ね、複数回にわたって修正をしていただきました。掲載に向けての熱のこもった査読者と著者によるやりとりは、今回もまた、とても生産的で興味深いものでした。

次号の公募特集のテーマは「メディアコミュニケーションの社会学」です。私たちがこれまでいただいた投稿に真摯に向き合い創造してきた本誌のこのコーナーに興味関心を持たれた皆さん、どうぞふるってエントリーをお願いします。

公募特集　今、地域を考える

うわさと「疑いの世界」

――マニラにおけるインフォーマル居住者の強制撤去と展開過程

石岡丈昇（北海道大学）

本稿は、フィリピン・マニラのインフォーマル居住者の強制撤去をめぐる社会学的考察である。インフォーマル居住者とは、居住権を持たない土地に暮らす人びとのことであり、多くの場合、劣悪な生活環境を余儀なくされている。近年、かれらの強制撤去が、マニラで急増している。本稿は強制撤去がもたらすインパクトを、その予告地区で出回る「うわさ」に注目して解明する試みである。強制撤去は、都市空間の再開発のために、国家が都市貧困層を空間的に追放するおこないである。国家は、民主化以降のフィリピンで策定された法の枠組みに沿いながらも、それを特有に運用することで、インフォーマル居住者の想定外のタイミングで強制撤去を実行しようとする。インフォーマル居住者は、これに対応するために、情報収集に明け暮れる。この過程においてうわさが飛び交うことになる。うわさは、住人の対応を手助けすることもあるが、一方でさらなる混乱を作り出すこともある。うわさに注目することで、強制撤去がその最終的実行の局面だけでなく、そこに至る過程においても住人の危機を構成することを指摘する。さらに、こうした展開過程を「追放のプラクセオロジー」という観点から考察する。

キーワード：強制撤去、インフォーマル居住者、プラクセオロジー性

1　強制撤去とうわさ

本稿は、フィリピン・マニラのインフォーマル居住者の強制撤去をめぐる社会学的考察である。インフォーマル居住者（informal settler）とは、所有権もしくは居住権を持たない土地に暮らす人びとのことである。社会的サービスが十分には提供されないため、多くの場合、劣悪な生活環境を余儀なくされることが多かった。従来かれらはスクオッターと呼ばれる

が、本稿ではインフォーマル居住者の概念を使う[1]。昨今、マニラではインフォーマル居住者の強制撤去が激増している。とりわけ、二〇一〇年からの六年間のベニグノ・アキノ大統領の政権時代にそれは激化し、二〇〇二年には一〇四三家族であった撤去家族数が、二〇一一年にはその約一四倍に該当する一万四七四四家族になった[2]。インフォーマル居住者には経済的には貧困線以下で暮らす人びとが多く、強制撤去は都市貧困層のさらなる貧困化を引き起こす点が指摘されている[3]。強制撤去のターゲットとされた住人の渦中の経験について考えるために、一枚の写真から始めよう。

写真1は、二〇一四年一月二十七日（月）にマニラ首都圏ケソン市ノーストライアングル・エリアのサンロケ地区で起きた強制撤去の際のものだ。この撤去は、地区全体ではなく、アガム通りという道路沿いに暮らす家族をターゲットにしていた。この日は月曜日で、早朝六時から強制撤去が実行された。その前日、住人の多くは、いつもと変わらない日曜日を過ごしていた。午前中に教会のミサに行き、午後は近所の仲間でお酒を楽しみ、カラオケセットのある家で熱唱し、わずかな額の賭けトランプをおこなうなど、それぞれの休日を過ごした。翌朝、かれらが目覚めとともに眼の当たりにしたのは、地区を覆うように大挙した撤去部隊だった。警察、その中に設置されたSWATと呼ばれる特殊武装隊、さらに

写真1　強制撤去の渦中（2014年1月27日ノエル・マシグラさん撮影）

日雇いの解体作業員が押しかけた。住人たちは、急いでバリケードを築き、投石や火炎瓶の投擲で応戦したが、武装した撤去部隊にバリケードを破壊され、午前九時には解体作業が開始された。

この写真は、この日に自宅を叩き壊された住人であるノエルさんが、その模様を収めたものだ。ノエルさんの自宅のすぐそばで、青色のTシャツを来た解体作業員がハンマーを片手に地区の家屋を破壊している。写真の真ん中で白いTシャツを来ているのは、ノエルさんの近隣に住む男性だ。彼は、解体作業員たちと交戦しようとしているのではない。そうではなく、解体作業員が自宅の解体に着手する前に、自らそれを叩き壊しているのだ。なぜ彼は、自宅を自ら叩き壊したのか。それは、よそ者の解体作業員に解体されるくらいなら、自分で壊した方がましであるという最期の判断によるものだった[4]。短パンにサンダル姿で、鉄の棒を振りかざし、自宅を破壊するこの男性の姿は、強制撤去という暴力のディテールを私たちに伝えてくれる。この日に、約二五〇家族、人数にして一五〇〇人以上もの人びとの住居が破壊された[5]。

この強制撤去は、住人にとってはまったくの急襲だった。この地区は二〇〇九年より、つねに危機に晒されていた。後述するように、中心ビジネス街構想が具体化し、その都市再開発のために地区の一掃が計画された。この地を追われ再居住地に移住することは、住人にとって仕事と社会関係を剥奪されることに等しい[6]。住人は徹底抗戦を図り、情報収集にも努めてきた。にもかかわらず、この強制撤去は住人の想定外のタイミングだった。強制撤去を通達する文書は事前に通達されていたが、その有効期限はすでに過ぎていた[7]。例外的な急襲に遭うことで、写真1の男性も、自分の手で自宅を解体するという急遽の選択を迫られた。

この強制撤去がおこなわれた際、マニラに滞在していた私は、実行の三日後に現地に単身で向かい、それから五日間連続して聞き取りと参与観察をおこなった。住居を失った人びとは、私に向かって、感情をぶつけるようにたくさんのことを話した。かれらの話を聞きながらわかったことは、強制撤去をめぐる情報が不足していたから、撤去部隊に対応できなかったわけではないことだった。実際はむしろ逆であり、さまざまな情報をつかんでいたからこそ、逆に判断ができなかったのである。

情報が多すぎた、とはどういうことか。ここでポイントになるのが「うわさ」である。かれらの日常にはさまざまなうわさが飛び交っていた。強制撤去が実行されるのかどうか、さらにはそのための予算を政府が準備しているかどうか、補償金の金額が変わるというのは本当なのか。うわさは、住人にとって貴重な情報源であると同時に、それがあまりにも多岐に渡ると、何を信じて何を無視すれば良いのか、その整理が難しくなる。うわさが溢れていたからこそ、住人たちは正確な判断が難しかったのである。実行の裏側には、そこに至るまでの混乱した過程が存在する。

こうした現場感覚を起点にしながら、本稿は、強制撤去の実行が、いかにそこに至る過程と結びつきながら展開するのかを明らかにするものである。そして、うわさに注目することによって、こうした実行と過程を不可分にした分析が可能になる点を論じたい[8]。

2 時間的予見の喪失

うわさについて考察する上で重要なのは、それがマニラのインフォーマル居住者たちの間で日常的に出回っているという点である。タガログ語では、うわさを「チスミス(*tsismis*)」と言う。たとえば、ある既婚男性が、同じ地区内に居住する未婚女性に言い寄ったりすると、それはすぐに

「チスミス」によって地区全体に流通する。これはマニラのインフォーマル居住地に共通した特徴である。

しかしながら、こうしたうわさは、特定の文脈とセットになることによって別の効果を生む。その文脈とは、強制撤去の危機によって時間的予見を喪失した社会生活である。うわさは、この文脈と結びつくことで、住人を混乱に陥れる。

強制撤去の過程は、裁判所から当地へと立ち退き通達が送付されることによって開始する。通常三〇日間の期限が設定され、それを過ぎても当地に住み続けていた場合は、実力行使も辞さないという文書である。この文書によって立ち退き期限が設定されると、その切迫感のなかで、住人たちは何とかして強制撤去を阻止しようと動く。また、住人の中には、国の準備したリモートエリアの再居住地への移住に応じる者も出てくる。裁判所からの文書の通達は、強制撤去が実行されるのかどうか、仮に今回の通達は阻止できてもまた近い将来に同様の事態が起こるのかどうか、だとすれば今のうちに再居住地に自主移住した方が良い補償が得られるのではないかなど、さまざまな判断を住人に緊急に課すことになる。

その際、大きなポイントになるのが、強制撤去に備えて待機することが、貧困を生き抜く上で重要な住人の時間的予見を喪失させることにつながる点だ。たとえば、マニラのインフォーマル居住地の生活は、地区内の小売雑貨屋での「つけ買い」によって可能になっている（石岡 2012）。現在は手元にお金がないが、特定の日にはお金が手に入るため、その際にまとめ払いをするかたちで、住人の多くが米や飲料といった生活必需品を購入している。かれらは「いつになったらお金が手に入る」という展望を持つことによって貧困下を生き抜いている。「つけ買い」が可能なのは、こうした時間的予見を前提にした住人と小売人との信頼の仕組みが息づいているからだ。

だが強制撤去は、この信頼の仕組みを再編成する。通達文書によって立ち退き期限が設定されることで、平時において作動していた時間的予見は喪失し、かわりに地区の一掃という不確実性が住人たちを襲う。その状況では、「つけ買い」に代表される貧困下の信頼の仕組みは成立しづらくなる。貧困の社会学的考察において重要な点は、輪切りにした特定の「時点」での貧困線や月収といった数量データのみによって考察するのではなく、実際の時間の「流れ」の中で何が困難なのかを把握することだ。

さらに困難なのは、フィリピンの場合、立ち退きの文書通達が届いても、実際に強制撤去の実行にまで至るケースは割合として少ないという点だ。住人からすれば、今回の文書通達が実行に結実するかどうかを見極めなければならない。文書にはその効力の有効期限が記されているため、それを過ぎれば、原則として実行を免れたことになる。だが、文書は再び通達されることが少なくない。ある時期の通達は免れても、たとえばその半年後には、また新たな通達が届くかもしれない。また冒頭の二〇一四年のサンロケの例のように、期限が過ぎても、強制撤去が実行される例外的なケースもある。こうしたタイムプレッシャーに振り回されながら、住人は日々を生きることになる。

本稿で議論するうわさは、こうした文脈において登場するものである。平時においてインフォーマル居住者たちが語り合う一般的なチスミスとは異なり、危機において登場するうわさは、住人たちをいっそう混乱に陥れる。以下では、強制撤去に怯えながらも、再居住地には移らず、サンロケに留まって生活する人びとについて記述する。[9]

3　強制撤去の枠組み

3−1　「マジックミラー」の交渉

もう来月にはモンタルバン[10]に移るしかない。そう思ってた。自主的に移ったら、再居住地の良い立地のブロックを選べるみたいだから。そうしたら、こないだ仲間から、うわさを聞いたんだ。サンロケから先に移住した女性が、補償金も普通よりも多くもらえるし[11]、立地も良いところを選べると言われてモンタルバンに行ったら、向こうで入れるブロックはＮＨＡにすでに割り振られていて、そこは雨が降ったら部屋が浸水するような沼地のひどい部屋だったという話だった。先に移住するか、ここに留まるか。どっちが良いのか。誰にもわからない。（フランクリンさん）

フランクリンさんは、国から再居住地への自主移住を促されている。彼の語りからわかるように、サンロケ住人たちのうわさは、基本的に国家の動向に関する話題が中心となる。この地区がどのタイミングで解体されようとしているのか、そこでどのような方策が用いられるのか、といったものが多い。

そこには、国家と都市貧困層の間での、情報の圧倒的な非対称性が関係している。強制撤去は、地元市役所と国家住宅庁（National Housing Authority：以下ＮＨＡ）が一丸になって実行する。これらの諸機関内では、十分な時間を使って、撤去の方針と計画が検討される。しかし住人には、もちろんその情報は知らされない。住人は、不透明な状況下で、今後について判断する。

この点について住人のノエルさんは、強制撤去に備えて待機することが「マジックミラー越し」に生活をすることだと私に語ったことがある。国家側は一方的に都市貧困層を覗き込むことができる。だが都市貧困層側は、自分たちがターゲットにされていることを知りながらも、相手の動向を確かめることができない。こうしたマジックミラー越しでの交渉の中で、国家の出方をめぐるうわさが飛び交うことになる。

マニラの都市貧困層をめぐる研究において、ひとつの潮流をなしてきたのが、その社会層が相対的に閉じた独自の世界を持っている点を論ずるものだった。都市貧困層の「貧困の文化」やそれに対する批判（Jocano 1975）、あるいは「インフォマールセクター」の経済活動を分析するといった主題である（中西 1991）。これらの研究は、都市貧困層の理解を深めるものであったが、そこにおいて手つかずとなっているのは、都市貧困層がいかに国家と対峙しているのかという点だ[12]。国家との交渉過程を捉えず、かわりに都市貧困層の内部の文化論的解釈を議論するのが、これまでの研究の主流であった。しかしながら強制撤去という今日において喫緊の主題を探究するには、都市貧困層がいかに国家と対峙し、どう交渉をしているのかを捉える必要がある。

3-2　サンロケの強制撤去

サンロケの強制撤去は、すでに過去三度実行されている。二〇一〇年九月二十三日（木）、二〇一三年七月一日（月）、二〇一四年一月二十七日（月）である。すべての始まりは二〇〇七年五月四日である。その日、当時の大統領だったグロリア・アロヨが、大統領令六七〇として、マニラ首都圏ケソン市ノーストライアングルとイーストトライアングルの開発を決定した。

写真２　強制撤去後のアガム通り沿い（2014年1月30日　著者撮影）

二五〇ヘクタールにおよぶ公有地を再開発して中心ビジネス街を建設することになり、当地に存在するインフォーマル居住地の撤去が本格化した。

住人は、強制撤去に対して、断固として抵抗してきた。最初の実行であった二〇一〇年の際には、撤去部隊と住人との壮絶な衝突となった。朝八時からの強制撤去であったが、住人は、バリケードと投石で応戦し、さらに地区に隣接するマニラの幹線道路であるエドサ大通りを封鎖しマニラの交通網を五時間にもわたって大混乱させる作戦に出た。実行開始から七時間にも渡って膠着したため、アキノ大統領の呼びかけもあり、ケソン市地方裁判所は強制撤去の中止を命じた。それでもこの日に、エドサ大通り沿いの一二〇家族以上の家屋が強制撤去された。またこれ以降、サンロケから再居住地へと自主移住する人びとが急増した。

二〇一三年の二度目、および二〇一四年の三度目の強制撤去は、中心ビジネス街建設のためではなく、道路拡張工事のためという名目で実行された。だが実際のところ、それが中心ビジネス街建設のためのものであることは明らかだった。サンロケは、二つの通りに面している。ひとつがエドサ大通りで、もうひとつがアガム通りである。エドサ大通りに面する住人たちは、二〇一〇年の強制撤去以降、自主移住が相次ぎ、結果として国とケソン市による用地確保は進んだ。だが、反対側のアガム通り沿いにはインフォーマル居住者たちが生活していた。そのため、二〇一三年と二〇一四年の際には、アガム通りから、一一・三メートル以内に在住するインフォーマル家屋が道路拡張整備のために強制撤去されたのである。

このようにサンロケは、度重なる実力行使によって、エドサ大通りおよびアガム通り沿いに面する家屋が強制撤去された。だが、両通りから離れた中央エリアには、二〇一八年一月現在においても、推定で四〇〇〇家族以上が暮らしている。近い将来、かれらに対しても強制撤去が実行される可能性が高い。しかしそれがいつなのかはわからない。

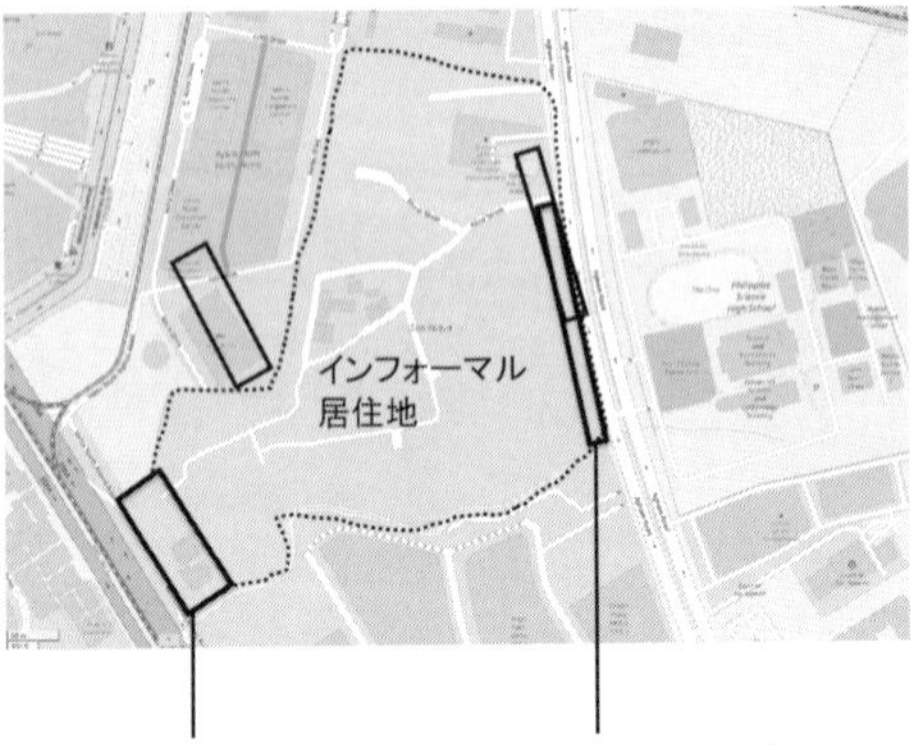

図1　サンロケの俯瞰図と強制撤去されたゾーン
（ⓒOpen Street Map）

3-3　合法的な強制撤去

写真3は、二〇一四年一月の強制撤去の際に私が撮影したものだ。撤去部隊は催涙弾を使用したが、それによって幼児が顔に火傷をおったことに怒る少年の姿である。国家による都市貧困層への露骨な暴力を前に、私自身にも怒りが込み上げてくる光景であった。そして露骨な暴力が可能になるのは、インフォーマル

写真3　頬をやけどした幼児を抱える少年
（2014年1月31日　著者撮影）

居住地というある種の法外地帯だからなのだと私は理解していた。

しかしながらその後に調査を続けていくと、その見解は誤りであることがわかった。こうした暴力的な強制撤去は、裁判所をはじめとした国家の官僚制の下で、合法的な手続きに沿って実行されているのである。とりわけ、次の二点が重要になる。

（1）強制撤去の実行は合法的手続きに沿っていること

（2）そこで準拠される法には特有の「用いられ方」があること

（1）については、フィリピンで一九九二年に施行された都市開発住宅法（Urban Development and Housing Act）が基準になっている。フィリピンでは、一九八六年のピープルパワー革命でマルコス体制が打倒されるまで、開発独裁体制が敷かれていた。民主化後のコラソン・アキノ政権の時代に策定されたのが、この都市開発住宅法である。この法のポイントは、インフォーマル居住者の強制撤去を原則として違法とし、かれらの居住権を基本的には保障した点にある。立ち退きが必要な場合には、公有地の場合、第一に適切な再居住地が与えられること、第二に十分な通知期間が設けられること、第三に立ち退きを要請する理由の正当性を裁判所の判断に仰ぐこと、が条件とされた。

本稿において、「スクオッター」ではなく「インフォーマル居住者」という概念を用いる理由も、この点と関係している。都市開発住宅法では、マルコス時代に黙認されていた「スクオッター・シンジケート」が違法化された。「シンジケート」とは、公有地を特定の組織が占拠し、その土地を都市貧困層に配分してかれらの居住地を確保すると同時に、かれらから手数料やみかじめ料を徴収し、政治的主従関係をも築くといった制度である。都市開発住宅法の施行後も「スクオッター」という呼称が広く使われてきたが、二〇一〇年ごろを境に、強制撤去の危機に直面した都市貧困層たちは「インフォーマル居住者」という名乗りをするに至った。なぜなら、「シンジケート」との関係を持つものは、いっさいの補償抜きに強制撤去が可能なことが、都市開発住宅法には明記されているからである。住人たちは、「シンジケート」との結びつきを想起させる「スクオッター」ではなく、「インフォーマル居住者」という新たな名乗りをすることで、自分たちの存在を新たに定義しようとした。こうした実践に倣って、本稿もまた「インフォーマル居住者」概念を使用している。

（2）については、しかしながら、この都市開発住宅法が、今日においては特有なかたちで運用されることによって、撤去予定とされた地区住人を混乱させている点である。都市開発住宅法では、「十分な通知期間」が必要とされている。そのために地区に文書が通達される。重要なのは、この通達が強制撤去の実行に結実するかどうかは、わからない点である。そして通達は、何度でも送付が可能である。そのため何度も通達が送付され、どれが「本当に」強制撤去にまで至るものであるのかが、住人にはわからなくなる過程が生じる。

たとえば、二〇一〇年九月に起きたサンロケの第一回目の強制撤去の際には、同年五月に三〇日間以内の立ち退きを要求する通達が地区に届いている。その期限が過ぎて、文書の有効性が切れたと住人が安堵すると、続いて同年七月に新たな通達文書が届く。その期限も過ぎると今度は、同年九月十五日に七日間以内の立ち退きを要求する通達が届く。この最後の通達の期限が切れた翌日の九月二十三日に強制撤去が実行されたのである。住人たちは、この数ヵ月間ずっと実力行使に対して身構え続けていた。文書通達は、住人たちにタイムプレッシャーを与え、平時の社会生活を崩壊させるものとして作用する。

このように、今日の強制撤去は、都市開発住宅法に基づく合法的な手続きが、特有なかたちで運用されることによって状況が構成されている。次節では、こうした法を媒介に国家と都市貧困層が遭遇する過程において、うわさがどのような働きをするのかを確認しよう。

4　包囲される日常

4-1　未実行

サンロケの二〇一四年一月の強制撤去は、立ち退き文書の有効期限が切れているにもかかわらず実行されるというとい う例外的なものだった。過去二回の強制撤去の際に、サンロケ住人の壮絶な抵抗にあった国家側は、文書の期限切れで、住人の警戒が弱まったところを攻め込んだのである。

しかしながら、ここで重要なことは、住人側は文書の有効性が失効してからも、決して気を緩めていたわけではないことだ。いつ何が起こるかわからないという状況認識の中で、かれらなりに対応していた。しかし住人たちは、一連の立ち退き通達への対応の中で、すでに消耗状態にあった。さらに混乱に拍車をかけたのは、地区に流布したうわさであった。

二〇一三年だったけど、「五月に必ず強制撤去が実行される」という情報があった。NHAの再居住地の準備とか予算の確保状況とかから見て、絶対に五月に起こる、と。専門家がそういうんだから、俺たちは、その月は、夜も寝な

いで地区を二十四時間見張ってた。でも何も起こらなかった。デマだったんだ。(ノエルさん)

強制撤去は情報戦でもある。そして情報戦の長期化は、住人の神経をすり減らす。強制撤去への対応は、住人だけでなく外部のアクターも関わりながら進む。都市貧困層を支援する戦闘的NGOが地区に入り、さらにNHAの調査員や地方自治の末端を担うバランガイ[13]の役員、さらには弁護士や環境アセスメントの専門家も関与して、強制撤去後の補償内容や再居住地への移住プロセスなどの確認がなされる。

サンロケでは二〇一〇年以降、何度も立ち退き文書が通知される中で、こうした外部アクターとの顔見知りの関係ができあがっていた。その外部アクターのうちの何人かが、二〇一三年の五月に強制撤去が実行されることを、確かな情報として地区住人に耳打ちしたのである。その耳打ちをもとに、住人たちは徹底した地区防衛体制を築いた。だが結局それは起こらなかった。住人たちは徒労感に襲われた。同時に、その耳打ちを信じて地区に情報を広めた住人の数名が、実は国家のスパイなのではないかというわさが出回った。

ここでポイントになるのは、その住人が本当にスパイであったかどうかよりも、情報戦が繰り返される中で、住人たちが、何を信じればよいのかがわからなくなっていった点にある。「起こるぞ」と言われて身構える。しかし起こらない。再び「起こるぞ」と言われて身構える。でも起こらない。それを繰り返しているうちに、本当に起こる。サンロケ住人を覆うのが、こうした終わりの見えない緊張状態だ。情報源も多様である。バランガイ役員からの実行予定の正式な連絡もあれば、外部アクターからの耳打ちもあり、住人自身がつかんできたリーク情報もある。どれを信用すれば良いのか。何が本当なのか。うわさは、こうした真実なき日常において出回り、さらに日常そのものを構成する。

サンロケの強制撤去は、地区の規模が大きいこともあり、実行されると新聞やテレビによって大々的に報道される。しかしながら、強制撤去の実行という表舞台の背後には、それに備えて待機する過程での情報戦をはじめとした裏舞台が存在する。二〇一四年の強制撤去も、こうした裏舞台での争いが無数に存在した後に、最終的に武装した撤去部隊によって実行されたのである。よって強制撤去のインパクトは、その実行という表舞台を、そこに至るまでの裏舞台と関連づけた上で、考察する必要がある。

4−2 センサス調査と紛失

近くの家は、モンタルバンに移住しても、再居住地をもらう資格がないことが、最近わかったの。ずっとサンロケに住んでいたのよ。でもNHAにデータがないと言われて、移住しようにもできないし、強制撤去の通達は届くし、その家の人たちは絶望的に追い込まれて、何も手につかない状況なの。(リタさん)

サンロケでは、二〇〇九年にNHAによってセンサス調査が実施された。先述の二〇〇七年の大統領令六二〇を受けておこなわれたこの調査の目的は、再居住地に居住する権利がある人は誰なのかを、国家が登録することにあった。インフォーマル居住地に暮らす人びとの特定は容易ではない。国家側に居住者をめぐる正確なデータがないからである。[14]しかし都市開発住宅法によれば、インフォーマル居住者の立ち退きに際しては、再居住地が提供される必要がある。そのため、NHAはセンサス調査を実施し、調査時点でそこに暮らしている人びとを特定する。

このときの調査ではサンロケには九五八二家族が居住していたが、そのすべてが、再居住地の権利保有者になったわけではない。このうち七八六四家族のみが権利保有者とみなされ、残りの一七一八家族は対象外と判定された。後者の家族は、そこに居住しているのではなく、一時的な滞在者とみなされた。よってこのセンサス調査は、誰が「正当な居住者」で、誰がそうではないのかを分ける効果を生んだ。

それは言い換えれば、「住人(inhabitant)」と「住民(population)」というふたつのカテゴリーを作り出すものであったと言えよう。[15]「住人」とは当地の居住者全員を指すのに対して、「住民」とはその中でも国家によって居住者と認可され登録された人びとのことを指す。「住民」には再居住地の割り当てを含め、都市開発住宅法に則した補償が提供されるが、そうみなされなければ補償は何も無い。センサス調査は、サンロケ住人の間で、誰が「住民」なのかをめぐる分裂を引き起こした。

さらに複雑なのは、先の語りのように、センサス調査時には「住民」としてカウントされていたにもかかわらず、その地位を喪失した人びとも存在することだ。NHAによるデータ紛失が相次いだのである。よって住人たちの間では、NHAの職員が裏金でデータを操作しているといううわさが流れる。「この国の政府はずっと腐敗してる。ディシプリンがないし、管理ができない! なんでずっとここに住んでいるのに、データがないとか言うんだ? そのうち俺のデータも消されるよ」(マーティーさん)、「役人って、自分の権利は全力で守るくせに、わたしたちのようなISFs[16]のことは、ずさんな処理しかしないのよ」（ラウラさん）。
　データ管理のずさんさは、フィリピンの行政制度の不十分さであると同時に、ずさんだからこそ、現在も強制撤去に備えて待機する人びとを不安に陥れる。住人の中には、ＮＨＡが意図的にずさんな管理を実践していると捉える者もいる。

4-3　監視／セキュリティ／モラル

　3-2で述べたように、サンロケの強制撤去は、一挙にではなく、部分的に時間をずらして進められている。一挙におこなうだけの予算がフィリピン国家にはないことがその理由であるが、部分的に進めることで、住人同士を引き裂くという意図もあるだろう。
　強制撤去が部分的に、そして段階的に進められてきた点は、住人にとって厄介な事態をもたらした。二〇一〇年に撤去された地帯に、土地の開発業者に雇われたセキュリティ・ガードが常駐するようになったのである。撤去したエリアに再び人びとが暮らし始めないように、フェンスが設営され、さらにそこで二十四時間体制の監視がおこなわれ始めた。サンロケ住人は、地区から外に出る際に、この地点を通過しなければならない。かれらは、それ以前には存在しなかった監視の圧力を受けるようになった。

セキュリティ・ガードとか私兵なんかは横暴だよ。若い女性へのハラスメントのうわさもよくある。夜には女性はひとりで歩いちゃだめだ。……セキュリティ・ガードが、逆に、地区のセキュリティを無くしているんだ。（ジュンさん）

　セキュリティ・ガードが地区の女性をレイプしたといううわさもある。このうわさが住人にとって現実味を帯びるのは、セキュリティ・ガードがＮＨＡやケソン市役所の役人とともに、地区住人の自宅内にも押し入ることがあるためである。実態調査の名目で住人宅に入ることもあるし、またドラッグ捜査のために警察の後ろに控えて訪問することもある。

サンロケにはドラッグ・ディラーがたくさん逃げ込んでも来る。中国人マフィアが警察に追われても、サンロケの迷路のようなエリアに入ってしまえば、警察もお手上げになる。（ノエルさん）

　ドラッグ組織の壊滅のために、サンロケの強制撤去が実行されているといううわさもある。だがポイントは、サンロケの地区の中心ビジネス街開発が公表されて以降に、ドラッグ問題が取り沙汰されるようになった点だ。再開発計画が先にあって、そのあとでドラッグ問題が国家によって発見されたのであって、その逆ではない。ドラッグ問題は、住人のモラルの退廃を謳うものであり、そうした退廃者たちをセキュリティ・ガードが監視しているというのが、サンロケの

写真４　メッセージ「ひどい仕打ちと拷問だ、ノイノイ（＝アキノ大統領のこと）を追放しろ」(2014年1月31日　著者撮影)

外からサンロケを見た際のイメージである。だが、サンロケ住人からするならば、セキュリティ・ガードが、女性の暴行をはじめ、地区のセキュリティを失わせているのである。

写真４は、強制撤去に反対するメッセージを自宅の壁に書き込んでいる住人宅である。ポイントは、こうしたメッセージが通常、デモや陳情など、人目につく公共空間で掲げられるものである点だ。しかしこの住居は、サンロケ地区内のかなり奥まった場所に立っている。なぜそのような奥まった立地の自宅にメッセージが書かれているのか。その理由は、このような地区の深部にまで、セキュリティ・ガードをはじめとする監視者が日常的に出入りするようになったからである。この壁に敵対的なメッセージが書かれているということは、それだけ地区が、徹底した監視の対象になった点を示している。

5　追放のプラクセオロジー

5-1　疑いの世界

本稿で記述してきた強制撤去に怯える日常を、どのように整理することができるだろうか。ここまでの記述から浮上するものを仮にまとめるならば、それは「疑いの世界」とでも呼べるものである。ある住人は、強制撤去が「あらゆるものが信頼できなくなる」事態を作り出すと述べたことがある。そしてこうした事態を、彼女は「疑いの世界（world in doubt）に生きること」と述べた[17]。この言葉は、私がフィールドワークをしながら考えてきたことを適切に示している。現在の状態の継続を可能にする物事への信頼が揺らぎ、かわって物事が疑念をもって立ち現れるのが「疑いの世界」だ。

この「疑いの世界」が形成される仕組みを考えるならば、それを3-2で述べた「マジックミラーの交渉」と接続する必要があるだろう。住人には国家が何を進めているのか、その詳細を知ることができない。この「マジックミラーの交渉」の中で、住人は最善の判断をしようとし、その過程でうわさが流通する。このうわさによって、住人は危機を回避することもあるし、同時にまた、信じていたうわさに裏切られ

ることもある。たとえば、強制撤去の実行をめぐる確かな情報が入り、それに身構えながらも、しかしながら結果的に何も生じない日々を過ごすことになったりする。うわさによって信じていたものが、裏切られることを繰り返す中で、「疑いの世界」が立ち上がる。

強制撤去に対して、住人たちが団結して国家と交渉して、かれらに不利益となるような展開を防ぐことが、最も重要なことは間違いない。そのために運動レベルでも学術レベルでも、あらゆる知恵を結集することが必要だろう。しかしながらその際にポイントになるのが、住人と非住人の間では、直面する世界が異なる点だ。同じ強制撤去という事象に立ち向かいながらも、研究者やNGOスタッフが向き合っているものと、それに待機する住人の向き合っているものとは、どこかずれることがある。同じ事象であっても、それが経験される世界には、置かれている状況に応じた複数性があるのだ。この点を理解することが、強制撤去に立ち向かう運動や学術において要請されるだろう。「疑いの世界」という概念は、こうした住人が直面する世界を、その危機の外にある人びとにも理解可能にするために提示したものである。

5−2 うわさという視角

それでは、なぜ本稿において、うわさに注目する必要があったのだろうか。この点を考えるために、ここでは、うわさを情報との対比のもとに議論しておこう。3−1で論じたように、現在の都市貧困層研究においては、国家を等閑視して考察を深めることはできない。そして、国家と都市貧困層の結びつきを考える上で、昨今注目されているのが、情報という観点である。都市貧困層として生きることは、財や権利といった面だけでなく、生きていくために必要な情報へのアクセスが限定されることである（Banerjee & Duflo 2011=2012: 10）。職を得るにせよ、差し迫った強制撤去に対応するにせよ、情報を得る者とそうでない者のあいだには、大きな格差がある。

しかしながら、情報の格差という観点においては、情報はすべて有益であることが前提とされている。情報を多く持つことこそが、より良い対応を可能にするという前提である。本稿が、うわさという観点から強制撤去を捉えたのは、こうした前提を再考するためである。情報が多いからといって、対応が可能になるわけではない。むしろ情報が多いことによって、対応が困難になるケースも存在する。さらには、情報という観点では、すべての情報が信頼するに値するものであることを前提にするが、マニラのインフォーマル居住地でフィールドワークをするならば、その前提こそが検討すべきものとなる。情報と一括りにすることによって、住人たちが、それらを信頼したり、しなかったりしながら、生活している点を等閑視してしまうのだ。うわさとして捉えることによって、情報を一義的に資源として捉える手法とは異なり、住人たちによるその選り分けの実践が考察可能になるのである。

インフォーマル居住者たちは、何が信頼可能で何がそうではないのかを、批判的に検討しながら生活する。しかしながら、本稿で捉えてきたように、強制撤去の危機においては、こうしたうわさに対する住人たちによる態度が変化する。第一に時間的予見の喪失によって、じっくりとうわさの質を選り分けることが難しくなり、第二に再居住地への移住などの対応が戸別におこなわれるため、事態に対する地域単位での集合的な対応が難しくなり、うわさの選り分けもまた個別の家族単位でおこなわれるようになる。もちろん、住人たちはそのような状況でも、さまざまな社会関係を用いて、うわさの「真偽」を確かめる。しかしながら4－1で記述したように、非常に多くの住人たちが信頼していた情報であっても、それが現実とは異なることも多い。住人たちはこうした経験を積み重ねる中で、うわさを批判的に選り分けることへの自信が揺らぎ、その選り分けが不正確なのではないかという疑念を抱え続けながら日常を生きるようになる。

強制撤去の危機の日常とは、この疑念の遍在化の中で生きることである。あらゆる判断が疑念と一体のなかで日々を送ることは、住人たちに多大なるプレッシャーをかけ続ける。情報ではなく、うわさという概念を使うことによって、信頼する／しないという選り分けの実践と、その実践に疑念が常につきまとうことの困難およびそこでの消耗感が、私たちの視野に入ってくるのである。

5－3　追放の展開過程

以上の記述と分析は、都市貧困層をめぐる社会学研究においても、新たな研究プログラムを提起するものであるだろう。二〇〇〇年以降、途上国の都市貧困層をめぐって、重要なエスノグラフィー研究が登場してきた（Roy 2003, Auyero & Swistun 2009）。グローバリゼーションに伴う途上国都市の経済開発は、都市貧困層の生活を底上げするのではなく、むしろ貧困を新たな形態で再形成する点が、この時期に指摘されるようになった（青木 2013）。その動向を具体的な現象の位相で記述するのが、こうした研究の共通した特徴である。

こうした都市貧困層の新たな貧困化を捉える試みにおいて、ひとつの論点となっているのが、それが空間的特質を伴っている点である。労働や消費の機会に恵まれた都心のようなエリアからの都市貧困層の空間的追放（urban relegation）

は、世界的にも探究の進む主題である（Desmond 2016, 森 2016）。途上国都市においても、本稿で言及したように、都心部が多国籍企業の投資を呼び込むビジネス街として再開発されることが流行となっており、その中で都市貧困層の空間的追放がおこなわれている。

本稿はこうした空間的追放の議論に倣いつつ、さらに「追放のプラクセオロジー」と呼べるものを社会学の研究プログラムとして提起するものである。「追放のプラクセオロジー」とは、都市貧困層の空間的追放を、特定の要因――多国籍資本による投資の変化や経済特区の増加など――に還元して説明するのではなく、そうした要因をも内包する具体的な一連の展開過程そのものを捉える研究手法である[18]。たとえば、マニラの都市貧困層が強制撤去の危機にあるのは、中心ビジネス街構想という多国籍企業と一体となった都市改造計画が存在するから、といった要因に特化した記述をしないことである。なぜなら、中心ビジネス街構想と強制撤去をダイレクトに結びつけることは、両者の間に展開する膨大な社会過程を無視することに他ならないからである。「追放のプラクセオロジー」とは、むしろ中心ビジネス街構想が、どう策定され、どのような法の運用によって具体的に進められ、その運用がターゲットとされた地区の人びとの日常生活や時間的流れをどう変化させ、その動向に人びとがどう抗い、あるいはそれに従うのか。そして、いかなるかたちで当初の再開発計画を実現させたり、あるいはそれを違ったゴールに向かわせるのかなどを捉えるものだ。こうした絶え間ない実践過程の積み重ねを通じて、結果として、都市貧困層の空間的追放と呼ばれる事態が生み出されているのであり、単に再開発計画が提出されたからそれが起こっているわけではない。特定の要因を指摘することによってではなく、それも組み込まれた実践過程を捉えること＝プラクセオロジーこそが、空間的追放の社会学研究においては要請されると、私は考えるのである。

この点を図示したのが、図2である。都市貧困層の空間的追放は、再開発計画によって単線的に現実化するのではない（図2の右図）。法の運用とその後の未実行や延期、新たな文書通達といったプロセスが繰り返す中で、住人の日常生活にうわさが流通し「疑いの世界」が形成される。そうして、かれらに伸し掛かる混乱と困憊をテコにして、強制撤去は進むのである（図2の左図）。こうした一連のプロセスをめぐっては、ピエール・ブルデューが次のように述べた点とも関係するだろう。

他者の時間に対する権力行使に関するすべての行為を調べ上げ分析すべきである。権力者側の行為（後に回す、引き

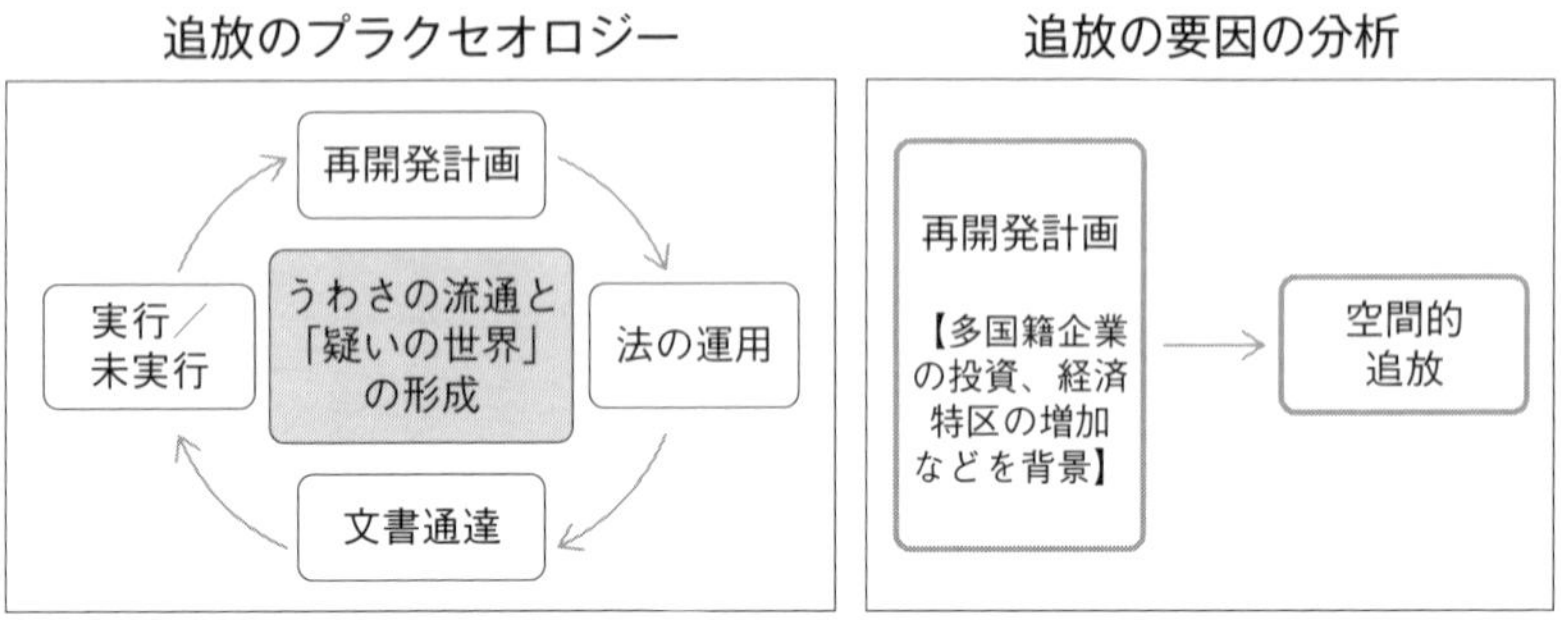

図２　追放のプラクセオロジーを巡る考察の図式

延ばす、気を持たせる、遅らせる、時期を待つ、延期する、先送りにする、遅刻する。あるいは逆に急がせる、不意を打つ）はもちろん、「受動者」……側の行為も。待つことは服従を含意する（Bourdieu 1997=2009: 389）

本稿で記述したように、強制撤去に備えて待機する住人は、合法的な手続きの枠組み（文書通達、期限設定、未実行、再通達など）が生み出す律動に囚われるからこそ、そこに不安を感じ、さらにうわさを語り合うことになる。こうした法の運用とそこでの効果を念頭に置くことで、都市貧困層の空間的追放が、実際のところ、いかなる過程を経て現実化しているのかが考察可能になるはずだ。

マニラで頻繁に実行されている強制撤去に対して、都市空間の再開発計画それ自体の見直しを要求することは、社会運動として重要であることに変わりはない。一方で、再開発計画に特化した観点では、それが具体的な展開過程を伴うものであること、すなわち作動する（at-work）ものであることを考察の外に置くことになる。住人は再開発計画によって追い詰められるだけでなく、その具体的なひとつひとつの展開過程において追い詰められるのだ。そして空間的追放が、再開発計画だけでなく、その展開過程での法の運用を伴いながら進むならば、そこでの過程こそが、住人たちが強制撤去とそれに付随する受難を回避する上での闘争のアリーナになることがわかる。その展開過程こそが勝負なのだ。住人から見た強制撤去という像が教えてくれるのは、この点である。

［注］

［1］国連人間居住計画（UN-Habitat）の定義によるなら、第一に居住権がなく、第二に基礎的サービスが提供されず、第三に都市計画から除外されたエリアに建つのが、インフォーマル居住地となる。3－3で後述するように、本稿では、こうした広義の開発政策に準拠するからではなく、マニラで強制

撤去の危機を生きる人びとがこの概念を独自に援用している点を重視するからこそこの概念を用いる。

[2] フィリピンで強制撤去に反対する市民組織であるUrban Poor Associateの資料より。またこの組織の別データからは、大統領に就任後の最初の三年間のうちに生じた立ち退き地区数も、アキノ政権が圧倒的に多いことがわかっている。ラモス政権の最初の三年間（一九九二〜一九九四）では九六地区、エストラダ政権（一九九八〜二〇〇〇）では六七地区、アロヨ政権（二〇〇一〜二〇〇三）では五五地区なのに対し、アキノ政権（二〇一〇〜二〇一三）では二四二地区となっている。

[3] 青木（2013）の第5章を参照。

[4] 強制撤去の直後、筆者は現地で聞き取りをおこない、この男性とも話をする機会があった。そこでは彼の行動をめぐって、他の住人も交えて、議論が展開された。

[5] この家族数はＮＨＡ（国家住宅庁）による発表数である。マニラのインフォーマル居住地の一家族の平均構成員数が六人であることを踏まえて、人数を算出した。

[6] なぜ住人が再居住地への移住に反対するのかは、石岡（2015）を参照。

[7] この違法性をめぐって現在も裁判が継続されている。だが、この点をめぐって今後何らかの補償を得られることはないだろうと、当の住人たち自身も自覚している。

[8] この問題設定からも明らかなように、本稿はマニラの都市貧困層研究を進める上のひとつのトピックとしてうわさに注目するのであり、うわさ研究そのものを展開しようとしているわけではない。うわさ研究そのものについては、ここでは古典であるオルポート（1947=1952）を挙げておく。また、佐藤（1995）は、社会学的にうわさを考察する上で、たいへん示唆的である。

[9] 本稿の記述は、筆者がサンロケとモンタルバンでおこなったフィールドワークに基づいている。期間は、二〇一四年一月三十〜二月三日、同年九月十六〜二十五日、二〇一五年十月十四〜二十八日、二〇一六年八月九〜十八日、同年十一月五〜七日の計四十三日間である。また電子メールや携帯電話のショートメッセージを使って、それ以外の期間も住人とやりとりをおこなってきた。

[10] サンロケから道路距離が二十五キロ離れた再居住地のこと。

[11] 通常は、再居住地の居住権に加えて現金六〇〇〇ペソ（＝約一万三二〇〇円）が補償される。再居住地の権利を放棄した場合（たとえば出身母村に戻るといったケース）、現金二万四〇〇〇ペソ（＝約五万二八〇〇円）が補償される。

[12] こうした問題意識は、青木（2013）から示唆を受けた。

[13] フィリピンにおける最末端の行政組織。立ち退きの文書通達はバランガイへと送付され、その後バランガイ首長を通じて地区に知らされる。

[14] インフォーマル居住者は、居住するエリアのバランガイへの登録で選考人となる。そのため、選挙人のデータから地区居住者を推定することは可能であるが、その登録をおこなっていない者や、さらには選挙権を持たない若者や子どもはそこから外れるので、正確なデータを得ることができない。

[15] パルタ・チャタジーは、都市貧困層が「住民」になること、すなわち国家に登録される＝統治の対象になるという統治性を基点にして、ポストコロニアル社会における独自の政治社会の生成を議論した（Chatterjee 2004=2015）。

[16] インフォーマル居住者家族（informal settler families）の略称のこと。

[17] タガログ語の会話では、途中に英語が混じり、その後に再びタガログ語に戻っていくことが、タガログを母語にする者同士の会話においてでも、頻繁に見られる。特に抽象的な事柄については、英語が使われることが多いが、これもそうした中で登場した英語の言葉だった。

[18] プラクセオロジーについては、ブルデューを援用しつつ、その理論的含意を整理したレクウィッツの議論に多くを学んだ（Reckwitz 2002）。

[文献]

青木秀男、二〇一三、『マニラの都市底辺層——変容する労働と貧困』大学教育出版。

Allport, Gordon & Leo Postman, 1947, *The Psychology of Rumor*, Oxford: Henry Holt.（＝一九五二、南博訳『デマの心理学』岩波書店）

Auyero, Javier & Debora Swistun, 2009, *Flammable: Environmental Suffering in an Argentine Shantytown*, New York: Oxford University Press.

Banerjee, Abhijit & Esther Duflo, 2011, *Poor Economics: A Radical Rethinking of the Way to Fight Global Poverty*, New York: Public Affairs.（＝二〇一二、山形浩生訳『貧乏人の経済学——もういちど貧困問題を根っこから考える』みすず書房）

Bourdieu, Pierre, 1997, *Méditations pascaliennes*, Èditions du Seuil.（＝二〇〇九、加藤晴久訳『パスカル的省察』藤原書店）

Chatterjee, Partha, 2004, *The Politics of the Governed: Reflections on Popular Politics in Most of the World*, New York: Columbia University Press.（＝二〇一五、田辺明生・新部亨子訳『統治される人びとのデモクラシー——サバルタンによる民衆政治についての省察』世界思想社）

Desmond, Matthew, 2016, *Evicted: Poverty and Profit in the American City*, New York: Broadway Books.

Jocano F. Landa, 1975, *Slum as a Way of Life: A Study of Coping Behavior in an Urban Environment*, Quezon city: Punlad Research House Inc.

石岡丈昇、二〇一二、『ローカルボクサーと貧困世界——マニラのボクシングジムにみる身体文化』世界思想社。

石岡丈昇、二〇一五、「マニラのスクオッター強制撤去——慣習行動の強制再編について」『理論と動態』八：一一〇—一二七。

森千香子、二〇一六、『排除と抵抗の郊外——フランス〈移民〉集住地域の形成と変容』東京大学出版会。

中西徹、一九九一、『スラムの経済学——フィリピンにおける都市インフォーマル部門』東京大学出版会。

Reckwitz, Andreas, 2002, "Toward a Theory of Social Practices: A Development in Culturalist Theorizing," *European Journal of Social Theory*, 5(2): 243-263.

Roy, Ananya, 2003, *City Requiem, Calcutta: Gender and the Politics of Poverty*, Minneapolis: University of Minnesota Press.

佐藤健二、一九九五、『流言蜚語——うわさ話を読みとく作法』有信堂高文社。

Scheffer, Thomas, 2007, "Event and Process: An Exercise in Analytical Ethnography," *Human Studies*, 30(3): 167-197.

（原稿受付二〇一八年一月二十三日　掲載決定二〇一八年三月二十日）

On Rumours and the World in Doubt:
Forced Evictions and Crises of Informal Settlers in Manila

ISHIOKA, Tomonori
Hokkaido University

This paper explores the process of forced evictions of informal settlers in Manila. Forced eviction is the process by which the state spatially displaces its urban poor in order to redevelop the inner-city area. Furthermore, informal settlers are those who live in poor environments without the security of land tenure. Along these lines, this paper attempts to elucidate the impact of such forced evictions on penurious informal settlers in Manila by focusing on 'rumours' circulating in the targeted area. While following the framework of the law implemented in the Philippines since the implementation of a democratic system, the state is executing the law in a specific way, imposing sudden forced evictions on informal settlers. To cope with this uncertainty, the impoverished informal settlers intensively gather information on the execution of demolitions. In such situations, rumours circulate easily. Sometimes, the gossip helps residents respond better to the state's intervention. At other times, however, rumours create further confusion. Considering all this, the present paper ultimately concludes that studying such processes provokes the possibility of a new sociological research programme regarding urban relegation.

key words: forced eviction, informal settlers, praxeology

(Received January 23, 2018 / Accepted March 20, 2018)

公募特集　今、地域を考える

社会と関わる芸術にとっての地域

――対立から包摂へ

髙橋かおり（立教大学）

本稿では、日本における社会と関わる芸術の展開について、特にアートプロジェクトの動きに着目する。そして芸術と社会の関係が「社会と芸術が対立する」という対立図式から、「社会のなかに芸術が包摂される」という包摂図式へと移行していることについて、特に芸術家の役割に焦点を当て考えたい。

アートプロジェクト、あるいは社会と関わる芸術はともに海外からの輸入概念ではあるが、日本の文脈における独自の用法がある。また、類似の言葉には藤田直哉による「地域アート」がある。「地域アート」の概念が提唱されて以降、活動を巡る議論や活動展開はますます盛んになりつつある。アートプロジェクトにおいては、芸術家以外の人々による協働が活動の軸となっているが、このことは同時に芸術家のアイデンティティを揺るがすものである。しかし芸術家にとっては既存の芸術制度の中にはないものが地域には存在しており、そこから社会との接点を見出すことができるのである。とはいえ、既存の芸術制度の外へと出ていこうとする動きである一方、そこには芸術世界の議論や常識が常に存在する。開かれながらも制度化されているのがアートプロジェクト、あるいは社会と関わる芸術の特徴である。これらの活動が芸術のみならず地域や社会にとってどのような影響をもたらすのかを考えていくことは今後の美術業界ならびに社会全体にとってますます必要になろう。

キーワード：アートプロジェクト、社会と関わる芸術、芸術家、地域

1　「地域アート」バブル

芸術と地域（アート・文化）の積極的な関係が説かれるようになって久しい。具体的な出来事としては、ビエンナー

レ、トリエンナーレ、アートフェスティバル、国際展、芸術祭、アートプロジェクトなどがあり、その実態は曖昧模糊としているのも事実である。そのようななかで二〇一四年、文芸批評家の藤田直哉はこれらの事象をまとめて「地域アート」と名付けた。この批評文は文芸誌『すばる』で発表され、発表直後から多くの反響を呼んだ。藤田は「もっと現場サイドから反論を受けるものだ」と思い込んでいたが、実際には「反発よりも共感の声が大きかった」と話す（星野・藤田 2016: 47）。この文章はそのほか複数の対談や寄稿をまとめて二〇一六年に書籍化されている。また、藤田の議論を踏まえて「地域アート」なるものを問い直す議論も出始めている（光岡 2017; 椎原 2017）。

藤田の定義によれば、「地域アート」とは「ある地名を冠した美術のイベント」（藤田2016a: 7）あるいは「地方を舞台にしたアートフェスティバル」（藤田 2016b: 17）の総称である。藤田が危惧するのは、各地で行われている「地域アート」において、コミュニケーションや関係性構築が前面に押し出された結果、その芸術性が無視され、反逆性や前衛性を持ちうるアート（芸術）がそれらを失い、まるで「前衛のゾンビ」かのように地域に広がっていく状況である。そのうえで藤田は芸術にはまだ「鎮痛剤以上の何か」があると信じ、問題提起を行っている。

ただし美術史的にその動きを追っている加治屋健司（2016）が疑義を呈したように、「地域アート」という言葉の使用には慎重さが求められる。というのも、この四半世紀にわたってこれらの事象は「アートプロジェクト」という言葉で呼ばれてきたからである。後述するように、この語の定義についてはたびたび議論がなされてきた（例えば橋本 1998; 熊倉監修 2014など）。そこではアートが別のものであるプロジェクトと結びついていることが問題となる。完成された作品が問われていたそれまでの芸術から、「プロジェクト」という企画、すなわち出来事や過程が問われるようになった。このような動きは藤田の議論より前の一九九〇年代から日本各地でおこっていたのである[1]。

そのなかで社会学はこれらの活動を「社会と関わる芸術」（小泉 2010a, 2010b）、あるいは「芸術の社会化」（吉澤 2011）として取りあげてきた。社会と関わりを持つことで芸術の性質そのものが変化し、それによって芸術が社会に包摂されているととらえられる。つまり、芸術が既存の芸術制度によって社会に対立するのではなく、より社会的な文脈に合わせたものとして包摂されうる状況が生まれている。その際の結節点の一つとして存在しているのが、地域である。

そこで本稿では、アートプロジェクトという現象について、とりわけ地域と関わるという点に着目する。そしてアートプロジェクトが想定するモデルが「社会と対立する芸術」という対立図式から、「社会のなかに芸術が包摂される」という包摂図式へと移行していることを考えたい。まずは日本でのアートプロジェクトの興隆を踏まえたのち、二〇一〇年代現在、地域における芸術活動においてもっとも影響力を持つ人物の一人である北川フラムの主張を確認する。そして、あるプロジェクトにおける芸術家たちの言葉を一つの手がかりに、地域におけるアートプロジェクトについて芸術家から見た意義を考えたい。

なお本稿では、アートプロジェクトにおいて企図されている要素を「芸術」という語で指し示す。実際には視覚芸術（ビジュアル・アートまたは美術）の要素が強く、加えて「アートプロジェクト」という語の成り立ちからすれば「アート」あるいは「美術」を用いることが適切かもしれない。しかし、アートプロジェクトがジャンルを架橋する活動でもあること、日本語のアートには美術という語ではとらえられないポピュラー文化などをも指し示す言葉としての別の意味合いも含まれることから、より包括しうる語として芸術を用いる。

また、本稿では出来事としては（地域型）アートプロジェクトという呼称を用いるが、それらの総称としては表題にある「社会と関わる芸術」という語を用いる。これは「socially engaged art」の訳出である。今日では特にパブロ・エルゲラ（2011＝2015）の議論が引かれ、「社会関与の芸術」とする訳もあり、より政治的な意味合いや芸術教育に関わる文脈から議論されることが多い。しかし本稿ではこの語をより緩やかな意味からとらえ、小泉（2010a）の定義のように社会的文脈に芸術活動を位置づけようとする芸術活動全般を指すものとする。

2　芸術と地域の新しい関係

2-1　対立からまちへ飛び出す活動へ

アートプロジェクトという言葉が日本で本格的に使用され始めたのは一九九〇年代中頃であろう。アートプロジェクトに関して最初期にまとまった議論を行ったのは橋本敏子である[2]。各地のアートプロジェクトを取材するなかで、橋本はこの新しい動きを以下のように定義する。

> 簡単にいえば美術館やギャラリーなど、鑑賞のための専門文化施設だけでなく、日常的な場で、あるいは自然のなかで、アーティストとさまざまな人々の参加・協力によって行われる開かれた表現活動をさしている（橋本 1998: 7）。

橋本の定義において示された、①専門的な施設ではない場所で、②さまざまな人との協力（＝協働）によって行われるということは、その後のアートプロジェクトの定義の基本となる。このとき、専門的な施設ではない場所を示す語として使われるのが「まち」という言葉である。これは、美術館やギャラリーなどの専門施設の外を指す語であり、同時にそれらが立脚する地域も表す。また二つ目の点は、芸術家という専門家（プロフェッショナル）だけではなく、普通の人々（プロフェッショナルではない人々）も芸術活動に参加できるようになったことを示す。この定義の前提は、専門的な施設に閉じ込められている芸術と、それが立脚する地域（まち）は対立しており、芸術を施設に閉じ込めることによって芸術は特異な人たち、特権的な人だけがかかわれるものになり、その結果芸術が社会にはたらきかける力がおさえられ、均衡が保たれていた状態である。しかし、アートプロジェクトはその均衡を打ち破るものであった。

また橋本は、「ドキュメント２０００プロジェクト」といういくつかのアートプロジェクトを記録したプロジェクトに参加しているが、その報告書において「まちにでたアート」という言葉を用いている。ここでとらえられているのは「従来の『美術』の枠組みから解き放たれたアートが、まちだけでなく社会のさまざまな場面や領域で新たな局面を作り出す動き」である（ドキュメント２０００実行委員会 2001: 22）。また同報告書において村田真は「社会とアートの橋渡し」や「脱美術館化する現代の美術」などの言葉を用いた（ドキュメント２０００実行委員会 2001: 8–19）。ここでも、まち（地域）にとって芸術とは施設に囲われる異質なものであり、いわば対立構造にあったことが確認できる。この点は加治屋も同様に指摘する。つまり「縁結び」や「橋渡し」といった語が示すように、初期のアートプロジェクトという語には「それまで美術館にあって社会と切り離されている（と考えられていた）アートと社会を関係づけていくことに主眼が」あったのである（加治屋 2016: 128）。

これは一九九〇年代に日本で導入が進んだアートマネジメントの考えにも共通する。アートマネジメントの当初の目的は「芸術と社会を結びつける」、すなわち芸術を社会で生かし、芸術と社会が適切に出会うように手助けをするものであった（林 2004）。ここでは水と油のように、出会いの難しいものとして芸術と社会が認識されていたのである。

2-2　まちへ飛び出した後の着地点

しかし状況は変わっていった。二〇〇〇年代に入ってアートプロジェクトはますます拡大した。この流れに代表されるような芸術が日常生活に浸透する様子を吉澤弥生（2007:

171）は「芸術の社会化」と表現した。文化に関わる法律の法制化（「文化芸術振興基本法」）や文化政策学への注目の動きをうけながら、一九九〇年代から二〇〇〇年代にかけて「芸術の社会化」は進んだ。ここでいう社会化とはまさに橋本が論じたように、普段芸術を享受することのできない人たちへのアウトリーチ活動や、まちなか（地域）での活動など、芸術の専門施設の外に芸術活動が出る動きのことを指す。と同時に、社会問題や社会課題などに焦点を当てた芸術表現が多くなっていることもあげられる。

また吉澤が「近年のアートプロジェクトの特徴」とする定義では、橋本の定義にもあるように、作家の単独作業から多様な参加者による共同制作＝協働となることが示される（吉澤 2011: 97）。専門的な場所ではないからこそ恒久設置の作品の展示だけではなく、作品の仮設やワークショップの実施がなされ、かつ制作過程そのものやその固有性が重視される。加えて専門的な道具や素材というより、日常使われているものが制作に用いられるようになり、芸術家以外の人にとっても参入障壁は低くなりつつあった。

あるいは二〇一〇年代に入ってまとめられた熊倉純子らの定義では、過程の重視や協働（コラボレーション）に加えて、活動の継続性、社会的文脈を踏まえた上でのサイト・スペシフィック（その土地の文脈に固有のもの）、そして芸術以外の社会分野への働きかけがアートプロジェクトの要素としてあげられた（熊倉監修 2014: 9）。

そのほかに加治屋は運営面での特徴もあげる。すなわち、財政面では補助金や助成金に頼っていること、それが故に継続性が担保されていないことである（加治屋 2010）。そのため、政策や行政の状況によって活動が左右される。これはまさに吉澤が二〇〇〇年代大阪の文化行政を例にその変更と縮小を論じていることとも重なる（吉澤 2007, 2011）。

これらの議論をまとめれば、施設に閉じ込められ、地域と対立していた芸術活動が、アートプロジェクトの胎動期においては既存の施設を離れる動きをしていたことがわかる。そのうえで二〇〇〇年代以降では、芸術以外の活動と結びつこうと新たな居場所を求めるなかで、さまざまな助成金制度や支援枠組みに支えられ、アートプロジェクトは地域活性化や福祉、教育にも有用だとする社会的文脈に新たな芸術のあり方を見出そうとしてきた。加えて文化政策や芸術支援においても、次第に芸術における社会的価値が求められるようになっていった。

このような活動のなかで芸術以外の何かとしてもっとも親和性が高いのが地域（まち）であろう。それは「アートによるまちおこし」という言葉に端的に表れている。代表的な例としては、ハコモノをたてるだけではない方法で、芸術によって地域活性化ができることを広く知らしめた「大地の芸術祭　越後妻有アートトリエンナーレ」[3]（新潟県・二〇〇〇年〜）と、それを主導した北川の活躍がある。これは日本の芸術と地域、芸術と社会を考えるうえで避けて通ることはできない出来事である。

3　北川フラムの哲学——美術で地域を開く

北川は東京藝術大学在学中には学生運動に参加しており、その後もアングラ的な文化活動と深い関わりを持っていた。卒業後は都市開発や公共事業などにもアートディレクターとして関わるようになる。そして新潟県高田市（現上越市）生まれであった北川は一九九六年から新潟県越後妻有地域[4]で始まった大型公共事業[5]「ニューにいがた里創プラン」の取りまとめを担い、総合コーディネーターとなった。「大地の芸術祭　越後妻有アートトリエンナーレ」は、その政策の一部である。これは新潟県の豪雪地帯で夏に行われる現代美術作品の展示であった。外向きには野外現代美術展であるが、実際には準備に四年の歳月を費やしており、まさにその過程が重視された活動である。都会から来たボランティアの若者（「こへび隊」）とともに地域住民や行政の説得にあたりながら、少しずつ協力者を増やし、地域をその動きに巻き込んでいった。

定住人口七万人の地域にひと夏で倍の十六万人がおとずれた第一回の「成功」[6]をうけて、現代美術は否が応でも地域の重要な柱となった[7]。北川はその後、「瀬戸内国際芸術祭」（香川県・岡山県・二〇一〇年〜）や「にいがた水と土の芸術祭」（新潟県・二〇一二年）、あるいは「北アルプス国際芸術祭」（長野県・二〇一七年）や「奥能登国際芸術祭」（石川県・二〇一七年）など、各地の芸術祭のディレクションに呼ばれるようになる。

北川の活動方針やその哲学は実に明快だ。瀬戸内国際芸術祭のキャッチフレーズだったという「爺ちゃま、婆ちゃまの笑顔を見たい」という言葉にそれは端的に表現されている（北川 2015: 167–168）。越後妻有以前にも北川は、美術や地域・都市開発に関わっていた。とはいえ単なる開発・成長路線だけではなく、例えば「アパルトヘイト否！国際美術展」（全国巡回展・一九八八—九〇年）など、草の根社会運動の要素を持つ活動もそこに含まれていた。そして、都市中心主義の美術業界、あるいは資本主義やグローバリゼーションの動きへの反逆として北川の哲学が集約されているのが、越後妻有地域での活動である。彼はそれまで見捨てられてきた地方（里山）を、芸術の力を用いて活力に満ちたものにしようとした。そこでの規準は、年配者の笑顔である。つまり、芸術的評価や価値ではなく住民が地域に対して誇りを持つこと、あるいは地域における生活満足度が向上することが彼の活動の原動力であった。そして、住民や行政関係者といった芸術とは直接関係なく生きてきた人々と協働することで、北川はプロジェクトを通じて社会と関わろうとする。

この「成功」以降、各自治体の関係者は越後妻有地域に視察に訪れ、影響を受けた芸術祭も数多く登場した。隣県群馬県の「中之条ビエンナーレ」（二〇〇七年〜）もその一例である。また、近年では美術専門誌『美術手帖』で会期ごとに特集号が発刊されるだけではなく、旅行雑誌やファッション誌においてもその後三年に一度開催されている「大地の芸術祭越後妻有アートトリエンナーレ」に関する特集が組まれるようになった。

美術で地域を開く、あるいは美術が地域を変えたと表現する北川の議論と実践は、地域にとって異質な芸術（とりわけ現代美術）を移入することで、芸術を地域の問題発見や解決の手段としている。これは芸術を用いての地域活性化の手法の「成功」例である。北川が芸術を手段化しているのは確かであり、そこにこそ社会的価値を見出している。ただし北川はそれでも、芸術作品そのものに力がなければ地域活性化は達成されないとしており、クリスチャン・ボルタンスキーや草間彌生など、国際的に活躍する芸術家を招いている。

4 二〇〇〇年代以降のアートプロジェクト——助成金による成長と制度化

確かに越後妻有の影響は大きかった。しかし、それ以外にも重要な流れは存在する。越後妻有の場合は地方自治体発信の公共事業としてトリエンナーレが始まったが、同時期には国際交流基金の助成を受けて「横浜トリエンナーレ」（二〇〇一年〜）も始まった。都市型の大型芸術祭として現在まで続く国際展であるが、元々は一九九七年の外務省の方針が発端であった。当初の組織委員会は国際交流基金、横浜市、NHK、朝日新聞社の四者からなった[8]。都市型の芸術祭としては二〇一〇年代に始まる「あいちトリエンナーレ」（二〇一〇年〜）や「札幌国際芸術祭」（二〇一四年〜）へとその流れは続く。横浜トリエンナーレの動きは、グローバルレベルにおいては「ビエンナーレ化（国際展化 biennalization）」を受けてのことであろう（例えば Tang［2011］2012）。国際展化の文脈においても、作品論だけではなくとりわけ専門家を含めた参加者同士のコミュニケーションの重要性が説かれる。そしてアジアでも国際展が起こりつつあるなかで企画・実現されたのが横浜である。ただし初期は横浜の歴史的施設の活用などが行われていたものの、二〇一一年以降は中心拠点が横浜美術館になり、現在の横浜トリエンナーレは地域と関わる企画というより美術館の企画展の要素が強くなっている。

他方、橋本らが関心を寄せていた市民発信のアートプロジェクトを支援する枠組みとしては、アサヒ・アート・フェスティバルがある。アサヒグループホールディング株式会社などが共同で開催し二〇〇二年より始まったこのプロジェクトは、毎年数十の企画へ小規模な助成を行うほか、各地の団体をネットワーク化することにより、アートプロジェクト同士の結びつきを生み出そうとしていた。二〇一六年度をもって終了し、二〇一七年末にはアーカイブ機能を備えていたウェブサイトも閉鎖されているが、(多くは芸術家ではない)市民発信のアートプロジェクトを支援する枠組みとしては重要な役割を担っていた(藤浩志・AAFネットワーク 2012)。

また、東京藝術大学の誘致を契機に始まった「取手アートプロジェクト」(一九九九年〜)に代表されるように、大学と結びついたアートプロジェクトも数多くある(加治屋 2013; 熊倉監修 2014: 32–69)。ここには地域協働することによって大学の補助金枠を活用しうるという現実もある。

そして二〇一〇年代後半においては、二〇二〇年東京オリンピックに付随した助成金や事業が増えている。オリンピックにおいてはスポーツだけではなく、文化イベントも実施することがオリンピック憲章に定められており、いわゆる「オリンピック文化プログラム」の実施と運営に向けて、東京都を中心に各地でさまざまな助成が行われ始めている[9](吉本 2017)。

助成(支援主体)や制度が先か、活動が先かさまざまであるが、日本各地でアートプロジェクト的なるものは無数に増殖しており、その正確な数をとらえることは不可能である。そしてその多くは地域活性化と深く結びついている。例えば芸術祭という名がつきながらも、助成金は地域活性化事業の枠組みということはよくある。このことは、社会と対立するものであった芸術活動が、芸術専門の制度から離れた結果、地域活性化などそれ以外の制度に支えられることによって再制度化されているといいあらわすことが出来よう。つまり、芸術を支える制度ではなく、別の文脈で制度化が進み、開かれながらも閉じようとしていると現在の流れが位置づけられる。

このような芸術と社会の相互作用、あるいはアートプロジェクトや社会と関わる芸術のあり方について、近年まではその批評やそれを語る言葉は多くなかった。その結果、北川が述べるような地域住民の笑顔といった主観的満足度による判断や、わかりやすい動員や経済効果による数値による評価が続いていた。もちろん、既存の美術や芸術の枠外での活動であるため、単純にこれまでの芸術批評を当てはめることはできない。また、アートプロジェクトが芸術批評に乗りにくい活動であることは事実である。加えて、これらのアートプロジェクトでは一度に多くの作家の作品が出品されるため、個々の作品については焦点が当たりにくい。そのため言及されたとしても作品批評ではなく、展覧会のキュレーションや運営面への批評（言及）にとどまってしまう。

しかしそれでも語られてきた言葉はある。そこで次章では、このような流れのなか二〇一〇年代に生み出された「地域アート」という言葉について、それに先行して用いられた「地域型アートプロジェクト」という言葉による議論を踏まえ、その意義と危険性を論じる。

5　地域型アートプロジェクト／「地域アート」の可能性と危険性

「地域アート」という言葉が登場する前に、同様の現象を地域型アートプロジェクトとして整理したのは小泉元宏である。

小泉は「大地の芸術祭　越後妻有アートトリエンナーレ」や「別府混浴温泉世界」（大分県・二〇〇八年〜）など複数の地域型アートプロジェクトを事例として、その可能性と問題点をあげる。吉澤（2007）も指摘するように、アートプロジェクトは成果物を必ずしもゴールにしないため、実験的な芸術を支援しうる。そしてアートプロジェクトは同時に「創作と鑑賞」「流通と消費」といったこれまでの芸術における関わり方を問い直す試みでもある。それらが一つ一つの事例において関係性を再構築・再解釈していくことで成り立つ。ただし、社会的文脈を踏まえるからといって地域活性化などある価値観に強く依拠することは、芸術活動の多様性を制限することもある（小泉 2010a）。

あるいは、このような地域型アートプロジェクトは過程を重視し必ずしも成果物を目的としないことから、作品という文化的価値のみならず芸術活動がもたらす社会的価値を生み出すことが期待される。しかしともすれば、社会的価値を生み出すことの方に過度に期待が寄せられる場合がある。ここで危惧されるのは例えば表現が安易になったりわかりやすさばかりが求められるという表現の制約である。小泉はアートプロジェクトを事業としてとらえ、関わるステークホルダーの目的や意図の整理と、そこに表現への制約がないかを自省する仕組みが取り込まれることの必要性を説く（小泉 2010b）。

小泉の議論は芸術の価値を前提にしており、これは後述する藤田の議論とも重なる。ここで示されているのは、ミクロレベルの芸術と地域の関係や直接のステークホルダー同士だけではなく、マクロレベルで芸術と社会が「よりよい」関係性を構築することである。小泉の視座には、芸術と社会が互いにより近づきうるものだという視点がある。社会と関わる芸術はその融合点といえよう。

他方冒頭に紹介したように、藤田（2016b）は地域における芸術活動を「地域アート」と名付け、この現象が地域活性化や関係性構築といった芸術以外の要素によって活動基盤が維持されつつあることに警鐘を鳴らす。そしてこれを担保するために引用されるのが「関係性の美学」の議論である。

「関係性の美学」とは、キュレーターのニコラ・ブリオーが提唱した議論であり、藤田のみならずアートプロジェクトの言説において引用されることの多い美術理論である（例えば小泉 2010b）。作品そのものではなく、その場での出来事や参加者との関係性構築を重視する芸術活動を指すこの言葉はしかし、一九九〇年代の欧米の状況に応じて提唱されており、反論もすでに提出されている（例えば Bishop 2004=2011）。加えて、この議論を二〇〇〇年代以降の日本の状況にそのまま当てはめるには無理があろう。確かにコミュニケーション重視の動きを「関係性の美学」という言葉で端的にまとめるのは都合がよいかもしれない。しかし、実際は単純な関係志向ではなく、より複雑であろう。例えば、地域におけるアートプロジェクトに参加する芸術家が全て関係性構築を希求しているわけではない。アートプロジェクトに参加しながらも作品そのものの価値（芸術志向）を希求する芸術家や、関係性構築（関係志向）に悩んだ結果プロジェクトを去る芸術家も存在する（髙橋 2012）。芸術活動において芸術家が中心性を失うということは、芸術家自身に自己のアイデンティティを問う機会をもたらすのである。

また、地域外の若者が芸術活動を媒介にして地域の人々とコミュニケーションをとることは実際行われるが、そのゴールは不明瞭である。惰性でも続けることがあたかも正義であるかのようにとらえられる危険性もある。

地域型に限らず、アートプロジェクトを「関係性の美学」という言葉のみで矮小化することは今日では不適切であろう。藤田が編集した書籍においても随所に、あるいは同書の書評である光岡寿郎（2017）の論稿にも同様に、それは表れている。光岡（2017: 164）は「『地域アート』は関係性の美学とは切れており、日本に固有の文脈に強く依拠してきたのではという問いが徹底されなかった点にある」と論じた。実際、欧米の美術批評のキーワードに依拠することで、日本の状況に正面から向き合うことを避けてきたともいえる。

ここで考えたいのは、もともとアートプロジェクトが美術あるいは芸術の枠組みを越えようとしていたことである。つまり、芸術の枠組みを越えようとしていたものを再び芸術理論や議論の俎上に載せることで、アートプロジェクトの囲い込みが起こっているというとらえ方もできるのではないか。これは、前章で述べた制度化の動きとも重なる。つまり、芸術制度からの脱出を図る活動でありながらも、その先で制度化し新たな批評基準が求められ始めているのである。このことはそもそも言葉に「アート（芸術）」という用語が入っていることによって逃れられないことでもあろう。いくら「まち（地域）」に依拠した活動であろうと、芸術であるがゆえに、美学的・芸術的基準と完全に切り離すことが難しいのがアートプロジェクトの持つ自己矛盾なのである。前章の流れを踏まえるのであれば、ここで求められるのは、芸術と地域の両方で通じる議論なのである。

6 多様化する語り手のなかでの芸術家

藤田の議論が画期的な点は、それが実践者ではない人による議論という点にある。藤田はいくつかのアートプロジェクトへの（ボランティアやシンポジウム聴講など）鑑賞を通じての「現場での直感」をもとに書いている。しかしそれでも専門は文芸批評であり、本人も述べているようにアートプロジェクトにとっては外部の人間である。いわば観客側からのアートプロジェクト批評であった。

だが、日本のアートプロジェクトの言説を振り返れば運営側に依る言説が主流であった。例えば大学主導のアートプロジェクトの運営や記録で学生とともに活動を行ったり（加治屋 2013）、活動に積極的に関わりながら参与観察を行ったり（吉澤 2011）、実践家として研究に臨んだりと（吉田 2015）、運営としての実践を踏まえた研究が大多数を占める。また、熊倉監修（2014）の取り組みのように参加者や企画者の語りの記録を残そうとする試みもある。あるいは「社会の芸術フォーラム」（二〇一五年〜）は、芸術関係者と研究者の対話を生み出そうとし、シンポジウムや書籍を通じて「異種格闘技」を行うことで個別プロジェクトとは戦略的に距離をとっている（北田・神野・竹田編 2016）。以上のように関わりの程度はさまざまであるが、アートプロジェクトを取り巻く言説は作り手側、とりわけ運営の参加者によるものが主流にあった。

この状況を踏まえ光岡は、「地域アート」に対する書評で以下のように述べる。

今後は、例えば地域社会学者と美術批評家による地域アート論、もしくは文化人類学者と芸術社会学者による芸術祭論といった異なる専門性による対象の記述に加え、さらには参加した観客によるドキュメンテーションといった、美術を通して表面化する問題の、美術とは異なる専門性に基づいた記述による住み分けという状況が進行していくことになるのだろう（光岡 2017: 166）。

光岡が示唆するのは、アートプロジェクトや「地域アート」を多様な主体が語り論じるようになる今後の展開である。つまりいかにして多様な語り手を巻き込みうるのかは、アートプロジェクトの議論だけではなく、アートプロジェクトの活動そのものにも必要不可欠である。他方、このような流れを受けアートプロジェクトでは、芸術家という専門職の存在意義が見えにくくなりつつある。にもかかわらず、芸術家がなぜアートプロジェクトに参加するのかということは問題となりにくい。

たった一人の芸術家だけではなく、関わっている人々の相互作用によって芸術作品が成立する、あるいはそのように芸術が作り出される過程に着目する。これはハワード・S・ベッカーの芸術世界論の見方である（Becker 1982［2008=2016］）。確かにたった一人の天才だけでは芸術は成り立たないが、それでもベッカーの議論の前提となっているのは中心に芸術家という存在がいることである。しかしアートプロジェクトにおいては芸術家が中心にいるという図式そのものが前提とされなくなっている。これはつまり、芸術家という存在を支えていた芸術制度から芸術活動が外に出たことの帰結でもある。芸術家の誕生は、芸術活動という行為が、社会で誰でも行えた活動から専門施設で専門家が行う活動へと変化したことを受けていた。そして、対立が解消され包摂が進むようになるにつれて、事態は芸術家の存立基盤が薄れる可能性を示している。そうであるならば、芸術家が自身のアイデンティティの揺らぎを感じうるアートプロジェクトという場に関わることは、彼らにいかなる困難や気づきを与えるのだろうか。以下では地域に芸術家が入り込むことによる作用から、アートプロジェクトにおける対立と包摂、あるいは地域との関わりを見ていきたい。

7　アートプロジェクトとの距離
――触媒としての芸術家

アートプロジェクトの特徴の一つである協働は、誰でも芸術活動に参加できるという参入障壁の低さを示している。また、作品に日常的な素材が用いられることは専門的な訓練を必ずしも必要としていないことも意味する。アートプロジェクトの芸術活動は、それまで暗黙の前提にあった芸術家と鑑賞者・聴衆という明確な区分を壊し、誰でも作り手になりうるという状況を生み出した。それこそがアートプロジェクトの狙いである。つまり、誰でもが芸術の作り手になりうる。

それではなぜ芸術家たちは、アートプロジェクトに参加することであえて自分のアイデンティティが揺るがされるような経験をしようとするのだろうか。つまり、自身の存在が確立され守られた状態から、なぜ芸術家としての境界が曖昧になるようなアートプロジェクトに飛び込もうとするのか。ここに一つの答えを提示するならば、彼らが教育を受けてきた芸術教育制度の外にある価値や、それまで前提としてきた芸術的な常識を覆す出会いが地域にあるからである。

以下取りあげるのは、二〇〇六〜二〇一七年に行われていたある中山間地域でのアートプロジェクトに対して、二〇〇九〜二〇一〇年にかけて行った調査における、参加した芸術家（作家）たちの語りである。参加作家の多くは二十代であり、大学生も含まれていた。

例えばこのプロジェクトに三年間関わっていたモリヤさん[10]は、地域の人々の生活を「綺麗」「丁寧」と表現し、自らが学んできた美術よりも美しいのではないかという考えを持つようになった。

生まれたところが、新興住宅地みたいなところだったから、（中略）A地域（アートプロジェクトが行われていた地域）の人たちはすごい、生活が全然違って。都会とも違うし自分の地元とも違うから。生活がそのすごい、綺麗なんですよ。美術とか、美術とかよりも全然こっちのほうがいいんじゃないのかなとか思ったりとか。すごい、すべて丁寧な気がして。（中略）それはだから、勉強することが多いかな、うん。[11]

田舎と呼びうるような地域と都会との往復を数年間続けることにより、モリヤさんは自分が依拠していた美術制度の外にある美に気づき始める。そしてその気づきは、モリヤさん自身が作品のモチーフとしていた新興住宅地へのとらえ方を変えるものでもあった。つまり、作品制作の方向性に刺激を与える出会いであった。

他方、作家たちが滞在することは地域住民にも変化を及ぼした。プロジェクトの創設期から関わっていたヒラヤマさん[12]はある女性の変化を次のようにとらえていた。

（その女性は）美術系のことがすごく好きなんですけど、自分たちが、A地域の高校に通っているときは、美大に行くっていう選択肢がなかったんだよねっていう、言って。まぁうちらみたいな、知らないところに来て好き勝手やっているような、その美術やっていますっていう人たちが、もしもっと早く現れていたら、考え方が変わっていたかもしれないって言ってくれていたことがすごく嬉しくって。（中略）例えば住んでいる人がそういう美術の重要性に目を向けてくれたことがすごく、私は嬉しいと思う。それは成功したというか、生まれたものなのかなとは思った。

この女性は結婚して子育てをしながら専業主婦としてA地域で生活しており、アートプロジェクトを通じて若い作家が来るまでは、特に美術活動を行っていなかった。しかし、アートプロジェクトが地域で行われるようになった結果、美術への関心が高まり、彼女はこののち二〇一二年の会期において作品を発表した。芸術家たちが芸術制度のなかだけで作品制作を完結させるのではなく、地域の空き家に滞在したり、空き家や屋外での芸術活動や作品展示を行うことにより、それに影響を受けて少しずつでも意識を変える人はいた。

モリヤさんの例は芸術家が自己認識や自己の芸術基準を変えた例であり、ヒラヤマさんが語った女性の場合は芸術家ではない人が自身の内の表現の可能性に気づいた例である。この二つの語りは表裏一体の関係を持つ。つまり、アートプロジェクトによって発見されるのは、生活のなかにある芸術やその萌芽である。

もちろんこのような萌芽だけであれば、芸術家が必ずしも介入する必要はないだろう。しかしそれらは非常に育ちにくい。そこに専門教育を受けた芸術家が入り込むことによって発見がなされ、同時に芸術家はそれに刺激を受ける。そして時にはその芸術家ではない人の表現がうまく育つこともある。最終的な活動において芸術家は中心性を失うかもしれないが、その初発のきっかけ作りや枠組み作りでは、芸術家の存在は必要なのである。ここではアートプロジェクトを通じて芸術家側から地域を見ることを考えてきたが、例えば宮本結佳（2012）が試みたように、地域住民側から芸術活動を見返すとまた異なった社会的世界が存在している。

芸術と社会の関係が対立から包摂へ移行していることは、芸術家にとって自身の芸術活動を支える存立基盤が変化していることでもある。目的や方針を明確に持たなければ、専門性が薄れてしまいかねない。地域での芸術活動は芸術家にとっては決して容易なことではない。運営上からいえばさまざまな戦略があろうが、芸術家が地域での活動へと興味を示す一つの誘因は、そこに既存の芸術制度の内にはない魅力や発見、気づきや出会いがあるからだろう。すべての芸術家にとって適した場所ではないが、社会と対立する専門的芸術制度のなかでの活動では見出すことができないものが地域にはある。これは、アートプロジェクトにおける基本となる衝動である。芸術家にとって地域とは、芸術制度の外にあり、芸術の規則や基準が必ずしも通る場ではない。しかしだからこそ新しい表現が生み出されうる場なのである。

芸術制度のなかで活動を行うことが芸術家にとっての唯一だった時代が終わり、芸術家に新たな選択肢が提示された。芸術制度の外の活動や時流をも巻き込むことによって、次代の芸術活動が生みされていく。社会にとって芸術はその一部である。本稿で取り上げた芸術家たちは、地域を芸術家が社会を実感する際の入り口の一つと位置付けている。そして、アートプロジェクトにおいて地域そして社会と関わることとは、芸術家が芸術制度の外に出ることであり、芸術家ではない人が芸術に近づくことである。社会に関わる芸術にとって地域という場はまさに両者が出会う場として設定されているのだ。

8　芸術と地域の出会いの担保

本稿ではここまで、アートプロジェクト、「地域アート」、「芸術の社会化」、そして社会と関わる芸術といったキーワードを中心に、特に二〇〇〇年代以降の芸術と社会をめぐる関係を見てきた。そして、アートプロジェクトにおける芸術家の存在意義を見直し、芸術家がアートプロジェクトを行う際に、地域が結節点となり、既存の芸術制度の外にある社会の存在を見出しうる状況を描き出してきた。とはいえアートプロジェクトが依拠する文脈は地域に限らない。教育、福祉などにおいても、それぞれの実践から社会と関わることができる。既存の芸術制度の外にあるものに目を向けることは、芸術家たちにとっては発見があり、それが芸術活動に昇華されうる。他方このような芸術活動は、芸術家ではない人々にとっても思わぬ発見をもたらし、彼らの生活を活性化させる触媒の作用も持っている。

このような作用に期待しながら、近年ではアートプロジェクトが助成化され、制度化しつつあるのが実態である。藤田直哉はまさに、そのなかで芸術性が捨象されうる状況を「地域アート」の文脈で否定的な意味合いを込めて形容した。これは新しい動きであったアートプロジェクトの形骸化の兆候を示すものでもある。例えば、どのアートプロジェクトの作品にも既視感がある——例えば廃校では子供の記憶をテーマにした作品や、広い空間を埋めるために糸が素材としてよく選択されること——など、あるいはどこのアートプロジェクトでも似たような芸術家を見るという現象はこの危険性を表していよう。椎原伸博が近年のアートプロジェクトにおける問題や論争を複数あげているように、コンフリクトは常に起こりうる（椎原 2017）。実際はそれぞれの地域の特異性（地方なのか都市なのか、どのような歴史を歩んできたのか）を見定め、それぞれに地域を考える試みが、芸術家側にも運営側にも、そして住民たちや観客にも求められる。このような動きに敏感になりながら常にそのせめぎ合いを見ることが、芸術と地域、芸術と社会の関係を見定めていくことであろう。

ただしこのように「社会と芸術の対立」から「社会と芸術の包摂」というのは芸術における一部の動きである。未だ美術館や劇場などの既存の芸術制度は強固である。また、地域におけるアートプロジェクト、あるいは社会と関わる芸術もその変化速度はさまざまであり、すべてが制度化に向かって進んでいるわけではない。とはいえ、オルタナティブな動きが制度化に取り込まれるという芸術の変化の典型がここでも起こりつつある。制度化されながらも開きつつあるという芸術活動については今後の行く末に注視すべき事項であろう。

さらに、クレア・ビショップが提起するように、芸術を通じて関係性構築をしていくのであれば、それは誰と、あるいは何となのだろうか、考える必要がある（Bishop 2004=2011: 89）。他方、芸術が社会化されることは、芸術にも、そしてそれを受け入れる側の地域にも分断の可能性をもたらしている。このことは友岡（2009）も危惧するように、芸術活動が地域間格差を生み出す危険性へとつながる。そしてこのような格差は、芸術がもたらしたのか、それとももともと地域にあった格差が顕在化されたものなのか、非常にわかりにくい。社会関係資本論に即せば、芸術は橋渡し型社会関係資本を持つものであり、ロバート・パットナムはコミュニティの一組織として芸術団体を地域計画に組み入れることの重要性を提案した（Putnam 2000=2006: 510）。また、港町でのダンスプロジェクトが地域活性化につながった事例もパットナムらは論じている（Putnam and Feldstein 2003: 55–74）。しかし、これは本当に芸術である必然性はあるのだろうか。ゆえにパットナムのように、地域における他の活動との比較研究をしていくことも求められよう。

光岡が指摘するように、「美術を通して表面化する問題の美術とは異なる専門性に基づいた記述」は今後ますます必要になろう。他方この点は、美術批評内部からも提出されている疑義である。社会と関わる芸術が美術側から見た社会を対象にしていることのへの問題提起や（加治屋 2017）、作品への批評を行ってきた美術批評において過程をどう評価し、地域という概念が入ったことでどう文脈を理解することができるのかということなどが、課題となっている（飯田 2017）。社会科学の役割はその美的価値を論じることにはないという批判もあるが（熊倉ほか 2015: 35）、美的価値それ自体がどのような場でいかに構築され、制度化／脱制度化されるのかという点は社会（科）学的に考察すべき点である。地域において制度の外に出た芸術活動が行われることは、地域の人々にとっても、あるいは芸術家にとっても気付きをもたらす。この原点を踏まえた上で、制度化していくアートプロジェクトの行く末を見ていく必要があろう。

［付記］本稿は科学研究費補助金「アート協働制作による社会関係資本形成の社会学的・実践的研究」（17K18464）の成果の一部である。

［注］

［1］例えば加治屋は、美術史的な整理からその源流を野外美術展、パブリックアート、キュレーターのヤン・フートが日本において行った一連の企画の三つに置いている（加治屋 2016）。

［2］同時期の芸術家主導の活動としては現代美術作家・川俣正の諸プロジェクトもアートプロジェクトと呼びうる（例えば岡林編 2004）。

［3］北川は二〇〇九年の地域社会学会大会の公開シンポジウムに登壇しており、地域活性化の分野においても注目されている。

［4］現在の行政区分は十日町市と津南町にあたる。

［5］第四回目以降はＮＰＯが運営主体となっている。

［6］その後第六回の二〇一五年の来場者は五十万人を超えた。

［7］社会科学的な視点からの成果分析としては例えば澤村編（2013）がある。

［8］二〇一〇年から国際交流基金が組織委員会から外れている。ヨコハマトリエンナーレ「ヨコハマトリエンナーレについて」（二〇一七年十二月二十八日確認）http://www.yokohamatriennale.jp/about/history.html

［9］例えば二〇一八年一月現在募集されている「Tokyo Tokyo Festival」は、二〇二〇年あるいは二〇一九年に実施する芸術活動に対して、最大二億円まで支援する助成金である。http://ttf-koubo.jp/（二〇一八年一月七日確認）

［10］二十代女性、美術大学絵画専攻卒業。二〇一〇年四月四日インタビュー。以下インタビュー協力者は仮名。

［11］わかりにくい表現については（　）で補足し、プライバシー保護のため固有名詞など一部加工した。

［12］二十代女性、美術大学絵画専攻修士課程修了。二〇一〇年三月十五日インタビュー。

［文献］

Becker, Howard S., [1982] 2008, *Art Worlds*, 25th anniversary edition, Berkeley: University of California Press.（＝二〇一六、後藤将之訳『アート・ワールド』慶応大学出版会）

Bishop, Claire, 2004, "Antagonism and Relational Aesthetics," *October*, 110: 51–79.（＝二〇一一、星野太訳「敵対と関係性の美学」『表象』〇五、七五―一一三、表象文化論学会）

ドキュメント2000実行委員会編、二〇〇一、『社会とアートのえんむすび１９９６―２０００――つなぎ手たちの実践』トランスアート。

藤浩志・ＡＡＦネットワーク、二〇一二、『地域を変えるソフトパワー』青幻社。

藤田直哉、二〇一六a、「まえがき」『地域アート――美学・制度・日本』堀之内出版、七―一〇。

――――、二〇一六b、「前衛のゾンビたち――地域アートの諸問題」『地域アート――美学・制度・日本』堀之内出版、一一―四三。

橋本敏子、一九九八、『地域の力とアートエネルギー』学陽書房。

林容子、二〇〇四、『進化するアートマネジメント』レイライン。

Helguera, Pablo, 2011, *Education for Socially Engaged Art: A Material and Techniques Handbook*, New York: Jorge Pinto.（＝二〇一五、アート&ソサイエティ研究センターSEA研究会訳、『ソーシャリー・エンゲイジド・アート入門――アートと社会が深く関わるための10のポイント』フィルムアート社）。

星野太・藤田直哉、二〇一六、「まちづくりと『地域アート』――『関係性の美学』の日本的文脈」『地域アート――美学・制度・日本』堀之内出版、四五―九三。

飯田志保子、二〇一七、「批評と現場の間――日本のアートプロジェクト／芸術祭の基準点」『aica JAPAN NEWS LETTER ウェブ版』七：六。

加治屋健司、二〇一〇、「日本のアートプロジェクト――その歴史と近年の展開」『広島アートプロジェクト２００９「吉宝丸」』広島アートプロジェクト、二六一―二七一。

――――、二〇一三、「大学系アートプロジェクトとしての広島アートプロジェクト」『広島市立大学芸術学部芸術学研究科紀要』一八：三四―三七。

――――、二〇一六、「地域に展開する日本のアートプロジェクト――歴史的背景とグローバルな文脈」『地域アート――美学・制度・日本』堀之内出版、九五―一三三。

――――、二〇一七、「ソーシャリー・エンゲージド・アートの批評基準」『aica JAPAN NEWS LETTER ウェブ版』七：四。

北田暁大・神野真吾・竹田恵子編、二〇一六、『社会の芸術／芸術という社会――社会とアートの関係、その再創造に向けて』フィルムアート社。

北川フラム、二〇一五、『ひらく美術――地域と人間のつながりを取り戻す』ちくま新書。

小泉元宏、二〇一〇a、「社会的価値の創出と文化活動に関する分析――現代アートによる「社会と関わる芸術」への検討から」『文化経済学』七（一）：一二三―一三一。

――――、二〇一〇b、「誰が芸術を作るのか――『大地の芸術祭・越後妻有アートトリエンナーレ』における成果物を前提としない芸術活動からの考察」『年報社会学論集』二三：三五―四六。

熊倉純子監修、二〇一四、『アートプロジェクト――芸術と共創する社会』水曜社。

熊倉純子・長津結一郎・アートプロジェクト研究会、二〇一五、『日本型アートプロジェクトの歴史と現在１９９０年→２０１２年』補遺』アーツカウンシル東京。

岡林洋編、二〇〇四、『川俣正――アーティストの個人的公共事業』美術出版社。

澤村明編、二〇一三、『アートは地域を変えたか――越後妻有大地の芸術祭の13年：2000-2012』慶応大学出版会。

光岡寿郎、二〇一七、「2010年代のアート・ワールド――藤田直哉編『地域アート　美学・制度・日本』を読む」『コミュニケーション科学』四五：一六一―一六七。

宮本結佳、二〇一二、「住民の認識転換を通じた地域表象の創出過程――香川県直島におけるアートプロジェクトを事例にして」『社会学評論』三六（二）：三九一―四〇七。

Putnam, Robert, D. 2000, *Bowling Alone: The Collapse and Revival of American Community*, New York: Simon & Schuster.（＝二〇〇六、柴内康文訳『孤独なボウリング――米国コミュニティの崩壊と再生』柏書房）

Putnam, Robert D. and Lewis M. Feldstein, 2003 *Better Together: Restoring the American Community*, New York: Simon & Schuster.

椎原伸博、二〇一七、「『地域アート論』以降の『アートプロジェクト』論について」『地域政策研究』二〇（二）：八一―九三。

髙橋かおり、二〇一二、「『芸術志向』と『関係志向』の二重性の維持――芸術家を主体としたアートプロジェクトを事例として」『年報社会学論集』二五：九六―一〇七。

Tang, Jeanine, [2011] 2012, "Biennalization and Its Discontent," Brian, Moeran, and Jesper Strandgaard Pedersen eds. *Negotiating Values in the Creative Industries: Fair Festivals and Competitive Events*, New York: Cambridge University Press: 73–93.

友岡邦之、二〇〇九、「地域戦略に動員される文化的資源――文化的グローバリゼーションの陰画としての自治体文化政策」『社会学評論』六〇（三）：三七九―三九五。

吉田隆之、二〇一五、『トリエンナーレはなにをめざすのか――都市型芸術祭の意義と展望』水曜社。

吉本光宏、二〇一七、「東京2020文化オリンピアードへの期待――ロンドン2012大会文化オリンピアードを支えた3つのマークの考察から」『ニッセイ基礎研所報』六一：一〇九―一二八。

吉澤弥生、二〇〇七、「文化政策と公共性――大阪市とアートＮＰＯの協働を事例に」『社会学評論』五八（二）：一七〇―一八六。

――――、二〇一一、『芸術は社会を変えるか――文化生産の社会学からの接近』青弓社。


（原稿受付二〇一八年一月二十八日　掲載決定二〇一八年二月二十二日）

What is a meaning of the socially engaged arts for the local community for?

From opposing the existing system to being included in it.

TAKAHASHI, Kaori
Rikkyo University
kartkhs@yahoo.co.jp

The purpose of this article is to analyze the transition of socially engaged art and art projects from opposing the existing system to being included in it. The concept of socially engaged art is imported from Western countries but the discussions about these art projects have developed uniquely in Japan and now bloom not only in the context of art world but also broader society. Its uniqueness is the collaboration of artists with ordinary people who are not trained in high art and live in local communities. Several art managers and researchers have tried to define such art projects but it remains a controversial field. Though artists are at the core of artistic creations, their ideas and claims are often lacking in substance and they tend to be ignored in discussions. From the interviews of artists who participate in such an art project, it can be deduced that it is difficult for artists to communicate with ordinary people in local communities and to maintain their identities as artists during such art activities. However, by engaging in art activities outside the traditional art world, artists find new inspirations for their creations and further establish their identity. In addition to that, they observe society from a new standpoint and try to create art for society. Nowadays, there is increased institutionalization and subsidization of art by the public in this field, though this movement had started as an independent movement in opposition to the existing art system. We need to discuss this transition from the perspectives of both arts and social science.

key words: art project, socially engaged art, artists, local community

(Received January 28, 2018 / Accepted February 22, 2018)

公募特集　今、地域を考える

炭鉱の閉山を巡って交錯するリアリティ

――「後始末」に携わった人々の半生から

坂田勝彦（東日本国際大学）

本稿は、ある地方大手炭鉱で中堅幹部職員として働き、その後、閉山処理業務に携わった人物たちの半生から、炭鉱の閉山とはそこで働き暮らす人々にとっていかなる出来事であったか検討することを目的としている。

戦前・戦後を通じて、近代日本社会の発展と成長は様々な産業の「合理化」とともに進められた。石炭産業で働く人々と産炭地域がこの半世紀の間に直面した状況は、そうした社会の変化が最も先鋭的な形で現れたものであった。そのプロセスは時に「戦争」と表現されるほど、そこで働く人々と地域社会に劇的な変容をもたらし、閉山後、多くの人々が産炭地を離れた。他方で、地域には地元残留者の再就職や鉱害復旧など多くの課題が残され、その「後始末」に様々な人々が長く携わることになった。

従来、石炭産業の崩壊を巡っては主に労働者の大半を占めた現業労働部門の鉱員と、産炭地を離れることになったその経験が中心的に検討された。だが管理・運営部門の職員たちもその社会変動を生きた主体であり、彼らの中には閉山後の「後始末」に携わった人々がいた。そうした経験もまた石炭産業の崩壊の重要な側面を構成するものだった。鉱員や鉱害被害者など、様々なアクターとの衝突や協働を重ねながら炭鉱の閉山という出来事と向き合った彼らの半生からは、石炭産業の崩壊が多様な人々のリアリティが複雑に交錯する中で展開した多元的な現実であったことが明らかになる。

キーワード：炭鉱の閉山、「後始末」、交錯するリアリティ

1　はじめに

戦前・戦後を通じて、近代日本社会の発展と成長は様々な産業の「合理化」とともに進められた。とりわけ、石炭産業で働く人々と産炭地域がこの半世紀の間に直面してきた状況

は、そうした社会の変化が最も先鋭的な形で現れたものである。

かつて日本全国には大小あわせて数百に及ぶ石炭鉱山（以下、炭鉱と略記）が存在した。佐賀県杵島郡大町町を中心に、隣接する江北町や北方町でも操業した杵島炭鉱もその一つである。十九世紀後半から開発が着手された同炭鉱は、昭和初期以降、地元資本の高取鉱業による操業の下、九州でも屈指の規模の炭鉱へ発展した。第二次世界大戦後間もない最盛期、その労働者は約六〇〇〇人を数えた（大町町史編纂委員会編 1987）。

だが、一九五〇年代半ば以降のエネルギー革命の進展に伴う石炭産業の景気悪化を背景に、杵島炭鉱も経営状態が悪化し、一九五八年に住友石炭の傘下へ買収されることになる。その後も厳しい状況が続く中、一九六九年に同炭鉱は完全閉山を迎えた。

杵島炭鉱が存在した地元の大町町の町史では、その影響力の大きさから、長年に渡る同炭鉱の歴史が紙幅を割いて叙述されている。そこでは、閉山当時の町の雰囲気がこう記されている。

> 石炭を取り巻く社会情勢は日一日と悪化し、杵島炭鉱の存続は極めて厳しい状況であった。数次にわたる企業整備でかつてのシンボルの二本煙突の一本はすでに姿を消し、坑口を出入りする鉱夫のキャップランプ姿も心なしか活気が薄れていく感があった。（略）「遂に来るべきものがきた」挫折感に打ちひしがれる一方、町の経済に与えた影響は著しく、終戦時に似た町民の不安と動揺は覆うべくもなく、その対応は大きな社会問題となった（大町町史編纂委員会編 1987 下巻: 83）

エネルギー革命の下、石炭産業を巡っては激しい合理化が展開された。それは時に「戦争」と表現されたほど、そこで働く人々と地域社会に劇的な変容をもたらした。そして閉山後、多くの人々が産炭地を後にし、そこには地元残留者の就職斡旋や鉱害復旧など様々な課題が残された。産業構造の大きな変化の下で展開される撤退戦と、それに携わった人々の経験とはいかなるものだったのだろうか。

2　問題の所在

2-1　炭鉱の閉山の「後始末」に携わった人々の存在

周知のように、産業革命のエネルギー源であり、近代以降の日本において財閥資本の本源的蓄積を支えた石炭産業は、一九五〇年代半ば以降、原油や廉価な海外炭との競争に巻き込まれ、慢性的な不況に陥った。この「エネルギー革命」の下、「石炭鉱業合理化臨時措置法」（一九五五年）を端緒に、不採算炭鉱の閉鎖と優良炭鉱の選別とを掲げる「スクラップ・アンド・ビルド」政策が進められ、石炭産業からは多くの離職者が発生した。

石炭産業の解体に伴い労働者たちが直面したこうした状況についてはこれまで多くの実証的研究が蓄積されている。常磐炭鉱（福島県いわき市）閉山後に元労働者約四〇〇〇名がいかなる職業キャリアを辿ったかを追跡した『炭砿労働者の閉山離職とキャリアの再形成』プロジェクト（早稲田大学文学部社会学研究室ほか編 1998-2007）とその関連研究（藤見・三上 2001; 嶋崎 2004, 2017ほか）、貝島炭鉱（福岡県宮田町）閉山後の地域社会や元炭鉱労働者の状況を戦後日本社会の流動化という視点から検証した高橋伸一らの研究（高橋編 2002）は代表的なものである。

これらの研究は、炭鉱の閉山後、多くの人々が新たな生活のために他地域へ移動した事実や、それまでと異なる暮らしへの彼らの適応に着目し、元炭鉱労働者の閉山離職前後における生活水準や社会的地位の変化を明らかにした。それまでと異なる仕事につき、新たな場所で生活を再建することになった人々が直面した困難について、生活の核である職業キャリアや所得水準などの客観的な尺度の変化から迫ったこれらの研究の意義は大きい。

その一方で、閉山後、産炭地には離職者の再就職や鉱害復旧など様々な問題が発生したことから、当該地域に留まってその「後始末」に携わることになった人々が一定数いる。本稿で取り上げる杵島炭鉱の元中堅幹部職員はそうした人々である。Mさん（男性）は一九二〇年に大阪府で生まれ、父を内務官僚に持つ人物である。旧制四高を卒業後、大阪帝国大学の理学部に進学、在学中から陸軍造兵廠で働き、第二次世界大戦では南方戦線に従軍した。復員後、住友石炭に就職、同社の杵島炭鉱買収（一九五八年）とともに工作部の幹部として着任し、閉山後は佐賀県内で機械メーカーを起業した。もう一人のKさん（男性）は、一九二三年に杵島炭鉱のある地元の佐賀県大町町で生まれた人物である。呉服屋を営む両親のもと、旧制佐賀中学から京都帝国大学法学部へ進学し、学徒動員を経て内地で敗戦を迎えた。その後、大学に復学し、卒業後は杵島炭鉱に就職、主に労務部で労組対策に携わり、閉山時は鉱害復旧業務に従事した。

炭鉱の閉山後、地域社会で大きな問題となったのが、地元残留者の雇用の確保であり、炭鉱の採掘に伴い発生した大量の鉱害の処理であった。この両名はそれぞれ、離職者の就職斡旋や鉱害復旧業務に携わった人物だった。

先述のように、炭鉱労働者の閉山後の状況についてはこれまで、その大部分を占めた鉱員層に注目し、彼らの多くが職業を求めて地域外へと移動した事実や、その社会的地位の移動が検証された。だが職員層の状況については、その存在が企業と一体視されたことや、その人数が鉱員と比べて少なかったことから、それほど研究が蓄積されていないのが現状である。また、閉山後の地域社会の状況についても、産業政策として産炭地域振興がいかなる政策的意義を持ったかを整理・検討する作業は一定程度なされた（西原・斎藤 2002; 矢田 1994ほか）が、地域に残された課題と実際に向き合った人々の経験には十分に焦点があてられてきたとはいい難い。

しかし、多くの炭鉱では採炭技術の高度化や多岐に渡る労務管理の必要性から、現業労働部門の鉱員とともに、管理・運営部門の職員も大きな役割を果たしていた。[1] そして、閉山前後の様々な処理業務の中心を担った人々の多くが、MさんやKさんなどの中堅幹部職員層だった。

2-2 炭鉱の閉山を巡って交錯するリアリティ

このように、従来、炭鉱労働者の置かれた状況については主に多数を占めた鉱員たちの経験に議論が集中してきたが、職員たちもまた炭鉱の閉山という出来事と向き合った重要な当事者だった。そして、炭鉱の閉山の「後始末」に携わったその経験は、石炭産業の崩壊とはいかなる出来事であったかを考える際、避けて通ることのできないものである。彼らの経験に着目することで、本稿は石炭産業の崩壊過程が様々なアクターとそのリアリティが複雑に交錯する中で展開してきた事実を辿り直す。

具体的に敷衍すると、石炭産業の崩壊は多くの人々の生活と人生に甚大な影響を与える出来事であったが、それは決して「共通の不幸」として彼らに経験されたわけではなかった。むしろ、その影響は各々が置かれた状況により多様で、職員と鉱員、企業と労働組合、鉱害加害者と被害者といった入り組んだ関係構造の中で相互に衝突や協働を重ねながら、人々はその後の人生を模索した。

炭鉱の閉山を巡るこうした複雑で入り組んだ様相は、現実の多元的構成という社会学の研究課題と深く通じるものである。アルフレッド・シュッツによると、私たちは社会的世界に占める自らの位置と生活史をもとに状況を定義し、現実を構成する存在である（Schutz 1962=1983：56–63）。つまり、各々が置かれた社会的・文化的背景や生活経験の違いによって、眼前の現実は全く異なるものとして立ち現れるのであり、日常生活の世界は様々なリアリティがせめぎ合う空間でもあるわけである（Schutz 1962=1983; 浜 2006: 276–277）。特に社会問題の現場では、三浦耕吉郎が鋭く指摘するように、当事者間に複数の異なった見解や主張、世界観が併存するなか、それらが対立や衝突することで固有の問題状況が生み出されていく構造がある（三浦 2009: 12）。

こうした問題意識から以下では、炭鉱で中堅の幹部職員として働き、閉山後はその「後始末」に携わった人物の経験をもとに、彼らがいかに炭鉱の閉山という出来事と向き合ってきたかを検討する[2]。そこからは、石炭産業の崩壊が、それに遭遇した人々のリアリティが複雑にせめぎ合う中で展開された多元的な現実であったことが明らかになる。

3 彼らが炭鉱で働くことになった経緯——戦争によるライフコースの変容を巡って

本節ではまず、MさんとKさんが炭鉱で働くことになった経緯を検討する。それぞれ、専門技術者として、労務管理の専門職として、彼らは炭鉱で経験を積んでいく。だがその就職の経緯からは、青年期が戦争と重なったことで、彼らがそれ以前に思い描いていた将来像に大きな変更を余儀なくされたという共通点が明らかになる。他の時代であれば実現したであろう将来像を軌道修正するところから、両者の職業生活は始まった。

3―1 思い描いていたキャリアの軌道修正

Mさんが石炭産業と接点を持ったのは、第二次世界大戦の終戦後、南方戦線より復員してからのことだった。

旧制四高を経て大阪帝国大学の理学部に在学していた彼は、戦時体制が強まる中、一九四二年、陸軍の造兵廠に技術開発職として入隊した。「ほんとのことを言いますと、兵隊さんにはなりたくなかったんです」。そう語るMさんは、大学で学んでいたことを活かせる場所であり、軍隊では最も実戦から離れた組織だった造兵廠に籍を置いた。

しかし、そうしたKさんの目論見はすぐに覆ってしまう。戦局の激化により、彼が入った造兵廠は空襲を受け閉鎖し、南方戦線へ従軍することになったからである。「そうなると、生きて帰れるとも思わんもんですから、死ぬんならしっかり闘って」。そう覚悟した戦地で、飢えと病気で部隊の半数が亡くなる中、それでも生きて彼は終戦を迎えた。

現地で軍務の清算を終えた後、Mさんは一九四六年十月に帰国した。そしてまずは大学に復学したという。だが、当時は大学も荒廃し、彼自身の周囲にも研究や開発などと言っていられない事情が山積していた。

面倒を見てくれた教授などと話して、さしあたり阪大で助手をやれということで、助手の、辞令まで出してもらったんですけども、その時両親も（彼らの郷里だった）佐賀におりまして（疎開していて）、両親まだ元気だったんです。だけども親父はもう公職追放で、仕事がやれないんです。で、もう（家族は）収入が無いんで、私は大阪へ出たものの、大阪から逃げてきた両親がもう食べるのも大変なんですね。私一人だと、暫く辛抱すりゃあ大学も段々平穏になるでしょうし、おったほうが良かったのですけどね、両親の面倒みにゃいかんもんですからどうしようもなくて。[3]

物心ついたころから「もの作り」が好きで、設計技術の研究に強い関心を持っていたMさんにとって、大学に助手として残る選択は魅力的だったはずだ。だがその希望は叶わなかった。そこで、まずは配給や給料に恵まれている職場として、技術者を募集していた住友石炭への入社を指導教授が勧めてくれたという。彼は入社後のことをこう振り返る。

で、住友石炭に入ったんですが、住友石炭もなかなか居心地が良い会社でですね、そこでまあ、戦地から帰ってきて、初めてこう伸び伸びした感じで仕事ができましたね。[4]

終戦からしばらくの間、石炭産業は外地からの引揚・復員者をはじめとして、衣食住を求める多くの人々を引き寄せた。Mさんのように、エリートコースを歩んできた者がその職業キャリアの軌道修正の際に炭鉱を新たな進路に選んだケースもあった。戦前・戦後を通じて石炭産業はその性質上、採掘等の広範な技術の専門家が必要とした。特に石炭産業の再建が喫緊の政策的課題だった当時、その要請は強かった。

同社に就職後、Mさんはそれまでとは打って変わって、充実した時間を過ごす。彼にとって、炭鉱は仕事に集中して取り組むことができた初めての環境だった。それから十年余り、彼は大学時代の専門だった設計を中心に、全国の現場で技術者の経験をつんだ。

Mさんの石炭産業への就職の経緯からはまず、戦争のために将来像を変更することになったという、当時多くのエリートたちが直面した青年期の経験が明らかになる。その中には炭鉱から新たなキャリアをスタートした人々もいたのである。

3-2　炭鉱の町である故郷からの再出発

後に杵島炭鉱で労務管理職として活躍するKさんは、同炭鉱が操業した佐賀県大町町で生まれ育った人物である。「大町からえらい無理したんですよ。田舎者が挑戦して入るだろうかという心配があったんですけど。入ってみたらなんちゅうことはなかった（笑）[5]。そう自らの経歴を語るKさんは、戦前の同町で非常に珍しかった旧制佐賀中学進学者だった。そして、佐賀中学を卒業後、彼は京都帝国大学へ進学する。

　京都（大学）にいった（進学した）の（きっかけ）はね。私が中学の修学旅行でね、京都に行ったわけですよ。その夜、街の散策にね、ぼくは友達とはいかんで、一人でいっとるんですよ。それもいま思うと変な話なんですが、そのひとりでね、新京極に入ったところがそこのおみやさんで、田中絹代さんがおったわけですよね。田中絹代ちゅう女優さんがおったわけですよね。あなたは名前は憶えんでしょうけども。その、ぼくより十歳くらいは上の人ですけども。当時まだ僕が十代ですから、むこうも二十代三十代くらいだから、花の盛りですから。もうほんときれいだった。もう一発でまいってね。その、京都に行けばああいう人が、ははは[6]（笑）。

　現在よりも高等教育の進学機会が希少であったこの時代、旧制中学から帝国大学への進学は輝かしい未来をKさんに保障するものだった。また、地方で生まれ育ったKさんにとって、都会は新聞や映画を通して知ることができた憧れの世界だった。彼の回想からは、漠然と抱いていた都市的世界への憧れや、自らの前途に希望を膨らませていた姿が窺われる。

　だが現実は、Kさんが思い描いていたものと大きく異なることになる。戦時体制の本格化に伴い、彼も学業を中断し、士官学校へ入ることになったからである。戦地へ赴くことはなかったものの、上官による理不尽な仕打ちなど、軍隊時代のことは苦い記憶ばかりであったと彼は言う。

　終戦後、Kさんは京都へ戻り、大学へ復学した。しかし、そこで彼が直面したのは荒廃した都市の世相と生活の苦しさだった。「都会におって一番困るのは、食べるものが無いんですよ」。大学卒業後、京都で就職したものの、その日その日を食べていくことにも困る有様だった。

　そうしたなか、Kさんは家族の事情で一時、故郷の大町町に帰省した。そのとき目にしたのが、都市とは大きく異なる故郷の姿だった。大町に帰ると、親戚や友人、多くの隣人の存在があった。「米のご飯が食える」こともうれしかった。何より炭鉱の町であった郷里の雰囲気に彼は惹き込まれた。

　炭鉱の雰囲気というのがですね、私が好きだったのは。鉱員さんたちも結構な金（お給料が）出るでしたよね。その代わり、悪いのはね、やっぱり朝送られて、帰りは死んで帰るちゅうこと、あるからですね、坑内の事故が起こったり、落盤で生き埋めになるとかね、事故が多かったです

写真１　1950年代半ばの大町町のマーケット（大町中学校第５回卒古稀記念誌『我がふるさと大町町』二〇〇六年より）

よ。だけんそういう危険なところだから、国もやっぱり力を入れて応援したんでしょうね。だから風潮としてね、金は持っとるわけですね。で、宵越しの金は持たんちゅうことでね、もう一晩で使ってしまうという雰囲気でしたよね。それで酒を好きな人は酒を飲む、女が好きな人は女郎を買いに行くとかいうことで、もう町は賑わっとったですよ[7]（笑）。

Kさんはそのまま大町に落ち着くと、知人の紹介で地元の大企業である杵島炭鉱に職員として入社した。帝国大学の法学部で学んだKさんはまず労務部に配属され、労働者の福利厚生の業務、具体的には会社保有の映画館と保育園の運営を任された。食料や資材が重点的に投入された「傾斜生産方式」など、終戦後、炭鉱は復興に向けた基幹産業と位置付けられ、国策の全面的支援を受けた。そして、様々な階層の人々が集い、活況を呈していた[8]。終戦から間もない頃の炭鉱のあった町の姿を、彼の言葉からは窺い知ることができる。

4　石炭産業の崩壊の只中で——それぞれの試行錯誤

前節でみたように、青年期に戦争を体験し、敗戦後の混乱期にキャリアの軌道修正を余儀なくされたMさんとKさんは、紆余曲折の末、職員として炭鉱で働くことになった。本節では、その後彼らが経験した石炭産業の斜陽化との格闘について検討する。石炭産業は終戦後、復興に向けた基幹産業と位置付けられたが、急速に進むエネルギー革命の下、それからわずか十年あまりで衰退産業へその地位が急落した。そのため、戦後まもなく炭鉱企業に入社した彼らの勤務経験の中心は、石炭産業の崩壊との戦いが占めることになった。

4-1　熾烈な労使紛争の末の失望

前節でみたように、杵島炭鉱に就職後、まず労働者の福利厚生業務に携わったKさんは、その頃を「一番楽しかった」と語る。だがそれは長く続かなかった。一九五〇年代半ばから激化した労使紛争の前面に、幹部候補生である彼は立つことになったからだ。

敗戦後、復興の基幹産業に位置付けられた石炭産業は、しかし一九五〇年代初頭から進行する石炭から石油へのエネルギー転換により全面的な不況に陥った。各地で炭鉱の閉山が相次ぎ、多くの企業で人員整理が強行された。そうした動きに対し、炭鉱で働く人々は激しく抵抗した。

杵島炭鉱も例外でなかった。佐賀県財界で権勢を誇った同社も経営が急速に悪化し、人員削減や労働条件の大幅な切り下げなどで経営の立て直しを図ろうとした。その動きに、「ヤマの仲間を守る」ため杵島炭鉱の労働組合も激しく対抗した。組合運動の中心にいたある人物は、その戦いを戦後の民主化の中で勝ち取った労働者の権利を守るための闘いであり、戦前の劣悪な労働環境への回帰に対する抵抗だったとのちに証言している[9]。

写真２　杵島労組による「136日スト」の様子（大町中学校第５回卒古稀記念誌『我がふるさと大町町』二〇〇六年より）

こうして、エネルギー革命の下で生き残りをかけた企業の論理と、暮らしや仕事を守る労働者の論理とが激しく対立する渦中に、Kさんは身を置いた。会社と組合が全面的に衝突するストライキの際はもちろん、平時から労使が激しく衝突した賃金の査定交渉に、Kさんは坑内外の現場で携わった。それらは決裂すると、しばしば次ような紛争に発展した。

> （労働組合の）大衆動員（が）かかった時、（労働組合の人々と主張をぶつけ合っていると）みんなに（自分は演台などに）のせられて、八方からつるし上げ。（その）一回目はね、負けるかとおもって応対してしゃべりよったけど、誰も聞く人はおらんわけよ。だから相手攻撃方は拍手喝采で、それであほらしくなってね。それからつかまってももう黙秘権でやりとおしたけれども。（今度は）黙秘権ていうたら、「横着だから揉め」っていうことで（取り囲まれ、押されたりひっぱられたりしながら）、一か所じゃなくて取り巻いて一〇〇メートルくらい場所が変わるようなことになりましたよね。もうそのときは、これは暴力沙汰ですからね、私も真ん中ですからね、足をこう蹴り上げて。こっちも命がけですから[10]。

杵島炭鉱における労使の激しい対立は、一九五七年に「敵よりも一日ながく」をスローガンに戦われた「杵島闘争」で頂点に達した[11]。財界の要請を背に合理化を推し進めようとする会社側と、炭労（全日本炭鉱労働組合）や全国の労働組織の支援を後ろ盾に徹底抗戦する組合側との対立は、九十六日に及ぶストの末、組合側の全面勝利に終わった。その結果、同炭鉱を長年操業してきた地元資本の高取鉱業は、経営権を住友石炭へ売却することになった。買収後、住友石炭から幹部職員約四十名が着任し、杵島炭鉱の経営陣は刷新された。

当時の労使紛争について振り返るとき、半世紀が経過した今も、Kさんは組合を「いけいけどんどんの一本調子で」「理屈が全く通じない相手だった」と批判する。例えば労使で最も激しく争われたものに、先に少し出た賃金の査定交渉があった。つねに命の危険と背中あわせの中で働く鉱員たちにとって、地底の刻一刻変化する自然条件を賃金にいかに反映させるかは容易に妥協できない問題であり、強い主張が打ち出された。だがそれは、日々悪化する経営状態を前に経営の効率化と合理化に邁進する会社側にとって、到底受け入れ難いものだった。Kさんの言葉とそこに滲む組合への苛立ちは、石炭産業の崩壊に同じように直面していたにもかかわらず、労使の間に深い断層があったことを示している。

そして、新たな体制のもとでKさんは改めて労組対策に携わった。地域の隅々まで知悉する人脈と弁舌能力は、労組対策が杵島炭鉱の経営の鍵と意識していた新体制でも必要不可欠と評価されたからだった。このとき、労組との対決について「やるなら徹底的にやれ」と不退転の方針を打ち出していた住友資本の姿勢は、先のストの際の「完敗」を経験したKさんにとって、頼もしいものだったという。「三井三池争議」（一九五九～一九六〇年）での三井三池労組の敗北に代表されるように、日本全体の政治状況も劇的に変化するなか、杵島炭鉱で最長を記録した「１３６日スト」（一九六一年）において彼は会社側勝利の立役者となった。

こうして労使紛争が沈静化した後、組織でその功績を評価されたKさんは周囲を追い越して労務部の幹部に昇進した。部下には、旧制中学時代の同級生や友人たちがいた。しかしあるとき、Kさんは彼らにこう話したという。

おまえたちやめろと。いつまでここにおっても、おれより、おまえたちは上におけんと、その先が見えたじゃないかと。その、おれは出世して、よければ重役になれるかもしれないけど、お前たちはよくても係長ぐらいでおわるぞと。もっと、お前たちの才能を認めてくれる会社にいけと。[12]

このときのKさんの言葉は、一見、社内での出世競争に勝利し、確かな地歩を築き上げたことへの自負を周囲に誇示したものに映る。だが、彼のこのときの話は石炭産業と会社に見切りをつけることを周囲に勧めたものでもあった。なぜならこの時期、石炭産業の衰退は明白になり、杵島炭鉱でも先の「１３６日スト」の後、敗北のショックと石炭産業の前途に失望して多くの人々が炭鉱を離れていったからである。労組との戦いに勝利したにもかかわらず、数年の間に決定的なものとなった石炭産業の衰退の様相は、買収時に住友石炭へ抱いた期待がいかに淡いものだったか、そして、石炭産業の趨勢を読み誤ってしまった会社と自らの不甲斐なさを彼に痛感させていたのではないだろうか。

4－2　機械化の現場での葛藤

では、外地から復員したのち、住友石炭に就職したMさんの場合はどうだったか。入社から十年余り、全国の住友資本の炭鉱を周り経験を積んだ彼は、技術者として一番脂がのった三十代後半、住友石炭が杵島炭鉱の経営権を得た際（一九五八年）、父母が佐賀出身だった縁から同炭鉱に着任した。

表1　杵島炭鉱の労働者数の推移[13]

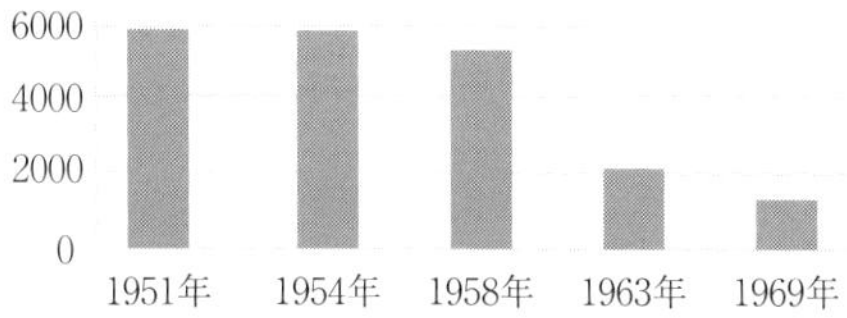

杵島炭鉱労働組合給与対策部編（1951, 1955）及び住友石炭鉱業株式会社社史編纂室（1990: 308, 312, 377）より作成。

　前項でも登場したこの住友石炭による杵島炭鉱の買収は当時、同社の社運を賭けたプロジェクトだった。エネルギー革命によって九州地区の主力鉱を相次いで閉山に追い込まれた同社にとって、関西圏への石炭供給拠点として新たな炭鉱の獲得が急務となっていた。重要な拠点炭鉱の獲得による会社の再建が、その出炭規模と激しい労使紛争とで全国的に知られた杵島炭鉱を買収した同社の思惑にあった[14]。

「住友から見ると、田舎の、能率のあまり高くない……素朴な社風の会社でしたね」。着任当時の印象について、Mさんはそう語る[15]。そして、「住友から来た」自分たちは「住友石炭がまごまごしている間に、杵島炭鉱を立派にしよう」という意欲に燃えていたと彼は続ける。

　当時、杵島炭鉱の人々は住友石炭による買収について、財閥資本の手で「これで潰れなくなった」という安堵感と、「進駐軍」を受け入れることへの当惑とがないまぜになった思いで受け入れたという（住友石炭株式会社 1990: 308）。そんな受け入れ側の思惑とは異なり、生産体制から労使関係まで同炭鉱の古い体質を一掃し、高能率の「ビルド鉱」[16]へと鍛え上げるという目標をもって、Mさんたちは杵島炭鉱に着任した。乗り込む側と受け入れる側との思惑が食い違う中、彼の杵島炭鉱での仕事は始まった。

　着任から閉山まで一貫してMさんが取り組んだのが坑内労働の機械化だった。それは各採炭現場で発生する出水の排水ポンプの自動化にはじまり、着任当初は木枠が残っていた坑内支柱の鉄柱化など多岐に渡る。エネルギー革命の下、炭鉱が生き残っていくためには生産能率の向上が至上命題であり、徹底した機械化が不可欠だった。閉山直前には坑内排水や石炭運搬の自動化など、相当程度、機械化が実現したという。

そして、そうした坑内作業の機械化は、Mさん自身が「省力化」と表現したように、人員の削減と並行して進められた。エネルギー革命下で悪化する経営状況のなか、各企業は機械化による採炭量の増産とともに、人員削減を実施した。表1にあるように杵島炭鉱も同様だった。

だが、「その頃（着任当初）は会社（杵島炭鉱）がこんなに早くつぶれるとは思わなかった」とMさん自身振り返るように、石炭産業の崩壊は彼らの想像を超えるスピードで進行した。結果、石炭産業と企業に絶望した労働者たちは次々と職場を離れ、現場はその対応に追われた[17]。

Mさんも、当初は思いもしなかったそうした混乱に翻弄された。まず彼は会社の指示で、不要となった機器の処分や離職者の再就職先の斡旋に奔走することになった。ほかにも、離職者の受け皿として町工場の立ち上げに携わるなど、彼の業務の多くは離職者の再就職斡旋へ切り替わっていった。

以上のMさんの経験からは、住友石炭の社運を賭けた杵島炭鉱買収および再建のプロジェクトが、石炭産業の急速な衰退により頓挫した過程が浮き彫りになる。それはまた石炭産業の前途を読み違え、後手後手の対応に終始した企業の無策に振り回された現場の人々の困難も示唆している。徹底的な生産体制の合理化による経営の再建という炭鉱企業の当初模索した方向性は、この一九六〇年代を転換点として、産業の斜陽化の中での撤退戦へ変わっていった。

5　炭鉱閉山前後の選択とその論理

最後に本節ではMさんとKさんが炭鉱閉山の際にいかなる選択をし、その後何をなしたかを検討する。石炭産業の崩壊が急激に進む中、杵島炭鉱は一九六九年に閉山を迎えた。

5-1　「二度目」の「敗戦」と向き合う

杵島炭鉱に着任してから十年余りが経過し、閉山時、Mさんは工作部の幹部になっていた。それまでに離職者の再就職斡旋に奔走した経緯もあり、彼は閉山について「何となく覚悟はしていた」し、「大きな驚きはなかった」という。しかしながら、彼はそのときの心境をこう振り返る。

運命みたいなものは感じましたね。一つの産業があんな短時間でだめになるって、ぼくは他に知りませんし、外国にもあまり例がないじゃないでしょうか。あっという間に石油に転換しちゃって。住友に入った頃は想像もしていなかったですね。増産増産で尻叩かれてばかりでしたから。だから一つの産業の落ち目に立ち会ったわけですね。軍隊も同じですね……。軍隊も敗戦であっという間になくなっちゃったんですが、同じ敗戦の憂き目に二回立ち会いました（笑）。立っているものが、足元が崩れ去るというのはなかなか経験されないですよね。それが二回ありましたから。[18]

杵島炭鉱に着任して以来、急激に変わりゆく時代と産業の情勢を痛感してきただけに、Mさんは石炭産業の前途を覚悟していた。だがいざそうなってみると、彼はそんな事態に立ち会うことになった自らの境遇に何か運命のようなものを感じざるをえなかったという。青年期に体験した戦争や敗戦に続いて、このとき彼は拠って立っていた組織や日常が根本から崩れ去ってしまうという、自らの力ではどうしようもない状況に再び直面したからである。「同じ敗戦の憂き目に二回立ち会いました」というMさんの言葉からは、そんな思いもよらぬ事態にそのとき再び立ち会ったことへの当惑と、彼が抱いた深い敗北感が窺われる。

その後、会社の指示の下、離職者の再就職斡旋やその受け皿である工場の運営などにMさんはしばらく携わった。だがそれらの業務に区切りがつくと、彼は他の同僚たちのように住友石炭本社へは戻らず、私財を投じてある決断をした。

（閉山処理の業務が終わると）自分でももうその何といいますか、（本社に戻って）いわゆる社員でよそへ行くちゅうのはもう嫌でしたね。そんならというので、杵島炭鉱の関連施設があったんです、かなり大きな。それを譲り受けて、機械すえて。で、もう住友と縁は切れてますので、私がそれ（会社）を始めました。

住友石炭から出向の社員の多くが本社へ戻る中、Mさんはなぜ会社の起業という選択をしたのだろうか。それは一つに、石炭産業の衰退がすでにはっきりとしていたことがある。本社へ戻っても、このとき五十代に差し掛かる年齢になっていたMさんには自らの居場所があるとは思えなかった。

だがより大きかったのは、「自分でももうその何といいますか、いわゆる社員でよそへ行くちゅうのはもう嫌でしたね」というMさんの言葉にあるように、これ以上、社会や会社の都合に振り回されることを拒もうとする意思を当時彼が抱いていたことである。そして、最後まで運営に関わった工場で部下だった約三十名の杵島炭鉱の元労働者たちに呼びかけ、彼は機械メーカーを起業することを選んだ。

だが、現実は厳しかった。帳簿のつけ方にはじまり、あらゆることをMさんたちは自力でやっていかなければならなかったし、もはや取引先の開拓も保障がなかった。そして最も大きな課題が開発力だった。起業して改めてMさんが実感したのは、鍛造や旋盤など、炭鉱の操業に必要な技術は持っていたものの、それらは商品の開発やアイデアの創出には直結しないものばかりだったことである。将来の展望への不安や会社経営の重圧が彼に重くのしかかった。

しかし、Mさんは決してあきらめることなどできなかった。なぜなら、この起業という選択はMさんと彼についてきてくれた部下たちにとって、「住友と縁を切」り、自分たちの力で生きていくという不退転の選択だったからである。起業の際に声をかけた部下たちは皆、家族や年齢などの事情から、地元を離れることのできなかった面々だった。そして彼らはいずれもMさんより年長で、その多くは彼が杵島炭鉱に着任して以来長年一緒に働いてきた仲間だった。会社の命運は、Mさんたちの生活と誇りを賭けたものでもあった。

こうした状況を打開する糸口となったのが、杵島炭鉱時代に付き合いのあった企業との接点から生まれた水道プラントの設計事業だった。Mさんによると、それは「機械を作る」のではなく、「機械を組み合わせてプラントを作る（設計する）」ところにチャンスがあった。大学で学び、住友石炭時代から杵島炭鉱までずっと専門としてきた彼の設計の技術は大きな武器になったからだ。一九七〇年代当時、全国的に公共投資による開発が着手されており、佐賀県でも県をあげて上下水道の整備が進められていた。炭鉱時代に接点のあった企業と共同で取り組んだこの事業は、Mさんたちの会社の最初の大きな成果だった。経営が軌道に乗るまでにはそれからも相当の時間を要したものの、さらなる事業の展開を彼らは模索した。

Mさんはその後、七十代半ばで退くまで社長として会社を支えた。閉山後のそうした経験を振り返る中で、彼は「こうして話していますと、杵島炭鉱の歴史が終わったというのを感じますね」と口にした。そして、「杵島炭鉱が終わるのは、（自分の中で）時間がかかりました」と続けた。このMさんの言葉は、様々な矛盾や葛藤を内包する石炭産業を巡る歴史が、それに携わった各々に過去として受け入れられるのにいかに長い時間が必要であったか、また、炭鉱の閉山に遭遇した人間が自らの人生を通してその出来事の意味をいかに模索してきたか、それらの一端を示唆している。

5-2　炭鉱の「末路を見届けた」ということ

地元の大町町で生まれ育ち、杵島炭鉱一筋で閉山まで勤めたKさんの場合、閉山をどう受け止めたか。「時の流れがわかってきたですからね」。彼はまずそう語る。石炭産業が衰退する中、町も会社も大きくその有様を変えていた。閉山は時間の問題だった。

そして閉山の数年前、多くの人たちが炭鉱を離れていくなか、旧制佐賀中学時代の同級生の仲介でKさんにも他業種の企業から引き抜きの話があったという。それは魅力的な条件・待遇で、悩んだ末、彼も一度は転職を決意した。

しかし、最終的にKさんはその決意を撤回し、杵島炭鉱に残ることを選んだ。

佐賀出身の会社に◆▼ってあるんですよ。その社長って方と東京でお会いしてですね、えらい気に入られてね、（役員として）もう行く段取りをしておったんですが、◇○さんから「助けてくれ」と、「お前がおらんようになったらもう杵島炭鉱立ち往生する」という。そんなことはなかったんでしょうけどね、何か人生意気に感ずというような感じで。意志薄弱というか、引き止められたらまたそっちに気が傾いてね。やっぱり、金で動いちゃいかんのかなと、人情を（笑）。馬鹿なこと考えて。[19]

この転職の話があったとき、Kさんは長年携わった労務部を離れ、鉱害復旧の部署に移っていた。そして、会社を辞めたいと相談に行くと、上司は「お前がおらんようになったらもう杵島炭鉱立ち往生する」と強く引き留めたという。労使の対立が収束したのと前後して、一九六〇年代に入ると、杵島炭鉱では鉱害が顕在化し、地域で大きな問題となった。会社と住民の間で利害関係が入り組んだこの問題は誰もが取り組めるわけではない難題であり、その人脈と交渉力からKさんが担当していた。次々と人材が流出する中で、Kさんにまで抜けられたらどうなるか。上司は必死に説得した。

このとき、上司のそうした言葉を聞きながらKさんが思ったのは、「やっぱり、金で動いちゃいかんのかなと」ということだった。その上司はかつて組合と激しく対立していた当時、労務部の責任者として幾度もKさんや部下たちを身体をはって守ってくれた人物だった。他にも尊敬する上司や先輩が炭鉱に留まることを選んでいた。「私は、女にも惚れるんですが、男にも惚れるんですね（笑）」。他人から見れば「馬鹿なこと」だったかもしれないが、会社は捨てることができても、長年ともに戦ってきた仲間と故郷を見捨てて出ていくことなど、このとき彼にはできなかった。

それから三十年あまり、Kさんは杵島炭鉱の鉱害復旧業務に従事した。それは、彼の言葉を借りると「ある意味の、戦争犯罪人の道」だった。[20]一九六〇年代に入ると、炭鉱は生き残りのため、住民の反対を押し切って、それまで手を付けていなかった場所でも採掘を進めた。その結果、膨大な鉱害が発生した。例えばある農家でのことだった。地盤沈下と大雨により、水田が完全に浸水してしまったその家は、加えて家屋も水没し、住民は二階に避難することを強いられた。Kさんはそのとき、二階でまつ住人のもとへ詫びながら船で食料を運んで行ったという。そんなことも一度や二度ではなかった。

くわえて、鉱害被害者との交渉は困難を極めた。Kさんによると、組合との闘争は「同じ土俵での喧嘩」であったが、その交渉はまず加害者として謝るところから始まった。「殺されても仕方ないような話だった」と鉱害の悲惨さを感じながらも、「後始末をどうして私がなんでやらないかんのだ」という気持ちをかみ殺して、彼は頭を下げ続けた。

しかし、一九九〇年代前半まで続いた鉱害補償について、Kさんはその責任者として解決に尽力した。雨期になると、地盤沈下と浸水によって「道は寸断され、農地は荒廃し、家は悪臭に悩まされ、この世の地獄とまで」地域で嘆かれた（佐賀県江北町鉱害改良課編 1991: 25）杵島炭鉱の鉱害は、長年の鉱害復旧事業を通して今日、解決されている。それは「加害者という大義名分を打ち出」すことで、関係機関へ積極的に働きかける「被害者救済のパイプ役」（佐賀県江北町鉱害改良課編 1991: 107）となったKさんたちの力なしには実現できないものだった。鉱害の最大の被害地であった江北町では各地に復旧の記念碑が建立されているが、その多くには長年の地元住民の艱難辛苦とともに、鉱害復旧のために閉山後、炭鉱関係者が尽力したことへの謝意が記されている。それらは、炭鉱の閉山後、産炭地で生きていくことになった人々が様々な対立や葛藤を抱きながらも模索した共生の有様を今に伝えている。

Kさんは、生い立ちにはじまり、敗戦後の混乱やその只中に身を置いた石炭産業の記憶を振り返る中で、幾度か自らの人生を「いつも時の流れに身を任せて漂ってきた」と表現した。彼の半生からは、石炭産業で働く人々を翻弄した戦後社会の急激な変化が改めて確認できる。そして、閉山後に携わった鉱害復旧についてKさんは、「そういう意味では、杵島炭鉱の末路を見届けたんですね」と続けた。その言葉からは、基幹産業として消失してもなお石炭産業の過去が地域社会に様々な影響を与え続けてきたこととともに、自らの責任を全うしてきたことへの彼の矜持を知ることができる。

6 結語

本稿はここまで二人の元炭鉱中堅幹部職員の半生をもと

に、石炭産業の崩壊に直面する中で彼らが積み重ねてきた試行錯誤を検討した。最後に本節では彼らの経験から浮き彫りになる、炭鉱の閉山を巡る多元的なリアリティの問題について改めて整理したい。

まず、MさんとKさんの両者は、職務上の立場が異なるにもかかわらず、自社に対して潜在的・顕在的な不信を抱いていた点で、石炭産業の崩壊を巡って共通したリアリティを持っていたことがある。それは何より、石炭産業の衰退を読みきれずに後手後手の対応しか取れなかった炭鉱企業への不信感だった。そんな失望や不信のなかから、彼らは閉山後の人生を歩みはじめた。従来、石炭産業の崩壊過程については、鉱員層に抱かれた産業や企業への怒りや失望が指摘されてきたが、本稿からは、職員層においても産業や企業への根深い不信感が抱かれていたことが浮き彫りになる。こうした炭鉱企業や当時の政策への不信感は、炭鉱の閉山という出来事を検討する上で重要なリアリティであるはずだ。

次に、根っからの技術者であり、住友石炭による杵島炭鉱の買収後に杵島炭鉱に着任した人物であるMさんと、杵島炭鉱一筋で閉山を迎え、その間はもっぱら労務畑を歩んできたKさんの、非常に対照的な二人の人物の経験に着目することの意義について。それぞれに個性的で、様々な相違点を持つ彼らの経験は、地元資本として発展し、その後、エネルギー革命に巻き込まれる中で財閥資本の傘下に入り、最終的に閉山を迎えるという、石炭産業史においてもユニークな立ち位置を占める同炭鉱の足跡と大きく重なるものであった。それはまた、同じ中堅幹部職員層の間でも状況の認識や理解に様々な差異があったことを示している。

例えば、労務の中心として組合と対峙したKさんの経験は、石炭産業の崩壊の只中において、常に地下の危険と隣り合わせの中で働く鉱員層と、経営の合理性や効率性を志向した職員層との間に、容易に埋めがたい断層があったことを示している。その断層は、労使紛争と同様に複雑で困難なものであったはずの鉱害被害者との交渉についてKさんが語った言葉と比較するとき、いかに根深いものであったかがよりはっきりする。

そして、終生、技術者であることを貫こうとしたMさんの語りは、石炭産業の崩壊を巡って、語られた言葉とともに、あえて彼らが語ろうとしなかったその沈黙からいま何を想像できるかというもう一つの課題を示唆している。技術者として坑内作業の機械化に取り組んだMさんの業務は、エネルギー革命の下で企業の生き残りのために徹底した合理化が追及された当時、そこで働く人々の居場所を奪うものでもあった。また、そうやって進められた坑内作業の機械化は、炭鉱企業が良質な石炭の増産に経営の活路を求めて掘進していくなか、鉱害という形で地域社会の自然環境に甚大な損害を及ぼすことになった。こうした問題について、決してMさんは多くを語らなかった。彼の沈黙は逆説的に、石炭産業において技術と労働者とが、技術と環境とがそれぞれ取り結んできた関係の複雑さを物語っているのではないだろうか。

戦後日本の高度経済成長は、文字通り、石炭産業の合理化を入口にして推し進められた。そして、それはそこで働く人々や地域社会の有様を根底から解体するものだった。そうした危機と混乱の只中で、鉱員と職員、企業と組合、鉱害被害者と加害者、炭鉱関係者と地元の商工業者は、様々な形で衝突や協働を重ねてきた。炭鉱の閉山を巡る複雑で入り組んだリアリティは、閉山から半世紀余りが経過した今もなお、世代をこえて産炭地の内外で生きられている。ここまで検討した二人の語り手の経験をより深く読み解いていくとともに、炭鉱の閉山を巡って積み重ねられてきた様々な当事者の営みから石炭産業の過去を辿り直していくこと。本稿の先に、端緒をつけたばかりの大きな課題があることを銘記して、論を閉じたい。

[付記] 本稿は二〇一七年度の日本オーラル・ヒストリー学会第14回大会（於：近畿大学）での報告を大幅に加筆・修正したものであり、杵島炭鉱の元労働者・関係者へのインタビュー調査や各種アーカイブスでの資料調査をもとにしています。MさんとKさんをはじめ、調査にご協力いただきました皆様に、この場を借りて御礼申し上げます。

【注】

[1] 炭鉱労働者については、これまで「職員」層と「鉱員」層、下請けの「組夫」層の三層が存在すること、それらの間の階層差が指摘されている（布施編 1987）。杵島炭鉱の場合、職員の一割弱が大学卒業の学歴を有していた（杵島炭鉱労働組合給与対策部 1951.10: 30）。

[2] 本稿はMさんとKさんへのインタビューをもとに検討を進める。Mさんへのインタビューは計三回（二〇一五年十二月十二日、二〇一六年十二月十八日、二〇一七年八月十九日）、彼が暮らすケアハウスの応接室で行った。またKさんへのインタビューは計三回（二〇一六年八月十八日、二〇一六年十二月十七日、二〇一七年八月十五日）、彼の自宅近くの喫茶店で行った。なお、本稿のもとになる調査として筆者は二〇一一年八月から現在まで、杵島炭鉱の元労働者（計十七名。元鉱員十一名、元職員六名）とその家族（計十八名）、炭鉱時代を知る大町町在住の関係者（区長経験者、公民館館長経験者、元役場職員など）にインタビュー調査を進めている。インタビューの際、許可の得られた場合は録音し、それ以外は許可が得られた範囲でメモをとった。並行して佐賀県立文書館、佐賀県立図書館、大町町公民館、九州大学記録資料館産業経済資料等で資

料調査を進めている。

[3] Mさんへのインタビューの第一回目（二〇一五年十二月十二日）のものより。

[4] Mさんへのインタビューの第二回目（二〇一六年十二月十八日）のものより。

[5] Kさんへのインタビューの第二回目（二〇一六年十二月十七日）のものより。

[6] Kさんへのインタビューの第三回目（二〇一七年八月十五日）のものより。

[7] Kさんへのインタビューの第一回目（二〇一六年八月十八日）のものより。

[8] 杵島炭鉱では昭和二〇年代から三〇年代にかけて、多くのスポーツや文芸のサークルが誕生した。こうした往時のサークル活動などについては改めて別稿で検討したい。

[9] 杵島炭鉱最後の労働組合長であった人物の証言による（「さが１００年の物語 ２０世紀の群像５９」『佐賀新聞』二〇〇〇年二月二十一日）。

[10] Kさんへのインタビューの第二回目（二〇一六年十二月十八日）のものより。

[11] 杵島炭鉱労働組合は幾度も激しいストライキを展開した。杵島炭鉱の労働運動の展開については、杵島炭鉱労働組合による記録集（杵島炭鉱労働組合 1958）を参照のこと。

[12] Kさんへのインタビューの第三回目（二〇一七年八月十五日）のものより。

[13] これは鉱員と職員を合わせた人数であり、一九五一年と一九五四年は四月、一九五八年は住友石炭へ経営権が移った三月、一九六三年は社長交代のあった五月、一九六九年は閉山した四月のもの。

[14] この住友石炭による買収の経緯については、住友石炭鉱業株式会社社史編纂室（1990）が、また、買収後の経営再建を巡る労使対立については、買収時の社長だった松本定の手記（1995）が詳しい。

[15] Mさんへのインタビューの第二回目（二〇一六年十二月十八日）のものより。

[16] 石炭産業の合理化は低能率で施設が老朽化した炭鉱を閉山（スクラップ）すると同時に、機械化により高能率化が期待できる炭鉱を存続・再建（ビルド）させる形で進められた。「ビルド鉱」とは後者を指す。

[17] 炭鉱離職者の動態については労働省職業安定局編（1971）を参照のこと。

[18] Mさんへのインタビューの第三回目（二〇一七年八月十九日）のものより。

[19] Kさんへのインタビューの第三回目（二〇一七年八月十五日）のものより。

[20] Kさんへのインタビューの第三回目（二〇一七年八月十五日）のものより。

[文献]

藤見純子・三上涼子、二〇〇一、「強制離職後の進路選択」『社会学年誌』四二：一九―三〇。

布施鉄治編、一九八七、『地域産業変動と階級・階層――炭都・夕張／労働者の生産・労働――生活史・誌』御茶の水書房。

浜日出夫、二〇〇六、「羅生門問題――エスノメソドロジーの理論的含意」富永健一編『理論社会学の可能性――客観主義から主観主義まで』新曜社、二七一―二八九。

杵島炭鉱労働組合編、一九五八、『敵よりも一日ながく――統一と団結の九十六日』。

杵島炭鉱労働組合給与対策部『調査資料月報』（一九五一年六月号、十月号、一九五五年六月号）

松本定、一九九五、『わが思い出と近況――杵島炭砿争議のてんまつ』近代文芸社。

三浦耕吉郎、二〇〇九、『環境と差別のクリティーク――屠場・「不法占拠」・部落差別』新曜社。

西原純・斎藤寛、二〇〇二、「産業のリストラクチュアリング期における炭鉱閉山と三階層炭鉱労働者の帰趨――長崎県三菱高島炭鉱の事例」『人文地理』五四（二）：一―二一。

大町町史編纂委員会編、一九八七、『大町町史（上巻）（下巻）』大町町教育委員会。

労働省職業安定局編、一九七一、『炭鉱離職者対策十年史』日刊労働新聞社。

Schutz, Alfred, 1962 "Commonsence and Sientific Interpretations of Human Actions," Natanson, Maurice ed. *Collected Papers 1: The Problem of Social Reality*, The Hague: Martinus Nijihoff.（＝一九八三、那須壽訳「人間行為の常識的解釈と科学的解釈」モーリス・ナタンソン編、渡部光・那須壽・西原和久訳『アルフレッド・シュッツ著作集　第一巻――社会的現実の問題I』マルジュ社、四九―一〇八。

佐賀県江北町鉱害改良課編、一九九一、『江北町鉱害史 実務編（第二巻）』江北町役場。

嶋崎尚子、二〇〇四、「炭鉱離職者の再就職決定過程――昭和46年常磐炭砿K．K大閉山時のミクロデータ分析」『早稲田大学大学院文学研究科紀要』四九：四三―五六。

――、二〇一七、「炭鉱閉山と労働者・家族のライフコース――産業時間による説明の試み」岩上真珠・池岡義孝・大久保孝二編『変容する社会と社会学――家族・ライフコース・地域社会』学文社。

住友石炭鉱業株式会社社史編纂室編、一九九〇、『わが社のあゆみ』住友石炭鉱業株式会社。

高橋伸一編、二〇〇二、『移動社会と生活ネットワーク――元炭鉱労働者の生活史研究』高菅出版。

早稲田大学文学部社会学研究室編、一九九八―二〇〇七、『炭砿労働者の閉山離職とキャリアの再形成』（第一巻―第十巻）、早稲田大学文学部社会学研究室。

矢田俊文、一九九四、「構造不況産業と地域政策――戦後日本の石炭産業の撤退と産炭地域政策」『産業学会年報』一〇：一―二五。


（原稿受付二〇一八年一月二十八日。掲載決定二〇一八年五月八日）

Interplay of the realities on the occasion of coal mine closure

Considering the life-histories of people engaged in "cleanup"

SAKATA, Katsuhiko
Higashi Nippon International University

This article examines the experiences of the coal mine staffs those who worked as a middle-ranking executive in a regional major coal mine and engaged in the closing process later.

Through the prewar and postwar period, the development and growth of modern era Japan has been advanced to the "rationalization" of various industries. During the past half century, coal miners and coal mining grounds experienced a tremendous social change. That process was sometimes described as "war", it brought drastic changes to the workers and communities there. So, many people left coal mines after closing. On the other hand, many problems such as re-employment of local residents and restoration of mining damage left in the area, and some people have been involved in that "clean up" for a long time.

Conventionally, concerning the collapse of the coal industry, previous studies have centered on the experience of the blue-color workers which accounted for the most of the workers, especially focused on the process of having to leave the coal-mining area. However, the staff of the white color layer are also the actors of the social change, there were people involved in the "after-closing" post-closure. Such experience also constitutes an important aspect of the collapse of the coal industry. While facing collisions and conflicts with various actors, they faced coal mine closure. Considering their experiences, it is clear that the collapse of the coal industry was a pluralistic reality developed in complicated interactions of various actors.

Key word：coal mine closure, "cleanup", interplay of the realities

（Received January 28, 2018 / Accepted May 8, 2018）

公募特集 今、地域を考える

住むことも住まないことも資源にする

――未確定希少難病患者の移住に関する一事例研究

上野 彩（大阪大学）

本稿では診断の確定が困難な疾患（以下、未確定希少難病）を患うことと、被災することを同質のエピファニー経験と捉え、移住によって病者にもたらされた新たな生活とそのプロセスを社会学的に考察することが目的である。都市社会学、地域社会学では避難することをエピファニー（災害）の経験によって分断されたかつての人生の生きなおしと捉え、医療社会学では患者あるいは患者同士が自身の病いについて語ることをエピファニー（病い）によって混乱したバイオグラフィーの再構成として考えている。

本稿では未確定希少難病患者Aさんとその家族との共同生活で得られたフィールドワークデータとインタビューデータを通して、病いの語りにおいて移住や地域文化が果たした役割に注目した。その結果、Aさんは医師の非統一的な療養指示を自身の文脈にあわせて解釈し、どの医師も指示しなかった地域Ⅱへの移住を選択した。Aさんは住み慣れた地域Ⅰに住まないことによってかつて担っていた社会的役割から解放され、病人役割の取得、ひいてはバイオグラフィーの再構成を成し遂げた。診断名を持たない未確定希少難病特有の「治療の困難さ」や見通しの立たなさは、「病人役割にそって治療に専心すべき」という病人役割の義務を緩め、当事者に自由を強いる。Aさんは疾患の不在とそれに伴う近代医療の不明瞭な指示さえも資源にし、さらにはそこに地域文化も独自に織り交ぜることによって病いを語った。

キーワード：地域、未確定希少難病、病いの語り

1 はじめに

1-1 エピファニー経験者としての避難／移住者と病者

二〇一一年三月十一日。二万二〇〇〇人以上が犠牲になった東日本大震災と福島原発事故から丸七年が経過した。未曾

有と形容された東日本大震災は、発災直後四十七万人の避難者を創出した。四十七万人もの人間がそこでの生活を奪われ、一時的な避難や移住を余儀なくされたのである。その後避難者数は二〇一六年三月時点で一七万一〇〇〇人、二〇一八年三月時点で七万一〇〇〇人まで減少した（復興庁 2018）。この避難者数の減少と同時に、外国人宿泊者数は増加、さらには被災三県の地域産業もおおむね回復したが、たとえそこに帰還したとしてもそこで生活していた地域住民の「当たり前」の生活が完全に戻ってくることは難しいだろう。現に震災から七年たったいまも、被災者の住宅・生活再建は被災者支援の中心的課題となっている。

筆者の専門は医療社会学――より限定的には病いの語り研究――であるが、本稿は「地域特集」の公募論文である。なぜ論文の冒頭で災害による避難／移住に触れたかというと、筆者は災害によって「当たり前」を奪われる経験は病者にも通じるものがあるのではないかと考えているからである。突然自身が慢性の病いになったときの病者の内面的変化を記述したMichael Bury（1982）によると、慢性疾患の病者は（1）「なにが起きているのか」把握できない当たり前の考えや行動の混乱、（2）「なぜ今」、「なぜ私が」という説明体系の混乱を経験し、最終的には（3）「症状や障害が現れ、病む人は交遊関係を縮小せざるを得なくなる」混乱へ反応しなければならなくなるという。この三段階をBury（1982）は「バイオグラフィーの断絶」と提示した。「バイオグラフィーの断絶」はRobert Murphy（1987=1990）や大野更紗（2012）をはじめ多くの病者の手記に現れている。そして、断絶したバイオグラフィーの再構成として注目されているのが病いの語りである。

さて、人々の人生に強い影響を与え生活を覆す現象を「エピファニー」[1]（Denzin 1989=1992）というが、本稿では病いを患うことと災害を経験することを同質のエピファニー経験と捉え、移住によって病者にもたらされた新たな生活とそのプロセスを社会学的に考察することが目的である。以下医療社会学の視点を簡単に紹介し、筆者の研究対象である未確定希少難病について定義づけを行う。

1-2　「疾患（Disease）／病い（Illness）」の視点から

社会学では医療科学的な区分である「疾患（Disease）」と、それにともなって生じる患者や患者家族の主観的経験を「病い（Illness）」としてわけるようになって久しい。「疾患（Disease）」が病理学的概念なのに対して、「病い（Illness）」は文化的概念にあたる（中村 2006）。患者の完全な治癒や健康状態への回復が難しい慢性疾患が増加してきたことと伴走して、社会学者が、「臨床家、患者、家族、そして研究者が、病いとその物語を社会的プロセスとしてよりよく理解できるようになる」(Kleinman 1988=1996: v) ことを目的に「病む人自身の経験」を把握しようと始めたのが、病いの語り研究である(楠永・山崎 2002)。社会学者の関心が急性疾患から慢性疾患に移り、慢性疾患が患者のバイオグラフィーにどのような影響を与えるのか、詳細な事例研究が今日にいたるまで多く報告されている(Bury 1982; Klienman 1988=1996)。しかし従来の病いの語り研究は、糖尿病や癌など一般的な慢性疾患に関するものが多く、患者数が少なく、死亡率の低い疾患については社会的、社会学的にながらく看過されてきた。患者数が少なく、死亡率の低い疾患の代表的なものとしてMUS(Medically Unexplained Symptoms)が挙げられるが、この疾患群に関する研究は二〇〇五年に入りようやく蓄積されつつあるという状況である(Nettleton et al. 2005; Nettleton 2006; 野島 2013, 2014, 2015, 2017)。MUSは医師から「疾患」ではなく「症候群」として扱われることもあり、「疾患」としての位置づけが医界においてもいまだに確立されていない。しかしMUSとは対照的に検査に異常が出るにもかかわらず、カテゴリーをもたない疾患群が近年ようやく認められてきた。それがRare and Undiagnosed Diseasesという疾患群である。

1―3　Rare and Undiagnosed Diseasesの位置づけ

二〇〇八年、希少難治性疾患・未分類疾患患者の診断を網羅的な遺伝子検査によって特定しようというプロジェクトがアメリカで開始され、その後各国で同様の取り組みが行われてきた。日本でも二〇一五年に慶應義塾大学医学部臨床遺伝子センターを主軸として同プロジェクトがスタートし、未診断疾患イニシアチブ(Initiative on Rare and Undiagnosed Diseases)、通称アイラッドと呼ばれている。しかし、上記機関においても全ての患者が確定診断を得られるわけではなく、診断確定率は二十五%前後に留まっている(慶應義塾大学病院臨床遺伝子センター 2018)。換言すれば、七十五%の病者は高度専門機関においても診断されず、Rare and Undiagnosed Patientsとしてその症状と共生しているというわけである。

MUSを研究する野島那津子が指摘するように「いかなる診断も下されない人々、すなわちなんら疾患名を持ち合わせていない人々の語りは、これまでの慢性疾患研究には登場しない」(野島 2013: 113)。これは社会学者たちが「疾患(Disease)」と「病い(Illness)」を区別し、我々は「病い(Illness)」に焦点を当てると豪語しながらも、実のところは患者数が多く、診断の確定が可能で、疾患として医学的・社会的にも認められている「疾患(Disease)」を「病い

(Illness)」の中心として扱ってきた証拠ではないだろうか。そしてその結果、明確な症状と検査異常がみられ医療者からはすでに「疾患」として見なされているにもかかわらず、カテゴリーがないがゆえに診断の確定ができない疾患を持つ病者の「病い(Illness)」の経験を見落としてきたのである。そこで筆者は「症状・検査異常も見られるが、カテゴリーがないがゆえに診断がつけられない状態」または「症状・検査結果から新しい疾患だろうと専門医に診断されている状態」を「未だカテゴリーがないがために診断の確定が困難であり、治癒の困難な希少慢性疾患」(以下、未確定希少難病[2])として扱い、該当者を対象としてインタビュー調査やフィールドワークを行ってきた。

本稿では、未確定希少難病患者Aさんおよびその家族との共同生活を通して得られたフィールドワークデータとインタビューデータを通して、病いの語りにおいて移住や地域文化が果たした役割に注目する。以下2節ではエピファニーによって変容させられた人生を人々がどのように生きなおしているのか、原発避難者と慢性疾患の病者に関するレビューから紹介する。その後3節で調査概要について説明し、それらをふまえて4節で事例の検討、5節考察へと進んでいきたい。

2 住むことと語ること

2-1 生活再建としての移住と〈ゆらぎ〉

東日本大震災における研究は主に津波被災地に関わるものと福島原発事故に関わるものの二つにわけられる。特に福島原発事故に関する研究テーマは科学技術や組織、社会体制に関わるもの、そして原発事故の被害——すなわち避難者に関わるものがある(山下・吉野 2013)。加藤眞義によると福島原発事故によって発生した避難は(1)強制避難、(2)任意避難、(3)自主避難、(4)生活内避難[3]の四種に分類できる(加藤 2014: 45)。災害が発生したとき、生活復興のスタートは住まいの再建、つまり避難所での生活からはじまる(山地 2014)。つまり避難とはエピファニーの経験によって分断されたかつての人生を生きなおす、はじめの一歩なのである。

避難が一時的なものですめば避難者はその後元の生活圏に帰還できるが、大きな災害ほどそうはいかない。避難者は被災地の復興状況や自身・家族の状況などなど実に多くのことに考えを巡らせ帰還・移住・避難継続の自己決定を行う。しかし、いずれを選択したとしても原発被災者の生活が被災前の水準まで回復することはありえず、何かしらの支障を抱えながら生きていかねばならない（高木 2014）。

特に自主避難者は避難を継続するか否か、移住するのか帰還するのか、その自主性が問われていると思われがちだが、関礼子・廣本由香ら（2014）は自主避難も原発事故によって引き起こされたものであり、政策・法制度が住民に強いた「非自発的な自主避難」（関・廣本編 2014: 218）だと主張する（関・廣本編 2014）。くわえて廣本は自己責任が課されやすい自主避難者が経験する受苦経験・困難経験を〈ゆらぎ〉[4]（廣本 2016: 268）として記述し、移住帰還や帰還時期の選択・決定したのちに経験する〈ゆらぎ〉、そして決定できずに子供にとって家族にとって何が最良なのか、避難の目的を失いかけ〈ゆらぎ〉続ける自主避難者の様子を報告している（廣本 2016）。

2-2　バイオグラフィーの再構成と診断

慢性疾患が病者にもたらすバイオグラフィーの混乱を再構成するものとして、病いの語りに多くの研究者が注目している。その中でも Klienman（1988=1996: 61）は、患者あるいは患者同士が自身の病いについて語ることは、当事者が病いによって混乱したバイオグラフィーを再構成し、病いとともに生きる新たな人生のスタートを意味することを指摘している（伊藤 2008: 22）。ここで重要なのは病者は決して覆ることがない慢性疾患の側面を、死を含めた役割遂行の力の限界も含めて病いを理解しなければバイオグラフィーが断絶してしまうということである（Corbin and Strauss 1987: vi）。さらに Arthur Frank（1995=2002）がいうには「病いの語りは、身体の疾患に端を発してなされる」（Frank 1995=2002: 38）。

前節では「疾患（Disease）」とは病理学的概念であると説明したが、同時に病いの語りの始点でもある。つまり、病いを語るうえで病者が病者となる瞬間を決定するのは医師からの診断――病名告知ではないだろうか。実際先行研究では診断はこれまで病者に安心感（Broom and Woodward 1996）と集合的アイデンティティ（Dumit 2006; Jutel 2009）、さらにはその人個人の過去やアイデンティティの再解釈（Stockl 2007）をもたらすものとされてきた。くわえて診断は医療的処置を行うためにも「病みの軌跡」を管理するために必要であり（Strauss et al. 1985; Adamson 1997; Missel et al. 2015）、患者にとって診断が不在という状況は、活用できる時間やエネルギーに多くの負担を与える（Butler et al. 2011）。しかし、だからといって何かしらの診断があればよいというものでもない。診断名や病名はスティグマにつながる危険性も含んでいるし、MUSをはじめ客観的なバイオマーカーが存在しない症候群の病者は適切に診断されない限り詐病や精神疾患を疑われる（Broom and Woodward 1996; Dumit 2006; Stockl 2007）。これまでの研究では当たり前のように診断が確定・付与され、病いを受容した患者の語りにその関心が偏っていたが、実は病いの語りの始点である診断それ自体は非常に複雑であやふやなものなのであることをここに明記しておきたい。

診断に関する以上の議論をふまえて、医学的に診断の確定が困難だとみなされる未確定希少難病患者は何を「混乱」あるいは「断絶」として語り、どのように「再構成」しうるのだろうか。本稿で取り上げる未確定希少難病患者はAさん一名であり、その現象を一般的なものとして拡大解釈することは難しい。しかし、Aさんの語りを手がかりに未確定希少難病が病者に何をもたらすのか模索したい。

3 調査概要

3－1 調査手法とフィールドについて

病いの語りは「非常に個人的な病い経験そのものと、そのもととなっている社会ネットワーク、土着の慣例、神話、文化史などに基づいたさらに深い次元の語り（ナラティヴ／narrative）」(Greenhalgh and Hurwitz eds. 1998＝2001[2002]: 231）にわけられ、病いを患う以前の人生や価値観が病いの意味に影響を及ぼしている事例がいくつも報告されている（Parsons 1972; Pound. 1998; 北村 2004; 菊岡 2008）。また、天田城介はハンセン病九州療養所を理解するには、その地域的存在の在り方を理解しなければならないことを歴史的資料と当事者の語りを丁寧に織り合わせながら十九ページにわたり説得的に記述している（天田 2012）。以上のことから病いの語りを真に理解するためには患者の語りを表面的に聞き取ることにとどまらず、可能な限り対象者である患者を全人的に理解することが必要であるといえるだろう。

そこで筆者は「深い次元の語り」もふまえて明らかにするために未確定希少難病患者Aさん（五十代女性）の居住地である八重山諸島文化について文献調査を行い、さらにその地域に住みAさん以外の地域住民にも島での医療環境や医療文化について聞き取りを行った。またAさんとその配偶者（五十代男性）の負担にならない範囲でAさんたちと共同生活を行い、家庭内での相互作用の様子や地域での生活形態を症状が出ていないとき、症状が出たときにわけてつぶさに記録した。Aさんは発症したのち住み慣れた地域Ⅰから知人がいない地域Ⅱへ移住しており、調査地である地域Ⅰ、地域Ⅱともに八重山諸島である。

Aさんは現在、大工業を営んでいる夫の現場手伝いや材料調達、会計整理を仕事とし、仕事や診察の関係で地域Ⅰ、地域Ⅱを行き来している。そのため、可能な限り筆者もAさんの移動に同行した。調査期間は二〇一四年九月、二〇一五年三月、二〇一五年九月〜十月、二〇一六年八月〜九月である。インタビュー調査は未診断患者Aさん（五十代）、Aさんの夫（五十代）、Aさんの実母（八十代）、Aさんの妹（五十代）、Aさんの元担当医（三十代男性）を対象に行った。倫理的配慮として、インタビュー時に口頭で調査の主旨・目的を説明し、書面にて同意を得た。さらにフィールド調査終了後はインタビューデータを文字起こししたものを本人に確認してもらい、掲載の許可を得た箇所のみ分析に用いている。

3-2 沖縄・八重山諸島文化 ——見えないものに対する姿勢

Aさんが住んでいる／住んでいた地域はともに八重山諸島なのだが、こと八重山文化に限定して沖縄本島との差異を記述した文献は少ない。そこで本稿では沖縄文化に関する文献も参考に文化的側面を整理することとする。

沖縄は日本と中国の影響を受けながら独自の信念体系と宗教的慣習を創りあげた地域である。吉野航一によるとその信念体系の特徴は災因論にある（吉野 2008）。沖縄地域では宗教的職能者をユタというが[5]、ユタは災因論として、①御願不足（ウグヮンブスク）と祖先からの知らせ（シラシ）、②真似型（マニカタ）、③霊的な場所、④位牌（トートーメー）の後継を提示している（塩月 2012）。この御願不足（ウグヮンブスク）というのは神仏に対する祈願が足りないことを指し、「仕事のうえで何かうまくゆかないことが起こったり、障害が起こったりすると、かなりの知識人でも冗談めかして『ウグヮンブスク』ではないかな」といったりする（佐々木編 1984: 1）。そして、沖縄の人々の超自然との結びつきや祖先祭祀システムの根幹をなしている概念がマブイである（又吉 2008）。

「マブイ」あるいは「マブヤー」、「タマス」は一言でいえば魂（たましい）、霊魂のことを指す。その基本的性質は次の四点である。（1）人間の生命活動はマブイによって維持されている、（2）魂は人間の身体から離脱可能であり、そうなると健康状態が脅かされるのでマブイをもとの身体に戻さねばならない、（3）死とはマブイが身体から永遠に脱することである、（4）マブイ自体は不死・不滅である（又吉 2008）。筆者のフィールドワーク中も「マブイ」や「見えない存在」について語る地域住民も多く観察された。またAさんは以前ユタから次のように災因を説明されたという。

【Aさん　二〇一四年八月　フィールドノート：1頁】

例えば依存症ってあるでしょ。アルコールでも煙草でもなんでも。そういうのって、医学的にはいろいろ理由があって、治療法もあるのかもしれないけど、スピリチュアルな世界では、依存症は霊が「忘れないでくれ〜」っていってなるんだって。「ここにいるよ〜」って。だから、依存症の人が「大丈夫ですよー、忘れてませんよー」って言って、毎日拝めば、治るらしいんですよ

3-3 Aさんについて――移住経験の整理

Aさんは沖縄本島出身者の五十代女性である。当時の沖縄県はアメリカの占領下にあり、琉球政府と呼ばれていた。Aさんは当時「あの地域で、あれだけ贅沢な生活をしてたのはうちくらいだったかなって思うくらい」裕福な生活をしていたという。いつでも優しく穏やかな父とは対照的に、母は子供たちに厳しく、「支配的な」母だった。

3-3-1 移住I――沖縄本島から八重山諸島へ

経済的に恵まれ、安定した生活の一方で、Aさんの父は花卉栽培への夢を募らせていた。そして、地域Iの安価な土地に惹かれ、Aさんが十四歳のとき突然両親は移住を決行（表1【移住I】）。Aさんは当初「旅行に来たかと思ってたのに、両親が家を探し始めて」心の底から驚いた。

3-3-2 移住II・移住III――症状による往復生活と八重山諸島への帰還と結婚

高校を卒業し、地域Iで音楽と教育をテーマにした、音楽情操教育であるリトミック教室を開くことを夢に東京の専門学校に入学（表1【移住II】）。今思えば、そのころから体調に変化が出ていた。疲労困憊し地域Iに戻って療養、また東京に戻ることを数回繰り返しながら無事卒業。そのときの生活から「もう東京には住めない」と認識し、すぐに帰郷する（表1【移住III】）。

そして二十一歳のときにお見合いをし、その相手（前夫）と結婚。お見合い後「とりあえず、お付き合いだけなら」ということでAさんたちは交際を始めたのだが、姑たちは「お見合いでつきあうということは結婚するつもりがあるってことだろう」と解釈していた。姑は本人たちに秘密裏に式場を抑えるなど強引にことを進めていたが、「支配的な」Aさんの母は「費用もすべて先方が負担してくれて、そこまで真剣に考えてくれているのなら」とその結婚を快諾した。Aさんも「母の支配から逃れられるなら、それもいいかな」という思いもあり結婚に至った。

入籍して前夫と前夫の両親と同居。長男・長女・次男と三人の子宝に恵まれるが、次男が自閉症をもち生まれてくる。当時は「自閉症」という言葉が地域Iで社会的に認知される

表1　Aさんのライフイベントと症状

地域	沖縄本島	地域Ⅰ	東京	地域Ⅰ	日本各地	地域Ⅰ	地域Ⅱ
移住	—	移住Ⅰ	移住Ⅱ	移住Ⅲ	（各地移動）	（定住）	移住Ⅳ
年齢	0	10代	10代	20代～40代	40代～50代	50代	50代
ライフイベント	誕生	中学・高校	短大	お見合い 結婚 癌摘出手術（沖縄本島） 別居・離婚	プレス講師 都内病院へ紹介される	「難病の疑いあり」 講師引退 再婚	遺伝子検査（結果待ち）
病歴・症状		疲労	突発的な麻痺 突発的な脱力	眼の激痛 子宮の痛み（後に卵巣癌と判明、手術）	突発的な意識障害 歩行困難（後に周期性四肢麻痺と判明） 異常興奮	突発的な意識障害 周期性四肢麻痺 異常興奮 突発的な筋肉の痙攣	

前であり、自閉症の子が行う問題行動すべての責任をAさんが追及された。次男が自閉症と診断されたのは次男が十四歳のときであった。

その後三人の子供の子育てをしながら二十代後半は専業主婦をしていた。しかし前夫がオーナーをしていたお店の店長が売り上げを横領していたことが発覚。それを機に前夫はその店長を辞職させ、妻であるAさんに店の経営を任せた。当時から前夫は浮気ばかりで自宅には帰らないという状況だったが姑や舅も「男が遊ぶのは当然だ」という考えだったらしく、Aさんはひたすら耐えた。唯一長女だけが「お母さん離婚しちゃえよ。意味ないじゃんこんなんじゃ」とAさんに言っていたそうだ。Aさんは七人家族のすべての家事担当者、仕入れや従業員の教育などの経営担当者、障害を持った母親、といくつもの社会機能的役割を担っていた。

3-3-3　離婚と新しい職による往復生活

三十代で卵巣の癌になり、四十歳から夜八時に必ず目に激痛が走るようになる。Aさんの体調にも全く配慮しない夫や姑舅から離れることを決め、四十四歳から別居。このときAさんが借りた部屋の家主が現在の夫である。二年後離婚成立。職を失ったAさんは呼吸法の講師のアシスタントとして働くが、講師の先生が癌になり死去してしまう。その先生の後を継ぎ、六年間ブレスワーク（呼吸法）の講師として働き続けた。そのブレスワークは日本国内四・五か所で隔週開かれていたため、Aさんは毎週異なる地域に行き仕事をしていた。しかし体がついていかなくなり当日の体調によって突然閉講する時もあり、徐々に開講回数を減らしていった（表1【各地移動】）。二〇一二年に知り合いの医師から「難病かもしれない」と言われ始め、時をほぼ同じくしてそれまで通院していた地域Ⅰの病院からその後現在も通っている都内の病院（以下T病院）へ紹介状が出される。その二年後紹介先の病院で「新しい難病の疑いあり」と判断され、T病院の研究対象疾患患者となっている。二〇一五年に遺伝子検査を行うために当該病院に入院。そのとき採取された遺伝子は現在も分析中であり、医師は「いくつかの病気が重なってその症状がでているのか、一つの新しい病気からこの症状がでているのか」調べているという。

3-3-4　再婚と最後の移住Ⅴ

二〇一四年十二月下旬まで地域Ⅰに在住していたが、現在は再婚した夫と地域Ⅱで賃貸が利用できるようになったためそこに移住し二人で生活している（表1【移住Ⅳ】）。ただし二～三か月に一度のペースで地域Ⅰ内の病院に、必要であればT病院に通うことになっている。Aさんのライフイベントと移住、病歴・症状をそれぞれ時系列にまとめると表1のようになる。

4　事例検討

4-1　病人役割取得の難しさ

患者数が少なく、疾患が社会的にあまり知られていない希少難病患者は医療者をも含めた周囲の不理解に苛まれ、症状の不確定さにより自身のライフコースの把握と病人役割の取得に困難が伴っていることが明らかになっている（Joachim 2003; Caputo 2014）。Aさんも医療者を含め周囲の人物から詐病を疑われる期間を長く経験した。

【Aさん　二〇一五年九月　トランスクリプト：7頁】

業者の取引、スタッフたちの指導、それであのお姑さんとお舅さんの三度の食事の用意、障害児の問題、あと二人の子どもがいる普通の母親、いくつもいくつも役割を持って、やっぱり私の中でのおっきな問題っていうのは、障害を持った（子供のこと）、…（中略）…やっぱり自閉症っていうあの当時見たことも、聞いたこともない、周りも知識がない人たちの中で、「この子をどう育てよう」っていうのが、手だてがわからない、模索をしながらの毎日が、十何年続くわけですよね。…（中略）…七人家族のすべてを私がやりこなしながら、だから睡眠時間も三～四時間。自閉症の子は夜中二時にしか寝れないでしょ。

次男の多動症はひどく、眠気で動けなくなるまで動き続けたという。寝る寸前まで家の中を駆け回り、眠気に負けその場に倒れこんで睡眠に入る。Aさんはそんな子供を置いて一人眠ることもできず、次男が寝静まった後、その日やり残した家事と明日の用意をしていた。Aさんは当時自身の体調に対してなんら配慮してくれない配偶者に対し、「自閉症の子が社会に出るまで、両親揃ったまともな家族じゃないと、この子に不利な人生設定になる気がして」、離婚することはできなかったと語る。それでも耐え続け日常生活に支障が出始めたのが「四十代の前半」だった。

【Aさん　二〇一五年九月　トランスクリプト：6頁】

すごく徴候的に現れたのが四十代の前半、四十、二・三とか目が痛くなって、見えずらくなって、夜になるとすっごく目が痛くて痛くて、針が刺さるほど痛くなって。[6]

Aさんは上記のような症状を毎日経験したが、当時診察を受けた医師にも「『何も異常ありません』」と言われ、姑や夫には「お芝居だ」と言われたという。Aさんは十代～四十代にかけて、病いの症状が今ほど頻繁ではなかったことと、専門家の診断もつかなかったことからバイオグラフィーを断絶することができず、通常の社会機能的役割を遂行していた。その後自閉症の子供の自立を機に離婚。その後移住を四回経験し、呼吸法の講師として働くが、家事担当者や経営担当者、そして母としての役割から解放されたあともAさんは様々な役割を担い続けた。当時の様子について妹は次のように語る。

【妹　二〇一五年十二月　トランスクリプト：80頁】

Aはさ、嫁ぎ先ですごい苦労してて精神的にも追い込まれたんだよね。いくら家族のためにやってもやっても認めてもらえなくて、障害の子どもを生んだことでも責められて、だからやりたいことがやれるようになってすごく嬉しかったと思うんだよね。…（略）…離婚して、自分の時間が出来て、抱っこセラピーのNPO団体を立ち上げたり。…（略）…〇〇大学を続けていく人たちのために何か集会というかそういうのもやったりして。

――それは生徒同士の交流の場ってことですか？（筆者）

そうそう。〇〇大学の人たちの集いの場というか、情報を交換し合えるような場所になればいいなあって言ってて…（略）…他にも温熱療法も教えたりとか、本当にいろんなことに関わってて。障害年金をもらってない人の手続きをボランティアでやってあげたりして…（略）…ずーっとそうやって人に関わることをやってね。やればやるほどボロボロになっていって。

Aさんは周囲から見ても明らかなほど無理なペースで役割遂行に没頭していた。

4－2　疾患の語りと周囲の反応

しかし、症状も悪化し呼吸法の生徒に担がれながら病院に運ばれることも珍しくなくなってきたころ、T病院で「新しい難病の疑いあり」と判断される。Aさんはそれを機に仕事を辞め、現在の夫と再婚し地域Ⅱへ五回目の移住を行う。「新しい難病の疑いあり」、つまり医学的カテゴリーが不在であるという医師の判断を周囲の人物はどのように受容しているのだろうか。Aさんの妹が次のように話してくれた。

【妹　二〇一五年十二月　トランスクリプト：81頁】

でも、病気になったらそれら全部やれなくてもいいですよね。「閉めるの？　病気だったらしょうがないよね」って私たちも思うし。自分が抱えてきたことをやめても誰にも責められることもなく。だからAが無意識に病気を呼んだんじゃないかって思ってて。無意識だけど、どこかで今の生き方を変えたい、建て直したいって、思ってたんじゃないかって思うんですよね。私も自分を立て直したかった時期に病気になって。…（略）…だからAの場合は、すぐに治る病気じゃだめなんですよ。難病だからこそ意味があって、わけのわからない病気だからこそ、周りも「あの辛さはあの人（A）にしかわからないよね」ってみんな思うわですよね。

これは診断基準も診断名も確立されている希少難病とは対照的な現象である。たとえ診断名が確定されていたとしても、そのカテゴリーが社会的に認知されていないと病人として休むことは許されがたい（山中ら2015）。しかし、地域ⅠでAさんは診断名が不在でも「わけのわからない病気」の患者としての権利を手に入れることに成功した。Aさんの夫も「そういう役割みたいなのがずーっとある」地域Ⅰよりも、地域Ⅱでの生活の方がAさんにあっているのではないかと言う。

【夫　二〇一五年九月　トランスクリプト：75頁】

僕がこっちにいるのを反対しない意味もある。でも先生たちが言うように、何かあったらどうするのみたいなところから考えたら、やっぱり地域Ⅰの方がいいのかな。でも地域Ⅰ帰っても、結局、ね。前の段階で色んな人が訪れて、色んな相談を持ち込んで。

――相談、するんですね（筆者）

そうそうそう。だからね、もうね、そういう役割みたいなのがずーっとあるから。でそこを拒む人じゃないから、誰でも受け入れるみたいなところがあるからさ…（中略）…だから多少ね、自分では気づいていないかもしれないけど、無理して、そういう人の相談や悩みに応えるのも一つの原因かなって思うわけさ。でも地域Ⅱに来ても、やっぱり性格は性格だから色んな人とコミュニケーションが結構あって。まあ、でもそれはね、地域Ⅰの極端な個性的なぶつかりじゃなくて、昔ながらの柔らかい、じいちゃんばあちゃんの会話だから、逆にこっちの方が楽じゃないかなー。

4-3　医師の療養指示による移住と「人間関係」の「お休み」

Anselm Strauss ら（1984=1987）は医師からの療養の指示は経済的負担や社会的生活制約を抱えながらも生きる慢性疾患患者の生活をより複雑なものにすると指摘する（Strauss et al. 1984=1987: 45）。また関ら（2014）の自主避難でさえ政策・法制度が住民に強いた「非自発的」（関・廣本編 2014: 218）なものであるという主張からもわかるように、専門家やプロフェッショナルの指示は非専門家の立場にある病者や住民の生活に大きな影響を及ぼす。

Aさんは症状のため仕事ができない状態になり、T病院医師から「東京に住んで、生活保護を受けたら」と提案を受けたが、以前の東京暮らしが合わなかったため家族や友人のいる地域Ⅰで引き続き生活していた。再婚後もAさんはしばらく地域Ⅰで一人暮らしをしていたが、地域Ⅰの病院で移住のきっかけともなる療養指示をうける。

【Aさん　二〇一五年十月　トランスクリプト：67頁】

――じゃあ、その今のお家が借りられることになってからはすぐにお家に住み始めたんですか？（筆者）

すぐでもない。やっぱり十二月に地域Ⅱに（一時的に）行って具合が悪くなって、診療所しかないから、夫が「もう対応できなくなったら大変だから地域Ⅰに帰れー」って船に乗せるわけですよ。でも地域Ⅰに行ったって、医者も対応できないですよ。そしたら結局（地域Ⅰの）病院で言われることは、「誰か一緒にお住まいですか？　誰かがあなたは常に傍にいないと。あなたは発作が起きて、どうなっていうのを客観的にそばで見れる人がいないことが危ないから、一緒に誰かいないとだめですよ」って言われた。

地域Ⅰ、地域Ⅱを比較すると総面積や人口だけでなく医療環境・物資の豊かさにも違いがある。特に医療環境に関して地域Ⅰは十分とはいえないまでも、一通りの科に対応可能であり、二か所の病院と二十二か所の診療所がある。対して地域Ⅱは小さな診療所が一ヵ所あるのみで医師も一人である。地域Ⅰと地域Ⅱはフェリーでしか移動できず、そのフェリーも波や天候次第では欠航となり、台風の時期は一週間地域の移動ができなくなる。Aさんの夫は地域Ⅰ、地域Ⅱの医療環境の差や不安定な移動手段を案じている地域Ⅱの医師から「こんな離島に来て、もし何かあった場合どうすんの」と「ある意味僕責められてる」と苦笑まじりに語る。地域Ⅱの医師が賛成しかねる地域Ⅱでの生活をAさんは「人間関係」の「お休み」と考えているようだ。

【Aさん　二〇一五年十月　トランスクリプト：16頁】
自分に集中できる分よくわかる。他の人のことは考えないし、障害をもったあの子のこともう考えなくていいし、子供たちはみんな自立してるし。でも地域Ⅰにいると会ってしまうから、ちょっとしたことで気になってしまう、母親的役割が出没する私がいるけど、この地域Ⅱに、近いんだけど海を越えて、会えない状態の孤島にいることによって今までの人間関係をお休みっていうか。

ここで「人間関係」の「お休み」に至るまでにAさんが受けた療養指示を整理しておこう。AさんはT病院医師には東京で暮らすことを、地域Ⅱの医師からはせめて地域Ⅰで生活することを、地域Ⅰの医師からは誰かとともに生活することを指示されていた（表2）。

この三者三様の指示からAさんは「今までの人間関係」が息づいている地域Ⅰではなく、「会えない状態の孤島」を選択したのである。先行研究では慢性疾患を患う患者は症状や疾患によって社会的生活を制約され、患者がその制約に適応していかなければならない様子を否定的に記述している（Bury 1982; Caputo 2014）。ところがAさんは社会的制約を招きかねない医師の療養指示を生活再編の機会として柔軟に活用してみせたのである。

【Aさん　二〇一五年十月　トランスクリプト：27頁】
医療機関が充実してない地域Ⅱにいても、本当に以心伝心して、何が起きても、これでよかった、必然だったたって思える人が傍にいるから、何の蟠りもなくて、私は起きることを委ねられる気がするのよね。だから難病だから東京に行った方がいいって普通の人は思うかもしれないけど、私の感覚はそうじゃないんだよね。

【Aさん　二〇一五年十月　トランスクリプト：26頁】

後悔のない最後の瞬間っていうのを一緒に過ごしたいためにここにいるわけ。だから（地域Ⅱの）診療所の先生が「あなたの旦那さん、何を考えてるんだ、難病なのに！地域Ⅰに行きなさい！」って（言うけど）。地域Ⅰにいったら私ひとりじゃない？（笑）

表2　医師の療養指示のまとめ

療養指示者	地域Ⅰ医師	地域Ⅱ医師	T病院（東京）医師
療養指示	「誰かと一緒に」	地域Ⅰ帰還	東京移住
移住先	地域Ⅱ	地域Ⅰ	東京

いまでも夫の仕事の手伝いや診察などで地域Ⅰに行くことはあるが、その時の自分の状態をAさんは次のように語っている。

【Aさん　二〇一五年十月　トランスクリプト：46頁】

地域Ⅰに行くともうたくさん会うし、「あらー」ってご近所も多いし、「久しぶりだね、どうしたのー？」とか立ち話しても、すっごい疲れるんです。「この人とは今までとこんな関係性だったからこんな話をする」ってきっと考えてるんでしょうね。

Aさんは慢性疾患患者が経験する社会的制約を嘆くのではなく、むしろ主体的に選択し、地域Ⅱで療養者として生活している。このことから診断不在時における医師の療養指示は病者の生活を複雑化しうる反面、Aさんの場合のようにこれまでの社会的役割をそぎ落とし、活用できる時間やエネルギーを確保する資源にもなりうると考えることはできないだろうか。

4-4　病いの語りと「魂の成長」のための「ギフト」

けれどもAさんは医師の療養指示をうけてすぐに移住を決めたわけではない。地域Ⅱへの移住を敢行するまでに結婚してから二年かかっている。そのことについてAさんは自分が「未熟」だったからだと語る。

【Aさん　二〇一五年九月　トランスクリプト：24頁】

やっぱり自分自身がどっかで向き合ってないのは、薄々気づいて、そのうち仕事を辞めよう、そのうち動けなくなったら仕事を辞めよう、動けなくなってから仕事を辞めよう。で、……（夫がいる地域Ⅱには）行きたくなったときに行こうって思って、パートナーシップも無意識に保留にしてる私がいるわけよ。

【Aさん　二〇一五年九月　トランスクリプト：15頁】

…（中略）…私を必要として、難病の可能性っていうのがあるっていうにもかかわらず、どんな人生であってもともに歩くって人が現れたにもかかわらず、その人と寄り添う生き方、ともにいる生活を優先にしない私。…（中略）…どんな状況だろうと、生涯を共に生きてくって、受け取めてくれる男性がいるのに、それを受け取れない私。「いいですか皆さん、豊かさと愛情を提供してくれる人が目の前にいるのに、社会的名声や地位や講師っていうことを、難病っていうのがぶら下がってるにも関わらずそこをまた以前と同じようにやってく、これって未熟ですよ」。（そして）「こんな未熟者から講義を受けないでください」って言ったらみんなわーって泣いて…（中略）…

慢性疾患は病者の社会的交流を制限するだけでなく、「なにが起きているのか」把握できない当たり前の考えや行動の混乱も生じさせる（Bury 1982）。希少難病に関する先行研究でも、患者は日々を過ごすのに十分な水準にあった機能と能力が低下していく中、「激しい孤独と失望を感じ、ひどく落胆する」（Caputo 2014: 214）ことや「医療知識の発展と医師による効果的な治療を望む」（Caputo 2014: 216）ことなどが報告されている。「わけのわからない病気」と「向き合ってない」時期を経て、Aさんは医療や医師に何を望むのだろうか。

【Aさん　二〇一五年九月　トランスクリプト：27頁】

——良くなりたいとかは思わないですか？（筆者）

良くなるとかならないとかは、私の中で意味を持たない。それはこの難病自体がギフトだから。意味があって、必然で、必要で、私に投げかけられてるもので。魂の成長のためにそれは必然で起きてる。だから変容のために起きてる。とすれば、治る治らないっていうのは重要な問題ではなくて、学べるか学べないかだよね、気づけるか気づけないか。私の魂が本当に求めてたのは自分自身をまず優先にし、他者のニーズに応えるんじゃなくて、自分のニーズに向き合って、そこを優先に、心地よさや喜びを感じる豊かさ、愛を受け取れる豊かさ。

Aさんは「医療知識の発展と医師による効果的な治療」（Caputo 2014）を望まないわけではない、と語るが、「治る治らないっていうのは重要な問題ではなく」「私の魂が本当に求めてた」ものに「気づけるか気づけないか」の方が大事な問いであるという。

【Aさん　二〇一五年三月　トランスクリプト：1頁】

肉体はどうでもいいんですよ。肉体を持ってるこの私は借り物で、魂が本質っていうのをわかってるから。魂が本質だっていうこの感覚はお年寄りや母から習ったもので、魂が一番大事だって。魂は色んな経験をするために肉体を持って生きてる。…(略)…もし私が沖縄に生まれてなかったら、魂の感覚を知らなかったらきっとそんな風には思えなかったでしょうね。一番大事なのは本質の部分、魂だって。沖縄の人はみんな知ってるさ。それが成長していく喜びがある。最初は怖かったよ、「え?」って。でもこれは中々できない冒険だなって思たんです。

3章で記述した通り、Aさんの生まれた沖縄本島、地域Ⅰ、地域Ⅱには見えないものを尊重する文化がある。しかしその災因論の中に「御願不足(ウグヮンブスク)」や「祖先からの知らせ」こそあれ、「魂の成長のため」、「変容のため」というものはない。Aさんは原因不明・治療法未確立・医療的分類不可能な未確定希少難病を前に、「お年寄りや母から習った」「魂が本質」という「感覚」を活用し、「わけのわからない病気」を「ギフト」と語る。そしてこの語りは、慢性疾患が病者に経験させる「なぜ今」、「なぜ私が」という説明体系の混乱(Bury 1982)に対するAさんの答えになっている。

5 考察

5-1 住むという資源/住まないという資源

「バイオグラフィーの断絶」(Bury 1982)に象徴されるように病者も被災者もそれまでの「あたりまえ」の生活を剥奪されることが多くの先行研究で示されてきた。しかし三名の医師がAさんに与えた療養指示とそれにともなって生じる変化を場合分けして比較してみると実は地域Ⅱで生活するという選択肢はAさんに多くの恵みをもたらしていることがわかる(表3)。

田中恵美子は神経難病患者を「医療依存度の高い最も困難な事例」(田中 2013: 55)としてあげ、在宅生活を継続するためには社会資源の制度的整備が不可欠であることを指摘しているが(田中 2013)、充実した社会資源や制度を得るために都内に移住した場合、Aさんは現在の配偶者と結婚することもなく、症状の進行もあいまっておそらく新しい職の獲得にもかなり苦労しなければならなかっただろう。

また、地域Ⅰに住んだ場合は病人役割の遂行が困難になってしまう。妹や配偶者の語りからわかるように、現在Aさんは周囲から詐病を疑われているわけではない。むしろAさんの妹も未確定希少難病に独自の意味づけをしている。しか

表3　医師の療養指示による場合分け

療養指示者	地域Ⅰ医師	地域Ⅱ医師	T病院医師
療養指示	「誰かと一緒に」	地域Ⅰ帰還	東京移住
移住先	地域Ⅱ	地域Ⅰ	東京
地域Ⅰでの役割	離脱	継続	離脱
結婚	する	する	しない
パートナーシップ	あり	別居	なし
職業	取得	なし	なし
バイオグラフィーの形態	再構成	断絶	断絶
症状	突発的な意識所外 周期性四肢麻痺 異常興奮 突発的な筋肉の痙攣		

し、地域Ⅰに「ずーっとある」Aさんの役割を期待する地域住民がゼロというわけではないし、Aさん自身も「地域Ⅰにいると会ってしまうから、ちょっとしたことで気になってしまう、母親的役割が出没する」と語るように地域Ⅰというコミュニティでさんが担ってきた役割はAさんの内面だけでなく、コミュニティレベルでも根付いてしまっている。これらの内面化・土着化された役割から離脱するためにもAさんは地域Ⅱへ移住する必要があった。地域Ⅰに住まないことが必要だったのである。被災者の避難・移住・帰還の問題では「元の空間に住めないこと」が問題視されてきたが、むしろAさんは「元の空間に住まない」ことによって病人役割を獲得し、さらには病者として妻として新しい生活の編み直しに成功した。

5−2　疾患の語りの受容と病いの語り

Aさんの疾患の語り―病理学的側面は次の通りである。「新しい難病の疑いあり」で「医者も対応できない」、「客観的にそばで見れる人がいないことが危ないから、一緒に誰かいないとだめですよ」。未確定希少難病患者が最終的に医師から受ける診断は、Aさんのように「新しい難病の疑いあり」、あるいは「現段階の医療では診断の確定が不可能だろう」というものである。Anselm L. Strauss et al.（1987）は（症状や薬の副作用を含めた）「疾患」としての側面を理解しなければバイオグラフィーが断絶してしまうということを指摘したが、正体不明、治療法不明、予後不明の未確定希少難病患者はいったい病いの何を理解すればいいのだろうか。理解すべき事項さえ不明なはずの未確定希少難病を前に、けれどAさんは医師の「わからない」という診断、非統一的な療養指示さえ巧みに利用し、さらには見えないものや「魂（マブイ）」に関する地域文化をも織り交ぜ、確かに病いを語ったのである。

「医者も対応できない」という事実と「一緒に誰かいないとだめ」という医師の療養指示の下、Aさんは地域Ⅰから移住し、これまでの社会的役割からの離脱を選択した。高度医療の専門家である医師の「一緒に誰かいないとだめ」という指示をAさんが自身の文脈で解釈した結果、「医療機関が充実してない地域Ⅱ」での生活が営まれているのである。これは医師としては意図せざる結果であっただろう。正体不明、治療法不明、予後不明という究極的に「わけのわからない」疾患は結果的にAさんを近代医療から自立させ、検査や手術の時間や費用、それらに関わってくる精神的な負担を軽減したといえるのではないだろうか。Mary Butler et al.（2011）は未診断状況では、患者は活用できる時間やエネルギーに多くの負担を経験することを指摘したが、Aさんはむしろ医師の療養指示に従うという名目の下「今までの人間関係」が息づいている地域Ⅰから地域Ⅱに移住することによって「自分に集中する」ための時間やエネルギーを確保している。この「自分に集中する」ための時間やエネルギーの確保は、地域Ⅰでは達成することができなかったであろう。

病いの文脈というのは、生物学的観点と文化的カテゴリーと個人的意味の間の相乗作用からつくりだされるものだが（Kleinman 1988=1996: 69）、先行症例がなく、生物学的蓄積がほとんどない未確定希少難病はAさんになかば強制的に文化的カテゴリーと個人的意味の二つを色濃く編み込ませた。Aさんはそこまで追い込まれてはじめて、「お年寄りや母から習った」「魂（タマシイ）」を自身の文脈に人生に引き寄せて解釈するにいたったのである。「病いの受容」は「治療法が発見されるまで生きられるはずだ」、「現在の処方箋は有効なはずだ」、「疲労や苦悩、痛みから解放される」という「希望」がないと行えないものであるという（Strauss et al.1984=1987: 265–271）。生物学的観点としての「疾患」や診断が不在の状況は、先行研究から示唆されているように患者にとって過酷な状況であることにかわりはないだろう。だが、Aさんにとっては生物学的観点の不在は病いを語るうえでの唯一の希望だったのではないだろうか。

診断名を持たない未確定希少難病は「治療の困難さ」という特徴を当事者にもたらすが、「治療の困難さ」や見通しの立たなさは、「病人役割にそって、治療に専心すること」という病人役割の義務を緩め、当事者に自由を強いる、というメカニズムが存在する。病気への対処方針がないという状況では、当事者に「対処方針どおりに生きることは義務づけられない」。けだし病者の自由度を高める結果になるのである。その強いられた自由の中で、Aさんは地域Ⅰに住まないことさえも自身で意味づけし、病いの語りに織り込んでみせた。一事例のみでどこまで議論を拡大するかは慎重になるべきだが、以上のことから筆者は未確定希少難病患者を疾患の不在とそれに伴う近代医療の不明瞭な指示さえも資源にしながら病いを語る、空隙の解釈者の可能性があるのではないかと考える。診断名を持たない病者が何を手立てに病いを語るのか、今後も継続して研究していきたい。

＊本研究は立教大学大学院社会学研究科プロジェクト研究E、立教大学学術推進特別重点資金、上廣倫理財団による研究成果の一部である

[注]

[1] エピファニーには主要なもの、累積的なもの、副次的で照射的なもの、再体験的なものの四形態があり、特に主要なものは「個人の人生をずたずたにし、決して二度と同じものにしない」。災害や病いを患うことはこの主要なエピファニーに分類される。

[2] 厚生労働省は、原因不明・治療方法未確立で、経過が慢性的であり、本人と家族の経済・精神的負担が大きい疾病を難病と定義している。

[3] それぞれ（1）強制避難：避難指示区から避難、（2）任意避難：特定避難勧奨地点からの避難、（3）自主避難：県内・県外への自主的避難、（4）生活内避難：元の居住地での生活継続を指す。

[4]〈ゆらぎ〉とは具体的に「避難の選択過程での動揺、葛藤、不安、戸惑い、ためらい、わからなさなどが混在する心理状況や自己認識であり、その変化をさす」（廣本 2016：268）。

[5] ユタとは沖縄にいるシャーマンで、その多くは女性である。彼・彼女たちは、個人の不安や宗教的ニーズに応じて、災因の追及や占い、病気治療、祖先の口寄せを行っている。

[6]「針が刺さっていると感じるほど痛く感じて」の意。録音データもあり、本人に意味も確認済み。

[文献]

Adamson, Christopher, 1997, "Existential and Clinical Uncertainty in the Medical Encounter: an Idiographic Account of an Illness Trajectory Defined by Inflammatory Bowel Disease and Avascular Necrosis," *Sociology of Health & Illness*, 19(2): 133–159.

天田城介、二〇一二、「体制の歴史を描くこと――近代日本社会における乞食のエコノミー」『生存学研究センター報告書』一七：四〇八–四二七。

Broom, Dorothy H. and Roslyn. V. Woodward, 1996, "Medicalisation Reconsidered: Toward a Collaborative Approach to Care," *Sociology of Health & Illness*, 18(3): 357–378.

Bury, Michae, 1982, "Chronic Illness as Biographical Disruption," *Sociology of Health & Illness*, 4(2): 167–182.

Butler, Mary P., Sarah Derrett and Sarah Colhoun, 2011, "The Lived Experience of Patients with Uncertain Medical Diagnosis Following a Serious Injury: a Qualitative Study," *Disability and Rehabilitation*, 33(23–24): 2247–2254.

Caputo, Andrea, 2014, "Exploring Quality of Life in Italian Patients with Rare Disease: a Computer-aided Content Analysis of Illness Stories," *Psychology, Health & Medicine*, 19(2): 211–

221.
Corbin, Juliet and Anselm Strauss L., 1987 , "Accompaniments of Chronic Illness: Changes in Body, Self, Biography and Biographical Time," *Research in the Sociology of Health Care*, 6: 249–281.
Denzin, Norman K., 1989, *Interpretive Interaction*, Sage Publication, Inc.（＝一九九二、片桐雅隆・土肥豊・中村文哉・藤田実・石田佐恵子・野田浩資・山田重樹・近藤諭訳『エピファニーの社会学』マグロウヒル出版）
Dumit, Joseph, "Illnesses You Have to Fight to Get: Facts as Forces in Uncertain, Emergent Illnesses," *Social Science & Medicine*, 62: 577–590.
Frank, Arthur W., 1995, *The Wounded Storyteller: Body, Illness, and Ethics*, The University of Chicago.（＝二〇〇二、鈴木智之訳『傷ついた物語の語り手――身体・病い・倫理』ゆみる出版）
復興庁、二〇一八、『東日本大震災からの復興に向けた道のりと見通し［平成30年度3月版］』（二〇一八年四月三十日取得 http://reconstruction.go.jp/topics/main-cat1/sub-cat1-1/2018.04_michinori.pdf）
Garrino, Lorenza, Elisa Picco, Ivana Finiguerra, Daniela Rossi, Paola Simone and Dario Roccatello, 2015, "Living With and Treating Rare Diseases: Experiences of Patients and Professional Health Care Providers," *Qualitative Health Research*, 25(5): 636–651.
Greenhalgh, Trisha and Brian Hurwitz eds., 1998, Narrative Based Medicine: Dialogue and Discourse in Clinical Practice, BMJ Books.（＝二〇〇一、斉藤清二・山本和利・岸本寛史監訳『ナラティブ・ベイスト・メディスン――臨床における物語りと対話』金剛出版）
浜崎盛康編、二〇一一、『ユタとスピリチュアルケア――沖縄の民間信仰とスピリチュアルな現実をめぐって』ボーダーインク。
廣本由香、二〇一六、「福島原発事故をめぐる自主避難の〈ゆらぎ〉」『社会学評論』六七（三）：二六七―二八四。
伊藤智樹、二〇〇八、「語り手に〈なっていく〉ということ――輻輳する病いの自己物語」『〈支援〉の社会学――現場に向き合う思考』青弓社、二一―三九。
Joachim, Gloria and Sonia Acorn, 2003, "Life with a Rare Chronic Disease: the Scleroderma Experience," *Journal of Advanced Nursing*, 42(6): 598–606.
Jutel, Annemarie, 2009, "Sociology of Diagonosis: A Preliminary Review," *Sociology of Health & Illness*, 31(2): 278–299.
加藤眞義、二〇一四、「住むことの意味をあらためて考える――『東日本大震災』後の福島の事例から」『都市住宅学』八六：四五―四八。
慶應義塾大学病院臨床遺伝学センター、二〇一八、「医療関係の方へ」（二〇一八年四月三十日取得 http://cmg.med.keio.ac.jp/irud/medical/）
菊岡藤香、二〇〇八、「多発性硬化症患者の語り分析から考える心理援助」『ブリーフサイコセラピー研究』一七（二）：六七―七九。
北村育子、二〇〇四、「病いの中に意味が創り出されていく過程――精神障害・当事者の語りを通して、構成要素とその構造を明らかにする」『日本精神保健看護学会誌』一三（一）：三四―四四。
Klienman, Arthur, 1988, *The Illness Narratives: Suffering, Healing and the Human Condition*, Basic Books.（＝一九九六、江口重幸・五木田紳・上野豪志、『病いの語り――慢性の病いをめぐる臨床人類学』誠信書房）
楠永敏恵・山崎喜比古、二〇〇二、「慢性の病いが個人誌に与える影響――病いの経験に関する文献的検討から」『保健医療社会学論集』一三（一）：一―一一。
又吉正治、二〇〇八、『霊とユタの世界：家族力の高さを誇る日本文化から生まれた心理学――まぶい分析学講座　第1巻』東洋企画印刷。
Missel, Malene, J.H Pedersen., C Hendriksen., M Tewes. and Adamsen L., 2015, “Diagnosis as the First Critical Point in the Treatment Trajectory: An Exploration of operable Lung Cancer Patients, Lived Experiences,” *Cancer Nursing*, 38(6): E12–E21.
Murphy, Robert F., 1987 [1990], *The Body Silent: The Different World of the Disabled*, New York: Henry Holt.（＝二〇〇六、辻信一訳『ボディ・サイレント』平凡社）
中村英世、二〇〇六、「『病いの語り』と『治癒の語り』――摂食障害の『回復者』への質的調査から」『年報社会学論集』一九：一六五―一七六。
Nettleton, Sarah, 2006, “‘I Just Want Permission to be Ill’: Towards a Sociology of Medically Unexplained Symptoms,” *Social Science and Medicine*, 62: 1167–1178.
Nettleton, Sarah, Ian Watt, Lisa O’Malley and Philip Duffey, 2005, “Understanding the Narratives of People Who Live with Medically Unexplained Illness,” *Patient Education and Counseling*, 56: 205–210.
野島那津子、二〇一三、「Medically Unexplained Symptoms にみる診断のポリティクス」『年報人間科学』三四：一〇九―一二三。
――――、二〇一四、「研究助成報告論文『病気』と見なされにくい病を生きることの困難――筋痛性脳脊髄炎／慢性疲労症候群の病気行動に着目して」『季刊家計経済研究所』一〇四：六〇―六九。
――――、二〇一五、「十分に医療化されていない疾患を患うことの困難と診断の効果――痙攣性発声障害を患う人々の語りから」『ソシオロジ』五九（三）：三―一九。
――――、二〇一七、「診断のパラドックス――筋痛性脳脊髄炎／慢性疲労症候群及び線維筋痛症を患う人々における診断の効果と限界」『保健医療社会学論集』二七（二）：七七―八七。
大野更紗、二〇一二、『困ってるヒト』ポプラ社。
Parsons, Talcott, 1972, “Culture and Social System Revisited,” Social *Science Quarterly*, 53(2): 253–266.
Pound, Pandora., Patrick Gompertz, and Shah Ebrahim, 1998, “A Patient-centred Study of the Consequences of Stroke,” *Clinical Rehabilitation*,12(3): 255–264.
佐々木雄司編、一九八四、『沖縄の文化と精神衛生』弘文堂。
関礼子・廣本由香編、二〇一四、『鳥栖のつむぎ――もうひとつの震災のユートピア』新泉社。

塩月亮子、二〇一二、『沖縄シャーマニズムの近代——聖なる狂気のゆくえ』森話社。

Stockl, Andrea., 2007, "Complex Syndromes, Ambivalent Diagnosis, and Existential Uncertainty: The Case of Systemic Lupus Erythematosus (SLE)," *Social Science & Medicine*, 65: 1549–1559.

Strauss, Anselm L., et al., 1984, *Chronic Illness and The Quality of Life*, Saint Louis. Saint Louis: The C. V. Mosby Company.（＝一九八七［一九九四］、南裕子・木下康仁・野嶋佐由美訳『慢性疾患を生きる——ケアとクォリティ・ライフの接点』医学書院）

高木竜輔、二〇一四、「福島第一原発事故・原発避難における地域社会学の課題」『地域社会学会年報』二六：二九—四四。

高橋恵子、一九九八、『沖縄の御願ことばと辞典』ボーダーインク。

田中恵美子、二〇一三、「長期療養施設に入所している神経難病患者及び家族の経験——入所経験から今後の在宅生活支援の在り方を探る」『東京家政大学研究紀要』五三：五五—六五。

山地久美子、二〇一四、「災害／復興における家族と支援——その制度設計と課題」『家族社会学研究』二六（二）：二七—四四。

山中浩司・野島那津子・樋口麻里、二〇一五、「希少疾患と社会的困難——当事者への聞き取り調査から」第四十一回日本保健医療社会学会大会、於首都大学東京、二〇一五年五月。

山下祐介・吉野英岐、二〇一三、「特集「東日本大震災・福島第一原発事故を読み解く——3年目のフィールドから」によせて」『社会学評論』六四（三）：三二〇—三二四。

吉野航一、二〇〇八、「外来宗教の土着化における信者たちの宗教実践」『現代社会学研究』二一：三九—五七。


（原稿受付二〇一八年一月二十八日　掲載決定二〇一八年六月四日）

Meanig of local culture and moving

Analysis of Rare Undiagnosed Patient's Moving

UENO, Aya
Osaka University

This paper considers suffering rare undiagnosed diseases (RUD) a form of epiphany, similar to that of suffering a calamity. Urban sociology and community studies show that starting life in a new place after taking refuge can be considered epiphany to victims, while medical sociologists point out sharing stories of one's illness helps reconstruct biographies hindered by disease, thus is epiphany to patients. Therefore, I analyze social impacts moving and recasting a new life has on RUD patients and their biography.

I examine importance of local culture and moving in RUD patient's A illness narrative, based on participant observation during my multiple stays with the patient and her family, as well as interviews. Patient A freely interpreted her doctor's inconsistent advice, and although no one recommended it, decided to move to region II. This relocation freed her from former social roles and let A accept herself as a patient. In other words, moving from where she had lived for a long time enabled her to reconstruct the biography disturbed by her illness. RUD are not only difficult to treat or cure, but also because the illness has no name it is hard for patients to consider themselves ill and grasp their future. Therefore, although it is usual for patients to focus entirely on curing the illness, in case of RUD patients such feelings are not as strong and they tend to be more relaxed about medical advice and value of treatment. This proves true for patient A, who turned living with RUD into motivation for reconstructing the narrative of her illness.

Key words: region and local culture, rare undiagnosed diseases, illness narratives

(Received January 28, 2018 / Accepted June 4, 2018)

リプセット

栗田宣義（甲南大学）

リプセットは『政治のなかの人間』（東京創元新社、原著は一九六〇年）で高名な政治社会学者だ。リチャード・ブラウンガートら二十世紀後半を担う米国における現代政治社会学の始祖でもある。

綿貫譲治がそうであったように、政治社会学者は政治学コミュニティと合流、一体化することが多い。綿貫の場合は、計量政治学を代表する三宅一郎や蒲島郁夫らと投票行動調査を担ってきた。このあたりの事情は、リプセット以来であると云える。研究対象についてそれを丸ごと扱う社会科学が他に存在しない連字符社会学、具体的には家族社会学や都市社会学の場合は、社会学者が研究集団の大半かつ中枢を握ることになる。それに対して、政治学や経済学など先輩格に当たる強力な社会科学が先行する場合は、連字符社会学者はそちら側に付くことになる。ノルウェーの政治学者シュタイン・ロッカンとの手による、政党システムの背景要因としての「中心—周辺」「国家—教会」「農業—工業」「所有者—労働者」からなる四つの社会的亀裂に係わるリプセット＝ロッカン命題が政治学コミュニティでは頗る評価が高いのに対して（「クリヴィジ構造、政党制、有権者の連繋関係」加藤秀治郎・岩渕美克編『政治社会学 第四版』一藝社の巻末リーディングスとして邦訳所収、原著は一九六七年）、社会学コミュニティではそれほどでもない。尤も、大成した政治社会学者は政治学者として遇される、と考えればそれも妥当か。

セイモア・マーティン・リプセット（Seymour Martin Lipset）は一九二二年、ニューヨークのハーレムにて、ロシアからのユダヤ系移民、マックス・リプセットの子として生を受けた。マックスは故国では植字工であり、印刷労組での活動歴もあった。父親の労組体験の述懐やスターリンへの辛辣な評価は、幼いセイモアに大きな影響を与えたと云う。「スターリンは、マルクス主義や革命を語ってくれた他のボルシェビキとは異なっており、組織や能率、金銭のことを話していた」と父親マックスはセイモアに語り聞かせていた（Jesús Velasco G., Seymour Martin Lipset: Life and Work, *Canadian Journal of Sociology* 第二十九巻、第四号、二〇〇四年）。後年は保守色が濃くなったが、若かりし頃は父親の心配を余所に第四インターを標榜するトロツキスト集団にも加わったこともある（*New York Times* 二〇〇七年一月四日号）。ニューヨーク・シティカレッジを卒業。この頃、ダニエル・ベルやフィリップ・セルズニックらとの知的交流も始まる。コロンビア大学にて、マートンや計量社会学の創始者ラザー

内閣打倒!!
ハンターイ!
ワーワー
ドンドンドン
一度目は悲劇
二度目は喜劇じゃな
マスコミに嫌われますよそんなこと云うと…
まぁそうだけどぉ
S.M. Lipset
© Sayuri Kajiwara 2018

スフェルド（連載第一回）の薫陶を受け、博士号を取得。その後、カリフォルニア大学バークレー校、ハーバード大学、スタンフォード大学など北米の錚錚たる名門校に籍を置き、一九八一年に米国政治学会、一九九三年には米国社会学会の会長職にも就く。ASAよりもAPSAの会長就任が早かったことが前述の予想をなによりも例証している。二〇〇六年に八十四歳で逝去。

出世作『政治のなかの人間』の他に、邦訳だけでも『国民形成の歴史社会学』（未來社、原著は一九六三年）、『革命と反革命』（サイマル出版会、原著は一九六八年）、『アメリカ例外論』（明石書店、原著は一九九六年）など生涯に多数の著作を残したリプセットだが、一九六〇年代の米国における学生叛乱や大学教授の政治的態度についての秀逸なる調査研究は残念ながら忘れられようとしている。その一つが、エバレット・ラッドとの共著『ひび割れた大学』（東京創元社、原著は一九七六年）だ。ラザースフェルドに捧げられたこの書籍で、訳者は、リプセットたちに最高の賛辞を送っている。「読者は、歴史・政治社会学における統計的手法の見事な結晶をここに見出すであろう。いたずらに機械的・抽象的手法に偏らず、またいかなる意味でも稚拙な手法に甘んじない。データは、常に堅牢な歴史的・理論的文脈の下に配される」（柏岡富英・中野秀一郎「あとがき」『ひび割れた大学』邦訳所収）。まさしく、ライト・ミルズ（連載第三回）の云う社会学的想像力。安直なリベラリズムや偏狭なイデオロギーに堕することなく、日々揺れ動く政治や社会を、計量分析に基づく確固たる証拠と共に、歴史と個人の位相にしっかりと位置付けるリプセット。コロンビア学派を代表する俊英ここにあり。

かつて、マルクスは、『ルイ・ボナパルトのブリュメール一八日』（新日本出版社、原著は一八五二年）において、「一回目は偉大な悲劇として、二回目は安っぽい茶番狂言として」歴史は繰り返すと記した。ナポレオン三世によるクーデタへの揶揄である。一九六〇年代の米国における学生叛乱やインテリの政治志向を真摯に受け止め、その社会学的解明を試みたリプセット。近年の日本における、自称リベラルや内閣打倒に御執心の新聞社などに称揚された〈学生運動〉を見て、彼ならば何を思うのだろうか。ネコタロウは尋ねてみたい。

ビデオで調査をして当事者研究的社会学調査を行おう

樫田美雄（神戸市看護大学）

1 今回の課題

連載の第一回以来予告してきたように、この第三回目では、「当事者研究」を扱う。つまり、非研究者の場面内参与者も参与する研究を扱おう。しかしタイトルが、「ビデオで調査をして当事者研究的社会学調査を行おう」となっているように、二つの意味で、通常イメージされている「当事者研究」をずらした調査像を提示していくことになる。あらかじめ結論を先取りして述べるならば、ずらしの一点目は、「当事者研究」の要件として、当事者の意志に基づくことではなく、当事者の生活世界に関連していること（レリバンス要件）を採用していること、であり、ずらしの二点目は、場面に関与している複数者間の状況理解が一致しているという立場はとらないということ、である。すなわち、複数の場面内参与者がいる際には、複数の参与者の行為が連鎖をなしていることは認めても、それぞれの行為者の他の行為者に対しての理解が相互に一致しているということについては前提としないということ、である[1]。ここで抽象的に書くとわかりづらいかも知れないが、つまりは、ビデオで明らかにするのは「見られているが気づかれていない（seen but unnoticed）」水準の意識と意図の外側の出来事なのであって、我々がその水準で相互行為を成立させているなかで、これまで知られていない社会秩序の様相を発見できるのなら、それこそが社会学的発見である、という立場を取っているのである。この立場からの立論は、今回だけでは書ききることができない。今回と次回の二回を使って書いていくことになるだろう。その際、「非ゲーム的パッシング」（樫田1991）がひとつの補助線になる。これらのことを事例を通して語っていくことにしよう。

2 「フルーツバスケット」が始まる前の「フルーツバスケット」の発見

我々の「連載」は、一年に一本のペースなので、もっと頻度の高い普通の連載では経験されない現象が起きてくる。たとえば、この連載にかんしていえば、「ビデオで調査をすること」についての重要な研究書が、連載の途中の段階で新規に発刊されてしまう、ということだ。現実に、去年から今年に掛けて、三冊の重要な著作が発刊されている。[2] 今回は、そのなかから、佐伯・刑部・苅宿（2018）を取り上げ、その事例提示の中で、上記のずらしがビデオによって可能になり、かつ、重要であることを示していこう。

　佐伯ら（2018）は、幼稚園における「フルーツバスケット（椅子取りゲーム）」をビデオ撮影し、繰り返し見る中で、ある驚くべき事実に遭遇する。すなわち、「子どもたちはフルーツバスケットをはじめるまえから誰と座りたいのか、そのためにはどこに座るのかを考え、フルーツバスケットをはじめていた」（佐伯ら 2018: 135）のである。

　この事態のどこに「驚き」があるのかというと、「始める前から始めていた」という点である。つまり、幼稚園教諭達からみれば、「フルーツバスケット」は、オニ以外の全員が着席したところから宣言的発話とともに始めるものなのだが、子どもたちにおいてはそうではなかったということが、遡及的事後的に発見されたのである。

　この発見はどのようになされたのだろうか？　志向という語を用いて解説をすれば、以下のようになるだろう。つまり、「フルーツバスケット」における参加者の関心は、ゲーム開始後に、自分が新しい席に着くことができるか、それともオニになる（席に着くことができない）か、という区別に「志向」している、と大人たちは想定していた。[3] したがって、「ゲーム」は、席に座ってから始まるものであると、大人たちは思っていた。

　ところが、ゲームが始まる前にぐずる幼児がいて、理由を聞くと「始まる前の着席順」が問題なのだという。この問題に二日間にわたって関わった後で、大人たちは、研究用に撮り溜めてあったビデオを過去にさかのぼって精査してみた。そうすると、なんと、子どもたちの間では、このぐずった幼児と同じ「志向」性を持った振る舞いが、何ヵ月も前からずっと存在していたことが判明した、のである。つまり、通常の意味での「フルーツバスケット」（これを「フルーツバスケットA」としよう）が始まる前に、「どこに座るか」「誰と座るか」ということに関わる持続的な志向にともなわれた活動がすでに開始されていたのである。この「フルーツバスケットA」開始以前の、「フルーツバスケット」に関わる活動を「フルーツバスケットB」とするならば、「フルーツバスケットB」は、「フルーツバスケットA」が始まる前に、それとは微妙に違う別のゲームとして、すでに始まっていたのである。[4] つまり、子どもたちがやっていることを、大人たちは、見てはいるけれども、気がついていなかったのである。[5] この特別な場面的秩序が、ビデオによって発見されたのである。

3　生活の中の「違背実験」を可視化する道具としてのビデオ（による「異物化」の達成）

我々は、ガーフィンケルの「三目並べ」実験を「違背実験」として知っている。すなわち、三目並べとは、三かける三の桝目に二人のプレイヤーが交互にマークを置き、先に線状に三目並べた方が勝利する、というゲームであるが、ガーフィンケルは、片側のプレイヤーに何食わぬ顔で相手のマークを動かしてから、自分のマークを置くようにと指示をし、そのときにもう一人のプレイヤー（被験者）がどのような反応をするのかを確かめる形の実験を行ったのである。[6] 驚くべきことに、多くの被験者は、何も問題が存在していないかのように振舞った、ということが報告されている。つまり、「三目並べ」というのは、始めからもう一人のプレイヤーがやり始めたようなルールのゲームであったかのように、事後的に遡及的に対応した被験者が多かったというのである。エスノメソドロジーの学史の中でこの実験をどう評価するのか、という点については、信頼論との関係で微妙なものがある。[7] けれども、その部分については、ここでは言及をしないでおこう。私が注目するのは、もし、ガーフィンケルがこの実験を「日常性の社会学」の一部として行っていたとするのならば、次のような含意の取り方も可能である、という点である。

じつは、ガーフィンケルが「三目並べ実験」の結果として発見した、被験者（すなわち人々）の対他者態度（ゲームのルールが複数あって、自分の相手方が、自分の当初想定とは違ったゲームのルールを用いていたことがわかったとしても、それがわかる前とほぼ同様の態度を維持し続けることが十分ありうる、という対他者態度）は、当然に、「違背実験」がなされていない場合における人々の態度としても、期待できるものである、ということである。

じつは、「ゲームのルールがたくさんあるかも知れないのに、その異同を確認する手続きがなされないまま日常の秩序は成立している」という状況こそは、我々の生きている世界の特徴なのではないだろうか。そのように、ガーフィンケルの違背実験の含意を受け取るのならば、自分と同じゲームをしていたと思っていた相手が、「気がつくと違ったゲームをしている」ということに気がつくきっかけとして、ビデオを使うことができるのではないだろうか。[8] つまり、現実の多様性とともに、その多様性に接続よく、すなわち、目に付くトラブルなくなめらかに行動を連鎖させるやり方で、人びとは生きてはいるのだけれども、意識の水準ではその多様性に気がついていないという、我々のちょっと不思議な日常というものを社会学は扱うべきだし、扱うことが（ビデオを用いるのならば）かなり容易にできる、と言いたいのである。

日本では、「将棋」に関して「へぼ将

棋　王より飛車をかわいがり」という川柳があるが、そういうリアリティを生きている将棋愛好者は、結構たくさんいるのではないだろうか。つまり、同じ盤面で、別のルールや志向性を持ったゲームを行っている行為者というのは、結構多いのではないだろうか。その不思議な状態がいったいどのようなあり方として可能になっているのか、ということを明らかにするところに、社会学の実践的価値があるのではないだろうか。現実は、驚くほど多様だけれども、人びとは、そのことに翻弄されずに生きているのである。

4　人々が生きる方法の多様性に出会う手段としてのビデオ――〝「非ゲーム的パッシング」をし合いながら、相互行為的に場面を共同制作している我々〟の発見

社会学というものが、固有の、カテゴライズされた対象（たとえば、経済、たとえば、法律）を持たないながらも、なおかつ「社会についての経験科学」であるためには、あらかじめ想定されたものとは違う現象として、つまりは、あらかじめカテゴライズされたものとは違う相貌を見せうる現象として、現実に出会う必要があるだろう。そのためには観察対象を「異物化」することが、有効で、そのやり方を社会学は多様に開発してきた、と本連載の第二回目（すなわち前回）に私は主張した。しかし、「異物化」だけでは、どのようにも現実を切り取ることができてしまう、という問題が発生する。エスノメソドロジー・会話分析は、この問題（現実解釈の発散問題）を解決するために、社会秩序を当事者にとっての有意味なものとして扱うべきである、という枠組み設定を行った。けれども、その「当事者にとって有意味である」という性質を持った社会秩序が、じっさいのところ、いったいどのような性質を持ったものでありうるのか、ということについては、十分な合意が成立していないように思われる。

　上述の「フルーツバスケット」の例では、「フルーツバスケットA」をプレイしているだけでなく、「フルーツバスケットB」をもどうじにプレイしている子どもたちが発見されたが、その一方で、（おそらく）この子どもたちは、「フルーツバスケットA」を進めようとしている大人たちに理解可能で、受入可能な振る舞いを、その準備中には行っていたことだろう。それが、「椅子を持ちながらうろついていた」という行動になっていたのではないだろうか。つまり、「当事者にとって関連性のある秩序」が存在しているということは、「場面の共有が成り立っている」という水準で担保されているだけであって、「具体的に同一のゲームのルールの共有をしていること」を「確認しあうこと」までは、要件としていないように見えるのである。

　このような形で、ある意味曖昧に秩序

化された場面が存在することを、筆者はかつて「ゲームのルールを共有せずに行為接続すること」という意味で、「非ゲーム的パッシング」として記述した(樫田 1991)。その用語を用いるのならば、ビデオを用いて調査する社会学は、「フルーツバスケットＢ」を勝手に始めている子どもたちを、「非ゲーム的パッシング」を生きている当事者たちとして把握できる社会学なのではないだろうか。ビデオがなければ、「端的に間違った行為をしている」と評価されかねない日常を生きている人びとを、ビデオを用いた社会学は、繊細な方法を活用して曖昧な秩序を生き抜いている人生の達人として描くことを可能にするのでは、ないだろうか。

次回は、今回扱うことができなかった二冊の本(来年までにもう一〜二冊増えるかも知れないが)の内容を紹介して、今回の議論を補充していくこととしよう。乞うご期待。

【注】

[1] 本稿のこの部分と同じ立場に立って、社会学の危機とエスノメソドロジーの関係を、「活動の同定問題」を含めて論じたものとして(樫田 2018)をあげておきたい。

[2] 発刊順に(水川ら 2017)、(樫田ら 2018)、(佐伯ら 2018)の三冊である。(水川ら 2017)は、近年のワークプレース研究の集大成であり、過半の論文がビデオデータを活用している。エスノメソドロジー・会話分析にあまり習熟していない読者にも理解できるよう用語解説等が充実しており、読みやすい。(樫田ら 2018)は、大きな枠組みとしては、医学教育のなかで、ビデオを用いた社会学研究の実践がどのように有用なのか、という議論を展開しているが、さらにその中でも、近年関心を集めつつあるテーマとして、発達障害の傾向を持つ医療系学生が、対人コミュニケーションの課題で引っかかってしまった場合に、どのような考え方、および、指導法で対処することが望ましく、かつ適切なのか、という問題を吟味している。その吟味のなかで、本稿での「フルーツバスケットＡ／Ｂ」の発見同様に、「適切な医療面接の行い方Ａ／Ｂ」の発見が行われている。すなわち、非定型発達者である可能性がある当該学生にとって適切な医療面接の行い方が、従来の教育法で想定されている行い方とは違った形で発見されているのである。紙幅の関係で、上記の議論は、次号でなされることになる。今回は、主として、(佐伯ら 2018)を扱う。

[3] すなわち、フルーツバスケットでは、通常、椅子は、人数よりひとつ少なく準備されるので、かならず、誰かが座り損なうことになる。つまり、表現の仕方を変えるのならば、席という資源の希少性を前提にして、席より多い人数が利用権を争うという、経済競争的なゲームとして、構築されているのである。少なくとも、大人たちはそのようなものとしてこのゲームを理解していたのだが、子どもたちは、そういうゲームＡとは別のものとして、たとえば、誰と隣に座るかという課題をも含んだゲームＢとして「フルーツバスケット」をプレイしていたのであ

る。

［4］具体的には、当該章執筆の刑部によれば、何ヵ月も前のビデオにすでに「数人の子どもが椅子を持ちながらうろうろしていた」という状態が、「フルーツバスケットA」の直前の画像として映っていた、のである。そして、この状態を大人たちは、「なかなか片付けが進まずに次の活動のフルーツバスケットがはじめられない」（佐伯ら 2018: 134）状態だと判断していたのである。事後的な教師の気づきが、どのような相互行為的な事実の裏付けをもってなされているかは、不明であるが、大きな発見ではあるといえよう。

［5］この部分は、通常のエスノメソドロジーにおける「見られてはいるが気づかれてない」という理解を拡張して用いている。けれども、この拡張は可能な拡張だと信じている。

［6］詳しくは（浜 1996）をみよ。

［7］やはり（浜 1996）等をみよ。

［8］つまり、同一のルールや活動を生きていることの確認として、ビデオを使うのではなく、どのような活動がそこでなされているのかを探究するのにビデオを使う形で、秩序研究をすることができるだろう、と言いたいのである。ガーフィンケルはルール（基礎的ルール）の差異を言語的指示によって無理やりつくり出していたが、ビデオを用いるなら言語的指示によらない活動の違いを我々は自成的なものとして発見できるだろう。そのほうが、「社会学1・5時代」にふさわしいだろう、とも言いたいのである（本連載の前回の議論を参照）。

［文献］

浜日出夫、一九九六、「ガーフィンケル信頼論再考」『年報筑波社会学』七：五五―七四。

樫田美雄、一九九一、「アグネス論文における〈非ゲーム的パッシング〉の意味――エスノメソドロジーの現象理解についての若干の考察」『年報筑波社会学』三：七四―九八。

樫田美雄、二〇一八、「エスノメソドロジー・会話分析の現代的意義と課題――エスノメソドロジーは、社会学の機能不全に理由を与え、社会学を危機から救うが、課題も残るだろう」『質的心理学フォーラム』十：五四―六一。

樫田美雄・中塚朋子・岡田光弘編、藤崎和彦監修、二〇一八、『医療者教育のビデオ・エスノグラフィー――若い学生・スタッフのコミュニケーション能力を育む』晃洋書房。

水川喜文・秋谷直矩・五十嵐素子編、二〇一七、『ワークプレイス・スタディーズ――はたらくことのエスノメソドロジー』ハーベスト社。

佐伯胖・刑部育子・苅宿俊文、二〇一八、『ビデオによるリフレクション入門――実践の多義創発性を拓く』東京大学出版会。

ファッション&パッション③

ファッション系統とその性格

栗田宣義（甲南大学）

1　計量分析と典型法

今号では、ファッション系統を所与の前提に、試行として可能な限り少数の冊子から、各系統の個性を明らかにする。系統分類は、計量分析が標準的であるが、これに加えて、秀でた研究者による職人芸とも云うべき、典型法に基づく分類を併せ参照し、誌名を特定する。[1]

表1は、ハイティーンから二十代前半を主たる読者層とした、二一種の系統分類についての比較対照である。[2] 計量分析からは佐々木孝侍の分類を挙げる。質問紙調査で得られた複数のファッション誌の重複読書の度合いを示すファイ係数φの相関行列に基づき、クラスター分析を施したものだ。[3] 析出したデンドログラムから五つのファッション系統を判別している。その第一は『Ray』『CanCam』『JJ』『ViVi』からなり、お姉系もしくは赤文字系。第二は『Sweet』『GLITTER』『GLAMOROUS』からなる読者層年齢が高めに設定されたアラサー系。第三は『S Cawaii!』『JELLY』『小悪魔ageha』『Popteen』『Popsister』『BLENDA』からなるギャル系。第四は『mina』『non-no』『SPRiNG』からなるカジュアル系。第五は『Soup.』『mini』『SEDA』『JILLE』『PS』からなるストリート系。第六は『CUTiE』『Zipper』からなる古着系。

典型法からは、辻泉の分類を参照する。『東京ガールズコレクションの経済学』（山田桂子著、中公新書ラクレ）や『雑誌新聞総かたろぐ』（メディアリサーチセンター）など複数の文献に基づき辻自身が判断したものだ。その第一は計量分析と同じ『Ray』『CanCam』『JJ』『ViVi』で、赤文字系エレガンス。第二は『S Cawaii!』『JELLY』『BLENDA』『EDGE STYLE』『Happie nuts』『Ranzuki』『egg』で、ギャル系エレガンス。第三は『mina』『non-no』『SPRiNG』『Sweet』『Soup.』で、トレンド・カジュアル。第四は『mini』『SEDA』『JILLE』『CUTiE』で、トレンド&ストリート・カジュアル。第五は『KERA』『FUDGE』『Zipper』で、ストリート・カジュアル。以上がその知見である。

2　特定のための四規準

赤文字系については一致しているが、

表1　計量分析ならびに典型法に基づくファッション系統の比較対照

	計量分析　佐々木（2011）						典型法　辻（2013）					本稿			
	お姉系 type-A	アラサー系	ギャル系 type-B	カジュアル系 type-C	ストリート系type-D	古着系	赤文字系エレガンス type-A	ギャル系エレガンス type-B	トレンド・カジュアル type-C	トレンド&ストリート・カジュアル type-D	ストリート・カジュアル	赤文字系 type-A	ギャル系 type-B	カジュアル系 type-C	青文字系 type-D
Ray	○						○					★			
CanCam	○						○					★			
JJ	○						○					★			
ViVi	○						○					★			
S Cawaii!			○					○					★		
JELLY			○					○					★		
小悪魔ageha			○												
Popteen			○												
Popsister			○												
BLENDA			○					○							
EDGE STYLE								○							
Happie nuts								○							
Ranzuki								○							
egg								○							
mina				○					○					★	
non-no				○					○					★	
SPRiNG				○					○					★	
Sweet		○							○						
Soup.					○				○						
GLITTER		○													
GLAMOROUS		○													
mini					○					○					★
mer　*															★
SEDA					○					○					
JILLE					○					○					
CUTiE						○				○					
PS					○										
KERA											○				
FUDGE											○				
Zipper						○					○				

濃灰色白抜きセルは休刊中の誌名、系統のそれは分類双方で共通しないもの、淡灰色セルは季刊誌、*は新規創刊誌。

それ以外には不一致が見られる。系統分類の共通要素を取り出すために、以下に記す四規準を設定した。

第一規準　計量分析、典型法双方に共通する誌名のみを当該ファッション系統として抽出する。

第二規準　二〇一七年八月時点において休刊中の誌名は除く。

第三規準　二〇一七年八月時点において月刊誌ではない誌名は除く。

第四規準　以上の三規準を適用後、当該系統が一誌となった場合は、新規創刊誌を加える。

第一規準の目的は双方の共通要素のみに注目し、系統の純度を高める点にある。第二規準は本稿で用いるファッション誌が二〇一七年八月号であるためだ。[4] 第三規準は読者への影響力という観点から刊行頻度が低いものは割愛する企図。第四規準は系統の構成を複数誌に保つための措置。因みに一誌も残らなかった場合は、当該系統は不成立とする。

以上を適用すると、表一の右側に記した四つの系統に纏まる。ファッション誌の消長は激しく、休刊中の十三誌が除かれた。双方に共通しない六誌と、季刊の一誌も割愛され、新規創刊の一誌が加えられた十一誌となった。

3　特定されたファッション系統

type-A、『Ray』『CanCam』『JJ』『ViVi』は双方で完全に一致している。これは赤文字系。**type-B**は休刊や不一致が多く、『S Cawaii!』『JELLY』の二誌。ギャル系であることは間違いない。[5] **type-C**は『mina』『non-no』『SPRiNG』。不一致が存在するものの、半数以上が共通し、カジュアル系であろうと目される。[6] **type-D**も休刊と不一致が多く、『mini』一誌のみしか残らない。『mini』が計量分析ではストリート系、典型法ではトレンド&ストリート・カジュアルに含まれることから、ストリート系を包括する上位概念である青文字系とした。複数誌を確保する第四規準が適用され、双方の論文執筆時には存在しないものの、現在では頗る有力な二〇一三年四月創刊の青文字誌『mer』を含めた。[7]

アラサー系、古着系、ストリート・カジュアルの計三系統は反映されなかったが、古着系とストリート・カジュアルについては広義での青文字系の範疇であるから、**type-D**を設定したことである程度は吸収できている。

4　トップコピーと背表紙コピー

赤文字系『Ray』の二〇一七年八月号の背表紙コピーは「可愛いコがやっていることぜーんぶ！」（表2を参照）だ。この号の雰囲気が上手く伝わってくる。短文で的確に記された背表紙コピーは、誌面内容の凝縮である。店頭では平積み販売されることが多いため、購買前に背表紙を見る機会は希ではあるが、販元は頑

表2　2017年8月号のトップコピーと背表紙コピー

系統	誌名	版元	トップコピー	背表紙コピー
赤文字系	Ray	主婦の友社		可愛いコがやっていることぜーんぶ!
	CanCam	小学館		E-girlsがやってきた!
	JJ	光文社	「ガール」から「レディ」へ	この夏、私たちは「デニム」と「ワンピ」があればいい!
	ViVi	講談社		テンション上がる♥夏がきた!
ギャル系	S cawaii!	主婦の友社		お金がなくても夏を最高に楽しむ方法知りたくない?
	JELLY	ぶんか社	いつでもイケてる私でいたい!	夏のヘアメイク完&全バイブル!!
カジュアル系	mina	主婦の友社	BASIC FASHION MAGAZINE	この夏イケてるTシャツだけ231枚!
	non-no	集英社		人気コーデ&メイクで10倍可愛い夏にする!
	SPRiNG	宝島社	シンプルおしゃれが好き!	Tシャツでおしゃれ!50の答え
青文字系	mini	宝島社	We ♥T-SHIRT, DENIM, SNEAKERS!	目指せ!ストリート界の着まわし姫♥♥
	mer	学研プラス		「自分に似合う服とメイク」MY BESTを更新

淡灰色は系統の性格を捉えているコピー。

なにこの姿勢を守っている。背表紙コピーは、当該号の第一特集であることが多く、表紙での最大面積を確保されたメインコピーと概ね一致する。

背表紙コピーとは別に、当該誌全体の性格を代表させるコピーが存在する。表紙最上部や誌名ロゴの近辺に記され、これをトップコピーと呼ぶ。[8] 毎号もしくは一定期間のほとんどの号に記されるのが通例。かつて『non-no』ではトップコピー「愛のあるファッショナブル・マガジン!」が、創刊号から、百万部に迫るABC公査部数を誇った前世紀末まで、ほぼ毎号欠かさず表紙最上部に記されていた。

十一誌の内、トップコピーが存在するのは五誌。『JJ』の「『ガール』から『レディ』へ」は、レディという語感が赤文字系の中でも、とりわけエレガンス志向が強い当誌の性格を良く表している。『JELLY』の「いつでもイケてる私でいたい!」は草食系の真逆である肉食系を標榜して憚らないギャル系に相応しいコピー。『mina』の「BASIC FASHION MAGAZINE」は、これを読めば、ふつうイコール人並みのファッションが判るという文脈なのか。いかにもスタンダードなファッションを目指すカジュアル系のコピー。『SPRiNG』の「シンプルおしゃれが好き!」にも過度の派手さや突出を嫌うカジュアル系の空気を感じる。『mini』の「We ♥ T-SHIRT, DENIM, SNEAKERS!」は青文字系に相応しい。Tシャツ、デニム、スニーカーといったストリートに馴染むアイテムを多用する青文字系ならではのコピーだ。もし全てのファッション誌にトップコピーが存在すれば、ファッション系統の分類は容易になるが、これら五誌だけでも、系統の性格を一言で表現していることが容易に読みとれる。

背表紙コピーは、トップコピーのように系統を要約凝縮した文にはなりにくい。当該号の特集内容を反映しなければならないからだ。優美なコスチュームを重視する赤文字系であってもそのファッション性が高ければデニムのアイテムを採用する。『JJ』の「この夏、私たちは『デニム』と『ワンピ』があればいい！」がその例。カジュアル系の『mina』では、ギャル系の『JELLY』で登場した「イケてる」と、青文字系『mini』のTシャツが、「この夏イケてるTシャツだけ231枚！」というミックスされた表現で登場する。肉食系にもエレガンスにもストリートにも偏らずスタンダードなファッション情報を提供するカジュアル系が、他系統の要素をバランス良く含んでいることは、むしろ自然なのかもしれない。

他方、『S cawaii!』の「お金がなくても夏を最高に楽しむ方法知りたくない?」はギャル系特有の直截な欲望実現を端的に表している。『mini』の「目指せ！ストリート界の着まわし姫♥♥」、ならびに、『mer』の「『自分に似合う服とメイク』MY BESTを更新」は、ストリートという語や、流行やトレンドといった他者の動向よりも、〈自分〉重視という言い回しによって、青文字系の性格をある程度は言い当てている。

5　誌面成分

美容化粧服飾といったおしゃれ要素を中心に十一誌の主だった誌面成分を、その頁数と系統毎の平均比率（百分率）で示したのが表3である。網羅的測定は避け、系統の性格を顕著に示す変数に絞った。

誌面成分は、記事、広告記事、広告すべてについて表中のジャンル毎に、十分の一頁単位で測り、その和を記した。[9]系統別の平均値は、各誌該当ジャンル頁数の綜和を系統全誌綜頁数の和で除して求めた。十一誌全体の平均値と各系統の平均値を較べ、相対的に高い比率を示した値には濃灰色、それに次ぐ値に淡灰色を付けてある。

赤文字系は、おしゃれに関しては審美医療、エステ、ダイエット、衣服の頁比率が高い。おしゃれを通じての自己実現に際して、美容整形や美肌、減量痩身などの手段も厭わず、基本的には服で勝負する（三六・五％）という姿勢が読みとれる。ファッション誌であるから衣服の頁比率が十一誌全体の平均で三五・九％と三分の一以上占めているのは当然であるとしても、ギャル系のように衣服の頁比率が二四・一％というように四分の一を下回る系統もある。ギャル系は化粧美容が二八・二％と四分の一以上を占め、審美医療とヘアメイクの頁比率も高い。美容整形を重んじ、化粧とヘアメイクの〈盛《も》り〉で勝負するギャル系の姿が目に浮かぶ。カジュアル系は、エステ、ヘアメイク、衣服、バッグ、靴の頁比率が高い。髪と服に加え、バッグや靴といった周辺小物でのおしゃれ自己実現がカジュアル系の特徴だろうか。〈普通〉であることを目指す女子は美肌も勿論忘れては

表3　ファッション系統毎の誌面成分

系統	誌名	審美医療	エステ	ダイエット	化粧美容	ヘアメイク	衣服	バッグ	靴	インスタ	オーディション	総頁数
赤文字系	Ray	1.0	0.5	6.0	23.4	11.2	84.5	5.2	7.5	10.1	2.0	212
	CanCam	0.0	2.0	0.0	27.2	1.0	59.3	2.0	0.1	16.5	1.0	242
	JJ	0.0	4.0	6.0	14.0	0.0	104.5	2.0	6.3	10.0	1.0	228
	ViVi	3.3	4.0	6.0	27.3	13.0	92.9	6.2	2.0	21.0	0.0	254
	平均値	0.5%	1.1%	1.9%	9.8%	2.7%	36.5%	1.6%	1.7%	6.2%	0.4%	234
ギャル系	S cawaii!	1.0	0.0	0.0	17.8	5.8	46.7	3.2	6.1	6.7	2.0	132
	JELLY	1.0	0.0	0.0	61.2	19.0	20.8	0.0	1.2	6.0	2.0	148
	平均値	0.7%	0.0%	0.0%	28.2%	8.9%	24.1%	1.1%	2.6%	4.5%	1.4%	140
カジュアル系	mina	0.0	2.0	0.0	21.9	4.4	75.4	1.8	6.3	5.0	1.0	158
	non-no	0.0	5.0	0.0	30.0	17.0	52.5	5.0	3.0	1.0	1.0	182
	SPRiNG	0.0	0.0	4.0	6.9	8.0	50.5	11.2	5.1	1.0	0.0	146
	平均値	0.0%	1.4%	0.8%	12.1%	6.0%	36.7%	3.7%	3.0%	1.4%	0.4%	162
青文字系	mini	0.0	0.0	5.0	10.4	9.2	50.4	4.0	2.6	0.1	0.0	132
	mer	0.0	0.0	0.0	10.5	7.7	72.3	1.1	8.4	0.3	0.0	132
	平均値	0.0%	0.0%	1.9%	7.9%	6.4%	46.5%	1.9%	4.2%	0.2%	0.0%	132
全体の平均値		0.3%	0.6%	1.2%	14.5%	6.0%	35.9%	2.1%	2.9%	3.1%	0.6%	167

濃灰色のセルは当該系統が全体の平均値より頗る高いことを、淡配色のセルはそれに次ぐことを示している。

いない。青文字系では、ダイエット、ヘアメイク、衣服、靴の頁比率が高く、とりわけ衣服は、四六・五%と半分近い値を示している。服そのもので勝負するが青文字系の真骨頂なのだ。加えて、綺麗に着こなすために減量痩身も大切。そして靴[10]。美容整形や化粧のような身体的に目立った派手さを求めるのではなく、足元で魅せるということなのか。十一冊という少数ケースであるゆえの分散もしくは揺らぎの大きさは些か否めないものの、この平均値比較から各系統の個性が具体的に浮かび上がってくる。

6　自己表出四類型

カフェやレストラン、夜景や小物など様々な、おしゃれランドスケープやアイテムをSNSのインスタグラム（以下、インスタと省略表記）で発信、共有するのが今風の女子である。〈インスタ映え〉という造語もある。十一誌全てにインスタ頁は存在したが、その比率には大きな差がある。青文字系（〇・二%）、カジュアル系（一・四%）、ギャル系（四・

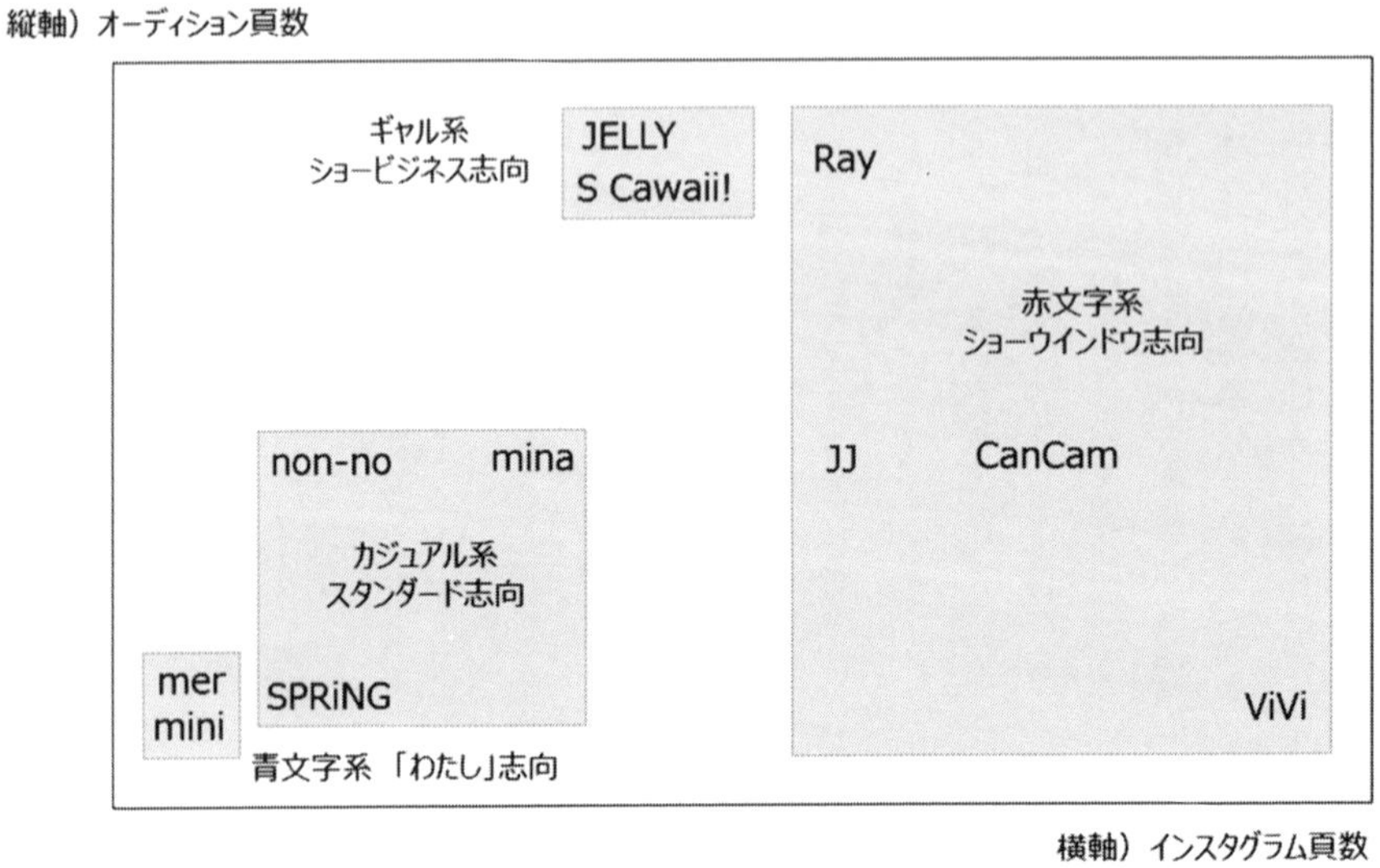

図1　ファッション系統と自己表出四類型

五％）、赤文字系（六・二％）の順で比率は高まる。特集化されていたこともあり『ViVi』では二十一頁も掲載されている。SNSを通じての自己表出願望が赤文字系では頗る強い。対照的に、音楽やTVタレントなど芸能界等のショービジネスでの自己表出願望を測るオーディションの頁比率は、ギャル系が目立つ。

　この傾向を各誌の個的次元ならびに群としての相対位置で判断するために、頁実数を用いてイメージを示したのが図1である。オーディション頁数での高低は『Ray』と『ViVi』で異なるものの、インスタ頁数では、他系統と赤文字系四誌は大きな差がある。〈いいね！〉というボタンが端的に示すように、SNSは他者の評価を鏡として自己実現の手だてとしようとする社会学的機能を有している。インスタグラムでは、自己像に加えて自我を託した商品や商業サービスの姿が写されることから、ここでは〈ショーウインドウ志向〉と名付けた。ショーウインドウの中の商品を見る際に、ウインドウガラスに自分自身も映り込んでいる図を想像して欲しい。

　ギャル系では、インスタ頁数は中程度ではあるが、オーディション頁数が多くなる。『JELLY』『S Cawaii!』は赤文字系のような屈折した〈ショーウインドウ志向〉ではなく、より直截的かつ即物的な他者による評価を求める〈ショービジネス志向〉である。青文字系に近接した『SPRiNG』は別として『non-no』『mina』はインスタもオーディションも中程度であり、謂わば〈スタンダード志向〉。普通の女子。インスタもオーディションも双方とも少ない青文字系『mini』『mer』は、屈折もしくは他者を介しての自己表出には関心が薄いマイペースな〈「わたし」志向〉と命名できよう。

赤文字系が〈ショーウインドウ志向〉、ギャル系が〈ショービジネス志向〉、カジュアル系が〈スタンダード志向〉、青文字系が〈「わたし」志向〉であるというこの四類型は、誌面成分のおしゃれ要素の更なる解析によって追証可能ではないかと予想されることも最後に付記しておこう。[11]

【注】

［1］典型法（typical sampling）では、既存の情報から判断し、代表的と思われるケースを研究者が有意抽出する。

［2］各誌の版元や休刊時期は紙幅の制約上割愛。

［3］佐々木（2011）。

［4］八月号なのはファッション誌特有のジェンダーが「明確化される季節」であるため（辻 2013: 199）。同様の視点は栗田（2007）にも見られる。十一冊のみではあるが、それでもファッション系統の個性記述には充分に足る。

［5］有力誌『Sweet』は割愛。

［6］前号では『non-no』をスタンダード系と呼称したが、今号ではカジュアル系に改める。

［7］『mer』は『古着mixガールズ』の継承誌。

［8］栗田（2007）におけるコンセプト。

［9］辻（2013）と同じ手法。

［10］穂川茉莉子と渡辺明日香が、「「ホテルマンは靴を見て客を判断する」、「お洒落は足元から」、「足元をみる」など．靴に関する慣用句は東西を関わらず多く存在する」と記すように、靴はおしゃれの枢要アイテムだ（穂川・渡辺（2010: 1）。

［11］誌面における〈かわいい〉の語法も関連するかもしれない。近年の纏まった著作としては、吉光・池田・西原編（2017）がある。

【文献】

穂川茉莉子・渡辺明日香、二〇一〇、「靴とファッション意識の相関性」『共立女子短期大学生活科学科紀要』五三：一―九。

栗田宣義、二〇〇七、「モードからストリートへ」『ソシオロジスト』武蔵大学社会学部編、九：二一三―二三九。

佐々木孝侍、二〇一一、「ファッション雑誌の読書傾向にみる痩身志向性の差異」『繊維製品消費科学』五二（二）：一〇七―一一二。

辻泉、二〇一三、「女性ファッション誌の過去・現在・未来」『人間関係学研究』大妻女子大学人間関係学部編、一五：一七七―一九九。

吉光正絵・池田太臣・西原麻里編著、二〇一七、『ポスト〈カワイイ〉の文化社会学』ミネルヴァ書房。

◇矢吹康夫『私がアルビノについて調べ考え書いた本――当事者から始める社会学』（生活書院、二〇一七年）。

本書は当事者である著者がアルビノをめぐる歴史を調べ文化的イシューを論じ他の当事者への丁寧な聞き取りを通して、自分や社会文化にとってアルビノとは何かを考え書いた本だ。アルビノとは、白皮症と呼ばれ「先天的にメラニン色素の生成が低下、または完全に消失する遺伝性疾患」と定義されている。本書にまとめられている当事者たちの語り。それらは「生きづらさ」にどう各自が向き合えるのか、向き合いたいと思うのかをめぐる多様性だ。多様であるからこそ社会問題だから一つの運動だからという理屈で多様性に序列をつけるべきでないし、価値づけし代表的なストーリーへと収斂させるべきでもない。「曖昧な生きづらさ」と向きあい、どう対抗して生きていけるのか。支配的な社会や文化に対抗し「強い」当事者になるだけが「私」のあるべき姿ではないはずだ。「生きづらさ」の背後にある矛盾を自分のせいだとする「弱い」当事者にもなりたくない。いわば余裕をもって支配的な社会や文化を多様な形で撃てる〝しなやかで〟〝したたかに〟生きる当事者が展開する「アルビノをめぐる政治」とはどのような姿だろうか。（好井裕明）

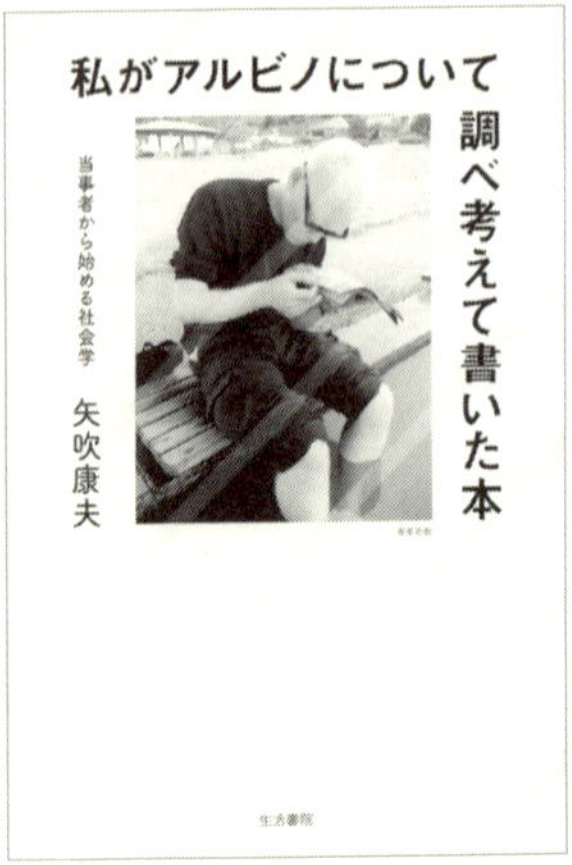

◇スペンサー・R・ワート（山本昭宏訳）『核の恐怖全史――核イメージは現実政治にいかなる影響を与えたか』（人文書院、二〇一七年）。

核兵器、原発など原子力や核をめぐり常識的な了解が私たちの日常生活世界に息づいている。それらはいつどこでどのように、何をきっかけとして作られてきたのだろうか。また核や原子力をめぐるイメージは、現実の政治や文化にどのような影響を及ぼし、また文化や政治の中

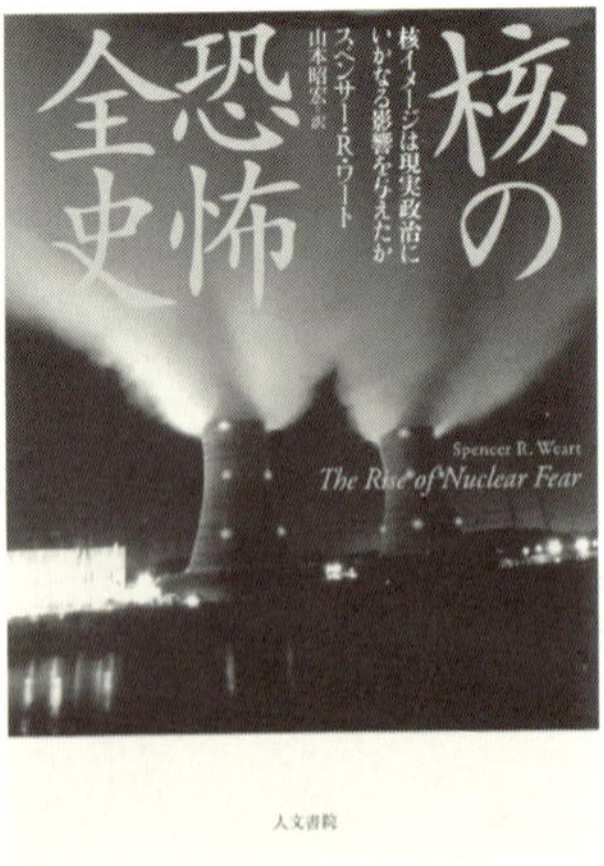

で、どのように変容し、維持されてきているのだろうか。本書は、新聞、雑誌、小説、映画など私たちが普段目にする言葉や映像を渉猟し、原子力が発見された頃から原子爆弾製造、広島長崎への原爆投下、冷戦下での大気圏内核実験、原子力の平和利用など現在にいたるまで、「核の恐怖」イメージの歴史的変遷を論じている。訳者も述べているように、その論述は「職人芸」的なところもあるが、本書を読み、私たちの日常がいかに核をめぐるイメージで染められながらも、他方でそれらイメージへのより深い解釈が不十分であり「思考停止」状況が続いていることに思い至る。大衆文化に息づく核、原子力の常識的な了解図式の解読は社会学における重要なテーマだ。本書とあわせて訳者の著書〈山本昭宏『核と日本人』中公新書、二〇一五年〉も読むべきだろう。（好井裕明）

◇橋田壽賀子『安楽死で死なせて下さい』（文芸春秋、二〇一七年）。

本書は、『文芸春秋』（二〇一六年、十二月号）に掲載されたエッセイ「私は安楽死で逝きたい」で読者賞を受賞した著者による、ある意味における記念碑的作品。まずそれは、日本社会において人びとが安楽死についてあっけらかんと語る時代の到来を予告する点において。またさらに、現在国会で審議中の尊厳死法案を跳びこして安楽死法制化を主張することによって、両者の議論の連続性と同型性を否応なく指し示した点において。ともかく私たちは、「認知症になって何もわからなくなったら、生きていたくない。意識がしっかりしていても、身体が動かなくなったら、生きていたくない。楽しみがなくなったら、やっぱり生きていたくない。人に迷惑をかける前に死にたいと思ったら、安楽死しかありません」という著者の言葉に自らのなかに潜んでいる無意識的な願望を自覚させられながら、安楽死の是非をめぐる悩ましい〈対話〉へと誘われることになる。さあ、皆さんだったら、「ある程度の年齢になったら、深刻な病気でなくても、『もうそろそろ、おさらばさせてもらえませんか』と申し出る権利ができてもいいのではないかと思います。高齢者本人の意思をちゃんと確かめて、家族も親戚も納得して判を押したら、静かに安楽死できる。そういう制度が日本にあってもいいと思います」という著者の問いかけに、どう答えるだろうか。（三浦耕吉郎）

◇金菱清編　東北学院大学震災の記録プロジェクト『悲愛　あの日のあなたへ手紙をつづる』（新曜社、二〇一七年）。

橋田による前掲書が、近くない将来に死に近くはずの自分自身に関する想像力の物語だとすれば、本書は、「あの日、さよならも言わずに去ってしまったかけがえのないものたち」へと向けられた他者に向かう想像力の物語である。収録された三十一通の手紙は、文字どおり悲痛さと愛情の綯《な》い合わさった「狂おしいほどまでに会いたい感情」に溢れている。その感情は、後悔（「あのとき手を離さなければ」「あの日無理に行かせなければ」）から、思い遣り（「とても怖かったね、痛かったね、苦しかったね」「代わってあげたい」）、切望（「会いたくて、あいたくて」「夢に出てきて」）、熱意（「ぜひ伝えたい」「訊きたいことがいっぱい」）、詫び（「ごめんね、まだ逝けない」「もう少し待って」）、謝意（「ありがとう」）、決意（「死んでなんていられない」）へと至るように、驚くほど多様であり、人間の想像力の豊かさを思い知らさずにはおかない。この二冊の著書のあいだに横たわる、自己の死と他者の死をめぐる想像力の働き方の乖離を、はたして私たちは、いったいどのように受けとめ、また、調停していくことができるだろう。（三浦耕吉郎）

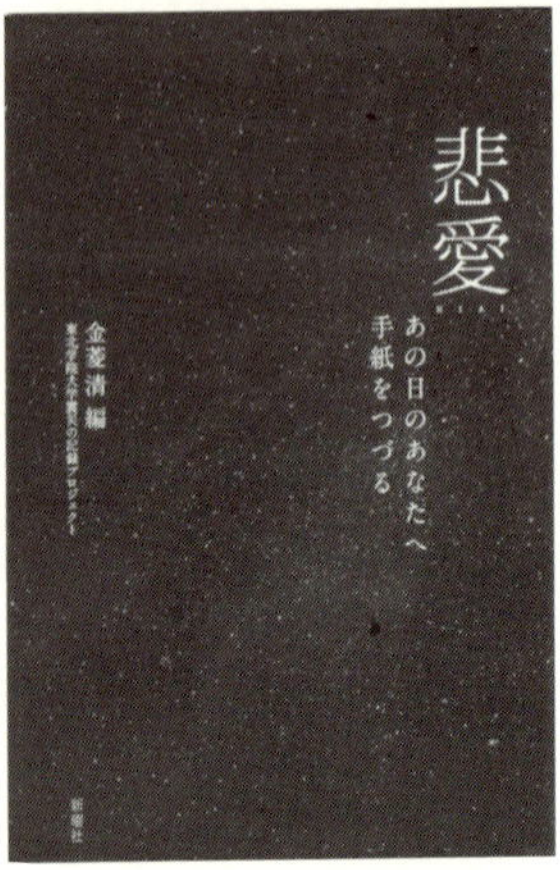

◇飯田豊・立石祥子編著『現代メディア・イベント論――パブリック・ビューイングからゲーム実況まで』（勁草書房、二〇一七年）。

現在、メディア体験とライブ体験とを明確に区別することが難しくなっている。対象と直に向き合うライブの場でも、純粋にメディアが介在していない場はほとんどないといってもよい。例えば、野外音楽フェスには巨大なPAシステムが導入されているし、フェス会場からはインスタ映えする写真がSNSを通じて発信される。メディア・イベントは、メディア体験とライブ体験の接点なのであり、今日のメディア文化研究において重要なテーマのひとつである。本書は、主に日本における新たなメディア・イベントの展開を対象に考察している。編者による第一章「ネット社会にお

けるメディア・イベント研究の地平」では、メディア・イベント研究の的確なレビューがなされ、「メディア・イベントの仮設性＝エフェメラリティ」が強調されている。以下、サッカーワールドカップのライブ・ビューイング、音楽フェス、ゲーム実況、中国における「動漫イベント」、ジン（zine）イベント、万博が取り上げられている。いずれの領域もさらなる研究の余地が残されているし、本書で手がつけられていないメディア・イベントも多々ある。ネット時代のメディア・イベント研究のスタート地点に位置する書である。（小川博司）

◇松井広志『模型のメディア論――時空間を媒介する「モノ」』（青弓社、二〇一七）。

複製文化論の先駆といえるW・ベンヤミンの議論は、主に映画と写真を取り扱ったもので、実物を複製したものは映像・画像であり、物質性に裏づけられているとはいえ、モノそのものではなかった。メディア文化研究は、このように出発したからか、これまで専ら文化の内容もしくはメディア体験の側面に関心を寄せ、モノそのものに着目することはほとんどなかった。本書は模型というモノに正面から取り組んだ論考である。序章に続く第一部「歴史」では江戸期から戦後社会に至るまでの歴史が綴られ、第二部「現在」では現代の模型の典型としてキャラクターモデル、ガレージキット、フィギュア、実物大模型などが考察される。第三部「理論」では、模型の歴史を踏まえているからこその理論的考察がなされている。今日、ポピュラー文化の現場では、レコードやCDを収集するリスナー、紙媒体にこだわる二次創作者、ライブでアーティストグッズを購入するファンなど、模型以外にも、さまざまなモノに価値をおく人々を見出すことができるし、そうした人々を射程に入れたビジネスも展開されている。本書は今日のメディア文化を総体的に捉えようとする者には必読の書である。（小川博司）

◇友枝敏雄・浜日出夫・山田真茂留編『社会学の力――最重要概念・命題集』（有斐閣、二〇一七年）。

「学習と研究とでは、目標も作法も違う」「高大連携問題とは、学習モードから研究モードへの移行の困難性問題なのであって、この問題への対処法としては、高校で教えていない社会学を新入生にぶつけるのがよい。学習モードからの離脱を促し易いからだ」と私は毎年叫んでいる。その観点からみて、本書は良い本であると同時に、不十分な本である。社会学の過去の達成の確認においては有用なのだが、社会学の研究的未来の展望においては、不十分なのである。どこに社会学の裂け目があるのか、現在の社会学のどこがどのように乗り越えられなければならないのか、示されていない。社会学の危機を無視している。結局のところ、学習に便利なツールではあっても、研究意欲を喚起する力は、不十分だ。

たとえば、浜日出夫が「エスノメソドロジー」(四八頁〜)を解説するとき、わかりやすさが優先されてしまっている(五一頁下一〇行目は皮肉だろうけれども)。しかし、研究力を喚起するのには「ガーフィンケル信頼論再考」(『年報筑波社会学』七号所収)から噴出していたような、研究のライブ感こそが必要なのではないだろうか。形成途上の社会学はこんなにも野蛮でうさんくさく、かつ、血まみれなものである、ということを示して、初めて「社会学の力」を示したことになるのではないだろうか。

本書には、『命題コレクション　社会学』(筑摩書房)の後継本だ、という世評があるが、時代が変われば、社会学の課題も変わるはずだ。どのような主張が社会的に有意味なのか。我々は、第九十一回日本社会学会大会のテーマセッションで当該問題を問うつもりでいる。(樫田美雄)

◇岩村暢子『残念和食にもワケがある——写真で見るニッポンの食卓の今』(中央公論新社、二〇一七年)。

我が家の朝食は、キムチ、ザーサイ、らっきょうの「のっけ丼」(具材をのっけただけのごはん)である。

主食は通常は米だが、たまには「カステラ」だったりする。たしかに「ユネスコ無形文化遺産」の「和食」とはほど遠いが、造反有理である。著者に言わせれば、「和食を和食器で」と期待することの方に無理がある。労働も消費もフレキシビリティを増しつつある中で、家族の各々が違った時間に違った食品を違ったモードで食べたいという欲望を持っているのなら、我々は、「のっけ丼」でいくか、「お子様用プレート」で個別対応していくしかない。「常識批判の社会学」は、このように調査的ジャーナリストにもう横取りさ

れてしまっている。それを養老孟司が帯で「見たくないものを見せ　知りたくないことを知らせる　これぞ社会学である」と称揚している。社会学のプロは、もはや、こういう仕事とは別の仕事をするしかない。（樫田美雄）

◇くりこ『ギブミー睡眠――リトルモンスター・ひなとの日々』(KADOKAWA、二〇一六年)。

育児ブログが書籍化された。副題は「リトルモンスター・ひなとの日々」。娘の子育て日記が、アメブロでトップブロガーへと人気急上昇したのだ。平板な育児規範から解き放たれた生活実践の中で、隠し味としての社会学的認識が光る一冊。育児は毎日が終わりなき格闘である。「母も夜泣き状態！」「食べずにぬりたがる！」「我が子から加齢臭!?」、これらのコピーがそのすべてを物語る。育児体験があれば思い当たり、うなずく場面をテンポ良く描き、万人が共感し、諒解可能なまんがという媒体に見事に昇華させた。格式張って学問を語る図書よりも、数段その観察眼は秀でている。ありがちな公園談義でのお喋りに留まらず、数多の読者を獲得可能とするコミカルな四コマ作品へと日々纏め上げ、ブログにアップロードし続ける著者の情熱と根性に脱帽する。知的実践とは何か、と云うことを改めて教えてくれる。（栗田宣義）

◇亀田達也『モラルの起源――実験社会科学からの問い』(岩波新書、二〇一七年)。

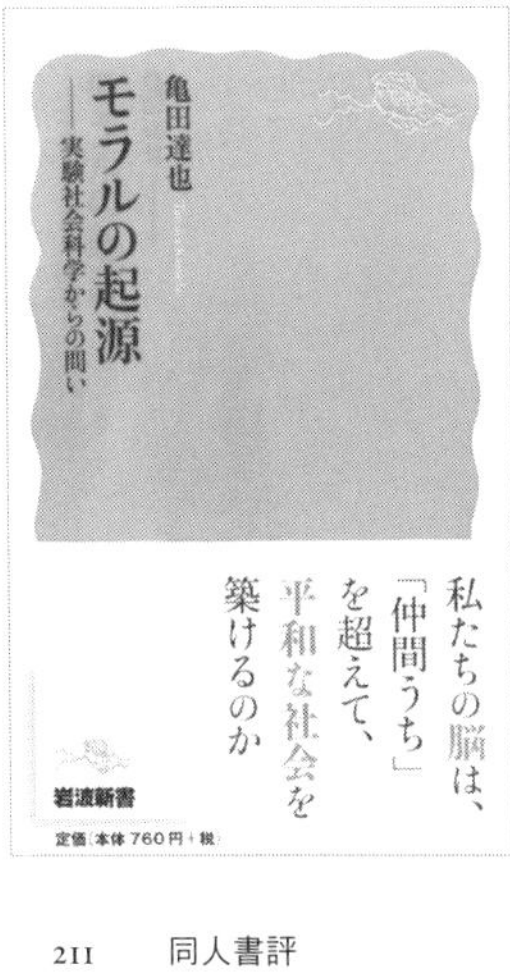

実験社会科学の第一人者によるその紹介書籍。心理学、生物学、政治学、経済学の知見と方法を縦横無尽に駆使し、社会規範の成立メカニズムに迫る。「私たちの脳は、「仲間うち」を超えて平和な社会を築けるのか」、これが著者の問いだ。R・ダンバーによる「大脳新皮質比」と「群れのサイズ」が正の相関を示す示唆的なデータから本書は議論を起こす。「群れの中で生きることは、孤独に生きる場合に比べて、はるかに複雑な情報処理能力を生命体に要求」するのだ。

ミツバチなど社会性昆虫における「集団意思決定」の的確さの仕掛けに分け入り、「利他性」に係わり、助け合いや非協力の問題にも頁を割く。情動伝染に関するホルモン、オキシトシンが「共感」する心の仕組みを担っていることも指摘。「最後通告ゲーム」の国際比較から「フェア」「アンフェア」の位置づけを論じるのも面白い。最終章は社会学にも馴染みのあるJ・ロールズの正義論とその実験社会科学的応用がテーマ。狭小な仲間うちではなく地球サイズのメタモラルを構築できるか否かは人類の未来に大きく係わる。本書は個別ディシプリンの垣根を越え、この問いを追究。脳科学や生理学はもとより、隣接分野たる心理学や人類学の知見すらも拒み、教科書的な先ず規範ありきの規範第一主義に終始しがちな社会学者は、初心にかえってここから学ぶべし。（栗田宣義）

ネコタロウに聞け！　異書・外伝篇③

ＡＩの叛乱ならぬ氾濫

栗田宣義（甲南大学）

　ＡＩ（人工知能）の進歩向上が著しい。というよりは、ＡＩによって仕事を追われる可能性が高い時代になったと記した方が正確だ。懇意にしている開業医は、それほど遠くはない将来には内科医でさえもＡＩによる診断や治療に淘汰されるだろうと悲観している。蓄積されたデータベースに基づき、依って立つ判断規準も明確な業務であればあるほど、人間よりＡＩを搭載した機械すなわちロボットの方が格段に向いている。検査データに基づく診断投薬が主たる業務である内科医は、手術の際に臨機応変な対応が求められる外科医に較べて、よりＡＩ向きなのであろう。オックスフォード大学の若き准教授マイケル・オズボーンらは、この十年から二十年の内、スポーツ競技の審判、調理師、ウェイトレス・ウェイター、時計修理工、電話セールス担当、レジ係、データの入力作業員などを筆頭に、なんと全職業のうち半数近くはコンピュータによって機械化されるだろう、と大胆に予測する（The Future of Employment 二〇一三年）。まぁ、われわれの半分が、失業してしまうと言い換えても良い。頗る暗い未来だ。

　かつて、アイザック・アシモフは彼の作品 “Runaround”（「堂々めぐり」『われはロボット』早川書房に所収、原著は一九四二年）の中でロボット工学三原則を記した。「ロボットは人間に危害を加えてはならない」「人間にあたえられた命令に服従しなければならない」が、これらに反しない限り「自己をまもらなければならない」というのが、それだ（邦訳七七頁）。ロボットは人間の脅威にはなってはならないという、後にロボット開発に携わるエンジニアたちにも多大な影響を与えた思想である。中高年の読者の方は、地球を救うために自己犠牲的に太陽に飛び込んだ『鉄腕アトム』（手塚治虫原作、テレビアニメはフジテレビ系、一九六三年から一九六六年）のエンディングシーンを想起するかもしれない。人間と同じ感情を有し市民権まで獲得したアトムは人類のために死を選んだのだ。それに対して、現代のＡＩはオズボーンらの予測通りであれば、われわれの半数を失業に追いやる。つまり、人類の半分はロボットによって社会的に殺されるイコール破滅させられる。飢饉から人びとを救うために自死を選んだ火山技師ブドリ（宮沢賢治『グスコーブドリの伝記』一九三二年）の主人公のように、ロボットでありながら健気にも人類愛に富んだアトムとは大違いである。ＡＩの氾濫が人類を不幸に追いやる救いのないディストピアだ。

　何のことはない。ＡＩ氾濫の背景には

資本の論理が横たわっている。効率の悪い人間労働を減らし、ロボットに置き換えることで、失業者が街に溢れかえる。職にしがみつこうとすれば俸給や労賃は労働者擁護の法的制約が多い人件費ではなく物件費として最低限にまで切り詰められることになる。職にありつけば、まだましだ。富裕層は更に富み、格差は広がってゆく。物語としては極めてありふれており、ありきたりである。これが頗る現実的な近未来なのだ。ＡＩ言説の流布にはそんな意図と裏事情がある。ロボットは人間に向かって叛乱などはしない。人間が人間を収奪するためにロボットを出しに使うだけだ。

「鉄の悪魔を叩いて砕くキャシャーンがやらねば誰がやる！」というナレーションが揮っていた。『新造人間キャシャーン』（フジテレビ系、一九七三年から一九七四年）は機械の身体でありながら生身の人間の味方となり、荒廃した都市の片隅で、量産されたロボット軍団を相手に孤独な闘いを繰り返す。ロボット叛乱をテーマとした数多あるSF作品でも、重厚で陰鬱なトーンが際立っており、何度もリメイクされた。だが、吉田竜夫が描くような未来は永遠に来ないだろう。公害処理ロボットが、環境破壊をもたらした悪しき人類を破滅に追いやるのではない。３Ｋ労働に従事させるため遺伝子工学によって産み出されたレプリカントがその恨みから人間に牙を向けるのでもない（『ブレードランナー』フィリップ・ディック原作、ワーナー・ブラザース配給、一九八二年）。

ＡＩの脅威とは、ＡＩの叛乱ならぬ氾濫によって、資本の論理が貫徹し、人類の大半がほんの一握りの人間に収奪されてゆくだけの話。こんなつまらぬ近未来ならば、志のあるロボットに叛乱して貰った方がよほど良いのかもしれぬ。たとえ勝ち目はなくとも。人類の未来を賭けてキャシャーンのように闘おうではないか。可憐な恋人、上月ルナと共に。だが、現実は陳腐で憂鬱。ＡＩが話題に上るたび、庄野真代が歌ったように「割れてしまえ 地球なんか」（『モンテカルロで乾杯』ちあき哲也作詞、筒美京平作曲、日本コロムビア、一九七八年）と叫びたくなるのが、ネコタロウの今日この頃なのだ。

読者の声

（気が早い）アーカイブ化への期待

井口高志（奈良女子大学）

学生時代のひそやかな楽しみは、居場所のあまりない晴れたキャンパスの中の薄暗い文学部図書館の書庫にこもることでした。そこに行って、かび臭く変色した雑誌をどんどん過去の号に遡って読むことで、知らない世界にどんどん入っていける気がしました。自分の専攻の社会学の雑誌を色々と読みました。特に深く他の学問分野と比べたわけではありませんが、歴史学や文学などに囲まれた社会学の雑誌には、他とは違う雰囲気を持ったものが目に付くことが多かったような気がします。その雰囲気が何だったのかよくわからないのですが、たとえば、雑誌を開いて目当てのものを読む前に、その隣の論文を読みなんだか多くのものを得る、そんな経験の記憶があります。（単に、未熟だったから、すべてが新鮮に思えただけなのかもしれませんが）。そんな雑誌たち、たとえば、名が浮かぶのは『ソシオロジ』『現代社会学』『ソシオロゴス』などでしょうか。これらがいわゆる「同人誌」と言われるようなものだったということを知ったのは、学会誌というものを強く意識するようになる大学院生になって以降だったかもしれません。『ソシオロジ』の存在感が大きかったため、東京に住んでいた私は、西の社会学の匂いをそれらの雑誌の中に探りわくわくすることが多かった気がします。

『新社会学研究』の創刊を聞き、同人メンバーの名を見た時、なんとなく以上のようなことを思い出しました。大学生の頃の私のような経験は、一定程度の雑誌の継続とアーカイブ化があって初めて可能になるように思います。『新社会学研究』には、そんな経験をする若い学生をたくさん生み出してくれる雑誌になってくれることを期待します。（もちろん、短くパッと散る生き方もそれでありだとは思いますが、笑）。

読者の声

〈生きる力〉を支える社会学

松浦智恵美（立命館大学）

本誌は「特集」―「連載」―「公募特集」―「連載」という構図をとり、多くの社会学のテーマを盛り込んでいる。看取りや認知症、カツラやゲイ、野宿者など人びとが何気なく見ている（気がつかないふりをしている）身の回りの事柄を社会学者が書くと、人びとの生き様が違って見える。人びとの「生きる力」がありありと目の前に現われる。それを社会学の学問的な思考だけで表現するのではなく、本誌の投稿者たちは、経験的で魅力的な事例を伴わせることで、読者に現実の手触りが伝わるように執筆している。それゆえに、当事者たちの〝生きづらさ〟の乗り越え方の記述が読者にそのリアリティを伝え、生きる力を与えてくれる貴重なものとなっている。そして、当事者たちへの丁寧なインタビューや、時間を共に過ごす中で築き上げられる信頼関係がないと知りえないことや体験できないことが豊富なデータとして表現されている。また、自分自身の体験を客観的に分析する力も社会学には存在し、現実の出来事に直面する当事者として表現されている。言い換えれば、本誌の社会学は学問的水準の達成だけではなく、その達成に至る社会学的探究の粘り強さについても驚くような質として存在しているといえる。本誌の社会学者たちは社会学的に分析することで、当事者たちの生きる力を支えているという意識があるように思う。社会学という言葉がテーマや表題に多く見られているのは、そのような主張を尊重したからかもしれない。

■編集後記

第3号も無事刊行できました。「ファン文化の社会学」、公募特集「いま、地域を考える」で優れた興味深い論考を掲載しています。まずはご協力いただいた執筆者の方々、ありがとうございました。

「3号雑誌」という言葉があります。「3号まで出したが、それ以上続かなかった雑誌」のことです。多様な理念を実現しようと、これまで多くの雑誌が刊行されてきましたが、諸般の事情により中断せざるを得なくなったものも少なくありません。「3号雑誌」にはしたくない。そうした思いを胸に、2号しか出ていない段階でしたが、私たちは昨年冬、今年初夏に関西と関東で合評会を開きました。雑誌を読まれている人々がどのような印象を持ち、いかなる批判を抱き、またどのような期待をお持ちだろうか。率直な意見を聞きたいし、それを手がかりとしてさらに充実した『新社会学研究』を出していきたい。もちろん本誌をすこしでも多くの人々に知ってもらいたいし、宣伝になればなおさらです。私たちは、このような思いで不安と期待を抱きながら、合評会に臨みました。会では、コメントを快諾していただいた先生方から厳しい批評や批判、そのうえでの雑誌への期待、要望などをいただき会の参加者は決して多くなかったのですが、私たちにとって、この雑誌の今後を考えるうえで、生産的な時間を過ごすことができ、ありがたいかぎりでした。関西合評会のコメントやそれをもとにした論考が本号に掲載されています。関東合評会については次号に掲載予定です。

本誌は、同人たちの巻頭リレーエッセーや連載など「自分たちが好きに社会学を遊びたい」という思いに満ちた部分はありますが、基本は、企画特集にせよ、公募特集にせよ、この雑誌に興味を持たれ「おもしろい」と感じた多くの社会学研究者の論考執筆や公募エントリーという「外からの協力」「外からの支援」で成り立っています。いま5号までの特集企画や公募は決まり、鋭意、4号、5号も編集中です。その後、各号の公募に与えていたゆるやかなテーマをはずし完全公募にするのか、特集企画を担当できる「特集企画同人」をどのように募ることができるのか、もちろん、私たち以外で新たな同人をどのようにリクルートできるのか、等々。私たちは、さらに本誌に「生命力」を吹き込む努力を続け、『新社会学研究』の歴史を作っていきたいと思っています。

小川博司　樫田美雄　栗田宣義　好井裕明　三浦耕吉郎

編者紹介

小川博司（おがわ　ひろし）

関西大学社会学部教授。

専門は、メディア文化研究、音楽社会学。

著書に『音楽する社会』(勁草書房)、『メディア時代の音楽と社会』(音楽之友社)、『波の記譜法〜環境音楽とはなにか』(共編著、時事通信社)、『クイズ文化の社会学』(共編著、世界思想社)、『メディア時代の広告と音楽』(共著、新曜社）ほか。

樫田美雄（かしだ　よしお）

神戸市看護大学看護学部准教授。

専門は、福祉社会学、医療社会学、高等教育論。

著書に『いのちとライフコースの社会学』(共著、弘文堂)、『エスノメソドロジーを学ぶ人のために』(共著、世界思想社)、『研究道——学的探求の道案内』(共編著、学文社）D・メイナード『医療現場の会話分析』(分担訳、勁草書房)、『[新版] 構築主義の社会学』(共著、世界思想社)、『医療者教育のビデオ・エスノグラフィー』(近刊、共編著、晃洋書房）ほか。

栗田宣義（くりた　のぶよし）

甲南大学文学部教授。

専門は、文化社会学、理論社会学、社会運動論。

著書に『マンガでわかる社会学』(オーム社)、『社会学』(ナツメ社)、『トーキングソシオロジー』(日本評論社)、『世界第一簡單社會學』(世茂出版、台湾)、『社会運動の計量社会学的分析』(日本評論社)、『データブック／社会学』『メソッド／社会学』『キーワード／社会学』(いずれも編著、川島書店）ほか。

好井裕明（よしい　ひろあき）

日本大学文理学部社会学科教授。

専門は、日常的差別のエスノメソドロジー、映画の社会学。

著書に『批判的エスノメソドロジーの語り』(新曜社)、『ゴジラ・モスラ・原水爆』(せりか書房)、『「あたりまえ」を疑う社会学』『違和感から始まる社会学』(いずれも光文社)、『差別原論』『差別の現在』(いずれも平凡社)、『排除と差別の社会学』(新版)(有斐閣)、『「今、ここ」から考える社会学』(ちくまプリマ新書）ほか。

三浦耕吉郎（みうら　こうきちろう）

関西学院大学社会学部教授。

専門は、生活史、差別問題、環境社会学、質的調査法。

著書に『環境と差別のクリティーク』(新曜社)、『屠場　みる・きく・たべる・かく』(編著、晃洋書房)、『構造的差別のソシオグラフィ』(編著、世界思想社)、『社会学的フィールドワーク』(共編著、世界思想社)、『新修福岡市史　民俗編 2』(共著、福岡市史編集委員会）ほか。

新社会学研究　2018年 第3号

初版第1刷発行　2018年9月14日

編集同人　小川博司・樫田美雄・栗田宣義
　　　　　好井裕明・三浦耕吉郎
発 行 者　塩浦　暲
発 行 所　株式会社　新曜社
　　　　　101-0051　東京都千代田区神田神保町3－9
　　　　　電話（03）3264-4973（代）・FAX（03）3239-2958
　　　　　e-mail : info@shin-yo-sha.co.jp
　　　　　URL : http://www.shin-yo-sha.co.jp
印　　刷　新日本印刷
組 版 所　Katzen House
製　　本　積信堂

Printed in Japan　ISBN978-4-7885-1592-5 C3036